GUOJIA PEICHANG BANAN ZHINAN

国家赔偿办案指南

2017年第2辑（总第20辑）

主编　陶凯元　柯汉民

法律出版社
LAW PRESS · CHINA

目　录

2017年第2辑(总第20辑)

【司法解释】

【国家责任研究基地首届年会专题】

【国家责任研究基地成立专题】

【国家责任专题理论研究】

【实务研讨】

【媒体报道】

【裁判文书选登】

【司法解释】

最高人民法院关于适用《中华人民共和国行政诉讼法》的解释

（2017 年 11 月 13 日最高人民法院审判委员会第 1726 次会议通过 2018 年 2 月 6 日公布 自 2018 年 2 月 8 日起施行 法释〔2018〕1 号）

为正确适用《中华人民共和国行政诉讼法》（以下简称行政诉讼法），结合人民法院行政审判工作实际，制定本解释。

一、受案范围

第一条 公民、法人或者其他组织对行政机关及其工作人员的行政行为不服，依法提起诉讼的，属于人民法院行政诉讼的受案范围。

下列行为不属于人民法院行政诉讼的受案范围：

（一）公安、国家安全等机关依照刑事诉讼法的明确授权实施的行为；

（二）调解行为以及法律规定的仲裁行为；

（三）行政指导行为；

（四）驳回当事人对行政行为提起申诉的重复处理行为；

（五）行政机关作出的不产生外部法律效力的行为；

（六）行政机关为作出行政行为而实施的准备、论证、研究、层报、咨询等过程性行为；

（七）行政机关根据人民法院的生效裁判、协助执行通知书作出的执行行为，但行政机关扩大执行范围或者采取违法方式实施的除外；

（八）上级行政机关基于内部层级监督关系对下级行政机关作出的听取报告、执法检查、督促履责等行为；

(九)行政机关针对信访事项作出的登记、受理、交办、转送、复查、复核意见等行为;

(十)对公民、法人或者其他组织权利义务不产生实际影响的行为。

第二条 行政诉讼法第十三条第一项规定的“国家行为”,是指国务院、中央军事委员会、国防部、外交部等根据宪法和法律的授权,以国家的名义实施的有关国防和外交事务的行为,以及经宪法和法律授权的国家机关宣布紧急状态等行为。

行政诉讼法第十三条第二项规定的“具有普遍约束力的决定、命令”,是指行政机关针对不特定对象发布的能反复适用的规范性文件。

行政诉讼法第十三条第三项规定的“对行政机关工作人员的奖惩、任免等决定”,是指行政机关作出的涉及行政机关工作人员公务员权利义务的决定。

行政诉讼法第十三条第四项规定的“法律规定由行政机关最终裁决的行政行为”中的“法律”,是指全国人民代表大会及其常务委员会制定、通过的规范性文件。

二、管辖

第三条 各级人民法院行政审判庭审理行政案件和审查行政机关申请执行其行政行为的案件。

专门人民法院、人民法庭不审理行政案件,也不审查和执行行政机关申请执行其行政行为的案件。铁路运输法院等专门人民法院审理行政案件,应当执行行政诉讼法第十八条第二款的规定。

第四条 立案后,受诉人民法院的管辖权不受当事人住所地改变、追加被告等事实和法律状态变更的影响。

第五条 有下列情形之一的,属于行政诉讼法第十五条第三项规定的“本辖区内重大、复杂的案件”:

(一)社会影响重大的共同诉讼案件;

(二)涉外或者涉及香港特别行政区、澳门特别行政区、台湾地区的案件;

(三)其他重大、复杂案件。

第六条 当事人以案件重大复杂为由,认为有管辖权的基层人民法院不宜行使管辖权或者根据行政诉讼法第五十二条的规定，向中级人民法院起诉，中级人民法院应当根据不同情况在七日内分别作出以下处理：

（一）决定自行审理；

（二）指定本辖区其他基层人民法院管辖；

（三）书面告知当事人向有管辖权的基层人民法院起诉。

第七条 基层人民法院对其管辖的第一审行政案件，认为需要由中级人民法院审理或者指定管辖的，可以报请中级人民法院决定。中级人民法院应当根据不同情况在七日内分别作出以下处理：

（一）决定自行审理；

（二）指定本辖区其他基层人民法院管辖；

（三）决定由报请的人民法院审理。

第八条 行政诉讼法第十九条规定的“原告所在地”，包括原告的户籍所在地、经常居住地和被限制人身自由地。

对行政机关基于同一事实，既采取限制公民人身自由的行政强制措施，又采取其他行政强制措施或者行政处罚不服的，由被告所在地或者原告所在地的人民法院管辖。

第九条 行政诉讼法第二十条规定的“因不动产提起的行政诉讼”是指因行政行为导致不动产物权变动而提起的诉讼。

不动产已登记的，以不动产登记簿记载的所在地为不动产所在地；不动产未登记的，以不动产实际所在地为不动产所在地。

第十条 人民法院受理案件后，被告提出管辖异议的，应当在收到起诉状副本之日起十五日内提出。

对当事人提出的管辖异议，人民法院应当进行审查。异议成立的，裁定将案件移送有管辖权的人民法院；异议不成立的，裁定驳回。

人民法院对管辖异议审查后确定有管辖权的，不因当事人增加或者变更诉讼请求等改变管辖，但违反级别管辖、专属管辖规定的除外。

第十一条 有下列情形之一的，人民法院不予审查：

（一）人民法院发回重审或者按第一审程序再审的案件，当事人提出管辖异议的；

（二）当事人在第一审程序中未按照法律规定的期限和形式提出管辖异

议,在第二审程序中提出的。

三、诉讼参加人

第十二条 有下列情形之一的,属于行政诉讼法第二十五条第一款规定的“与行政行为有利害关系”:

(一)被诉的行政行为涉及其相邻权或者公平竞争权的;

(二)在行政复议等行政程序中被追加为第三人的;

(三)要求行政机关依法追究加害人法律责任的;

(四)撤销或者变更行政行为涉及其合法权益的;

(五)为维护自身合法权益向行政机关投诉,具有处理投诉职责的行政机关作出或者未作出处理的;

(六)其他与行政行为有利害关系的情形。

第十三条 债权人以行政机关对债务人所作的行政行为损害债权实现为由提起行政诉讼的,人民法院应当告知其就民事争议提起民事诉讼,但行政机关作出行政行为时依法应予保护或者应予考虑的除外。

第十四条 行政诉讼法第二十五条第二款规定的“近亲属”,包括配偶、父母、子女、兄弟姐妹、祖父母、外祖父母、孙子女、外孙子女和其他具有扶养、赡养关系的亲属。

公民因被限制人身自由而不能提起诉讼的,其近亲属可以依其口头或者书面委托以该公民的名义提起诉讼。近亲属起诉时无法与被限制人身自由的公民取得联系,近亲属可以先行起诉,并在诉讼中补充提交委托证明。

第十五条 合伙企业向人民法院提起诉讼的,应当以核准登记的字号为原告。未依法登记领取营业执照的个人合伙的全体合伙人为共同原告;全体合伙人可以推选代表人,被推选的代表人,应当由全体合伙人出具推选书。

个体工商户向人民法院提起诉讼的,以营业执照上登记的经营者为原告。有字号的,以营业执照上登记的字号为原告,并应当注明该字号经营者的基本信息。

第十六条 股份制企业的股东大会、股东会、董事会等认为行政机关作出的行政行为侵犯企业经营自主权的,可以企业名义提起诉讼。

联营企业、中外合资或者合作企业的联营、合资、合作各方,认为联营、合资、合作企业权益或者自己一方合法权益受行政行为侵害的，可以自己的名义提起诉讼。

非国有企业被行政机关注销、撤销、合并、强令兼并、出售、分立或者改变企业隶属关系的，该企业或者其法定代表人可以提起诉讼。

第十七条 事业单位、社会团体、基金会、社会服务机构等非营利法人的出资人、设立人认为行政行为损害法人合法权益的，可以自己的名义提起诉讼。

第十八条 业主委员会对于行政机关作出的涉及业主共有利益的行政行为，可以自己的名义提起诉讼。

业主委员会不起诉的，专有部分占建筑物总面积过半数或者占总户数过半数的业主可以提起诉讼。

第十九条 当事人不服经上级行政机关批准的行政行为，向人民法院提起诉讼的，以在对外发生法律效力的文书上署名的机关为被告。

第二十条 行政机关组建并赋予行政管理职能但不具有独立承担法律责任能力的机构，以自己的名义作出行政行为，当事人不服提起诉讼的，应当以组建该机构的行政机关为被告。

法律、法规或者规章授权行使行政职权的行政机关内设机构、派出机构或者其他组织，超出法定授权范围实施行政行为，当事人不服提起诉讼的，应当以实施该行为的机构或者组织为被告。

没有法律、法规或者规章规定，行政机关授权其内设机构、派出机构或者其他组织行使行政职权的，属于行政诉讼法第二十六条规定的委托。当事人不服提起诉讼的，应当以该行政机关为被告。

第二十一条 当事人对由国务院、省级人民政府批准设立的开发区管理机构作出的行政行为不服提起诉讼的，以该开发区管理机构为被告；对由国务院、省级人民政府批准设立的开发区管理机构所属职能部门作出的行政行为不服提起诉讼的，以其职能部门为被告；对其他开发区管理机构所属职能部门作出的行政行为不服提起诉讼的，以开发区管理机构为被告；开发区管理机构没有行政主体资格的，以设立该机构的地方人民政府为被告。

第二十二条 行政诉讼法第二十六条第二款规定的“复议机关改变原行政行为”，是指复议机关改变原行政行为的处理结果。复议机关改变原行政行为所认定的主要事实和证据、改变原行政行为所适用的规范依据,但未改变原行政行为处理结果的,视为复议机关维持原行政行为。

复议机关确认原行政行为无效,属于改变原行政行为。

复议机关确认原行政行为违法,属于改变原行政行为,但复议机关以违反法定程序为由确认原行政行为违法的除外。

第二十三条 行政机关被撤销或者职权变更,没有继续行使其职权的行政机关的,以其所属的人民政府为被告;实行垂直领导的,以垂直领导的上一级行政机关为被告。

第二十四条 当事人对村民委员会或者居民委员会依据法律、法规、规章的授权履行行政管理职责的行为不服提起诉讼的,以村民委员会或者居民委员会为被告。

当事人对村民委员会、居民委员会受行政机关委托作出的行为不服提起诉讼的,以委托的行政机关为被告。

当事人对高等学校等事业单位以及律师协会、注册会计师协会等行业协会依据法律、法规、规章的授权实施的行政行为不服提起诉讼的,以该事业单位、行业协会为被告。

当事人对高等学校等事业单位以及律师协会、注册会计师协会等行业协会受行政机关委托作出的行为不服提起诉讼的,以委托的行政机关为被告。

第二十五条 市、县级人民政府确定的房屋征收部门组织实施房屋征收与补偿工作过程中作出行政行为,被征收人不服提起诉讼的,以房屋征收部门为被告。

征收实施单位受房屋征收部门委托,在委托范围内从事的行为,被征收人不服提起诉讼的,应当以房屋征收部门为被告。

第二十六条 原告所起诉的被告不适格,人民法院应当告知原告变更被告;原告不同意变更的,裁定驳回起诉。

应当追加被告而原告不同意追加的,人民法院应当通知其以第三人的身份参加诉讼,但行政复议机关作共同被告的除外。

第二十七条 必须共同进行诉讼的当事人没有参加诉讼的,人民法院应当依法通知其参加;当事人也可以向人民法院申请参加。

人民法院应当对当事人提出的申请进行审查，申请理由不成立的，裁定驳回；申请理由成立的，书面通知其参加诉讼。

前款所称的必须共同进行诉讼，是指按照行政诉讼法第二十七条的规定，当事人一方或者双方为两人以上，因同一行政行为发生行政争议，人民法院必须合并审理的诉讼。

第二十八条 人民法院追加共同诉讼的当事人时，应当通知其他当事人。应当追加的原告，已明确表示放弃实体权利的，可不予追加；既不愿意参加诉讼，又不放弃实体权利的，应追加为第三人，其不参加诉讼，不能阻碍人民法院对案件的审理和裁判。

第二十九条 行政诉讼法第二十八条规定的“人数众多”，一般指十人以上。

根据行政诉讼法第二十八条的规定，当事人一方人数众多的，由当事人推选代表人。当事人推选不出的，可以由人民法院在起诉的当事人中指定代表人。

行政诉讼法第二十八条规定的代表人为二至五人。代表人可以委托一至二人作为诉讼代理人。

第三十条 行政机关的同一行政行为涉及两个以上利害关系人，其中一部分利害关系人对行政行为不服提起诉讼，人民法院应当通知没有起诉的其他利害关系人作为第三人参加诉讼。

与行政案件处理结果有利害关系的第三人，可以申请参加诉讼，或者由人民法院通知其参加诉讼。人民法院判决其承担义务或者减损其权益的第三人，有权提出上诉或者申请再审。

行政诉讼法第二十九条规定的第三人，因不能归责于本人的事由未参加诉讼，但有证据证明发生法律效力的判决、裁定、调解书损害其合法权益的，可以依照行政诉讼法第九十条的规定，自知道或者应当知道其合法权益受到损害之日起六个月内，向上一级人民法院申请再审。

第三十一条 当事人委托诉讼代理人，应当向人民法院提交由委托人签名或者盖章的授权委托书。委托书应当载明委托事项和具体权限。公民在特殊情况下无法书面委托的，也可以由他人代书，并由自己捺印等方式确认，人民法院应当核实并记录在卷；被诉行政机关或者其他有义务协助的机关拒绝人民法院向被限制人身自由的公民核实的，视为委托成立。当事人解除或者变更委托的，应当书面报告人民法院。

第三十二条 依照行政诉讼法第三十一条第二款第二项规定，与当事人有合法劳动人事关系的职工，可以当事人工作人员的名义作为诉讼代理人。以当事人的工作人员身份参加诉讼活动，应当提交以下证据之一加以证明：

(一)缴纳社会保险记录凭证；

(二)领取工资凭证；

(三)其他能够证明其为当事人工作人员身份的证据。

第三十三条 根据行政诉讼法第三十一条第二款第三项规定，有关社会团体推荐公民担任诉讼代理人的，应当符合下列条件：

(一)社会团体属于依法登记设立或者依法免予登记设立的非营利性法人组织；

(二)被代理人属于该社会团体的成员，或者当事人一方住所地位于该社会团体的活动地域；

(三)代理事务属于该社会团体章程载明的业务范围；

(四)被推荐的公民是该社会团体的负责人或者与该社会团体有合法劳动人事关系的工作人员。

专利代理人经中华全国专利代理人协会推荐，可以在专利行政案件中担任诉讼代理人。

四、证据

第三十四条 根据行政诉讼法第三十六条第一款的规定，被告申请延期提供证据的，应当在收到起诉状副本之日起十五日内以书面方式向人民法院提出。人民法院准许延期提供的，被告应当在正当事由消除后十五日内提供证据。逾期提供的，视为被诉行政行为没有相应的证据。

第三十五条 原告或者第三人应当在开庭审理前或者人民法院指定的交换证据清单之日提供证据。因正当事由申请延期提供证据的，经人民法院准许，可以在法庭调查中提供。逾期提供证据的，人民法院应当责令其说明理由；拒不说明理由或者理由不成立的，视为放弃举证权利。

原告或者第三人在第一审程序中无正当事由未提供而在第二审程序中

提供的证据,人民法院不予接纳。

第三十六条 当事人申请延长举证期限,应当在举证期限届满前向人民法院提出书面申请。

申请理由成立的,人民法院应当准许,适当延长举证期限,并通知其他当事人。申请理由不成立的,人民法院不予准许,并通知申请人。

第三十七条 根据行政诉讼法第三十九条的规定,对当事人无争议,但涉及国家利益、公共利益或者他人合法权益的事实,人民法院可以责令当事人提供或者补充有关证据。

第三十八条 对于案情比较复杂或者证据数量较多的案件,人民法院可以组织当事人在开庭前向对方出示或者交换证据,并将交换证据清单的情况记录在卷。

当事人在庭前证据交换过程中没有争议并记录在卷的证据,经审判人员在庭审中说明后,可以作为认定案件事实的依据。

第三十九条 当事人申请调查收集证据,但该证据与待证事实无关联、对证明待证事实无意义或者其他无调查收集必要的,人民法院不予准许。

第四十条 人民法院在证人出庭作证前应当告知其如实作证的义务以及作伪证的法律后果。

证人因履行出庭作证义务而支出的交通、住宿、就餐等必要费用以及误工损失,由败诉一方当事人承担。

第四十一条 有下列情形之一,原告或者第三人要求相关行政执法人员出庭说明的,人民法院可以准许:

(一)对现场笔录的合法性或者真实性有异议的;

(二)对扣押财产的品种或者数量有异议的;

(三)对检验的物品取样或者保管有异议的;

(四)对行政执法人员身份的合法性有异议的;

(五)需要出庭说明的其他情形。

第四十二条 能够反映案件真实情况、与待证事实相关联、来源和形式符合法律规定的证据,应当作为认定案件事实的根据。

第四十三条 有下列情形之一的,属于行政诉讼法第四十三条第三款规定的“以非法手段取得的证据”:

(一)严重违反法定程序收集的证据材料；

(二)以违反法律强制性规定的手段获取且侵害他人合法权益的证据材料；

(三)以利诱、欺诈、胁迫、暴力等手段获取的证据材料。

第四十四条 人民法院认为有必要的,可以要求当事人本人或者行政机关执法人员到庭,就案件有关事实接受询问。在询问之前,可以要求其签署保证书。

保证书应当载明据实陈述、如有虚假陈述愿意接受处罚等内容。当事人或者行政机关执法人员应当在保证书上签名或者捺印。

负有举证责任的当事人拒绝到庭、拒绝接受询问或者拒绝签署保证书,待证事实又欠缺其他证据加以佐证的,人民法院对其主张的事实不予认定。

第四十五条 被告有证据证明其在行政程序中依照法定程序要求原告或者第三人提供证据,原告或者第三人依法应当提供而没有提供,在诉讼程序中提供的证据,人民法院一般不予采纳。

第四十六条 原告或者第三人确有证据证明被告持有的证据对原告或者第三人有利的,可以在开庭审理前书面申请人民法院责令行政机关提交。

申请理由成立的,人民法院应当责令行政机关提交,因提交证据所产生的费用,由申请人预付。行政机关无正当理由拒不提交的,人民法院可以推定原告或者第三人基于该证据主张的事实成立。

持有证据的当事人以妨碍对方当事人使用为目的,毁灭有关证据或者实施其他致使证据不能使用行为的,人民法院可以推定对方当事人基于该证据主张的事实成立,并可依照行政诉讼法第五十九条规定处理。

第四十七条 根据行政诉讼法第三十八条第二款的规定,在行政赔偿、补偿案件中,因被告的原因导致原告无法就损害情况举证的,应当由被告就该损害情况承担举证责任。

对于各方主张损失的价值无法认定的,应当由负有举证责任的一方当事人申请鉴定,但法律、法规、规章规定行政机关在作出行政行为时依法应当评估或者鉴定的除外;负有举证责任的当事人拒绝申请鉴定的,由其承担不利的法律后果。

当事人的损失因客观原因无法鉴定的,人民法院应当结合当事人的主张和在案证据,遵循法官职业道德,运用逻辑推理和生活经验、生活常识等,酌情确定赔偿数额。

五、期间、送达

第四十八条 期间包括法定期间和人民法院指定的期间。

期间以时、日、月、年计算。期间开始的时和日,不计算在期间内。

期间届满的最后一日是节假日的,以节假日后的第一日为期间届满的日期。

期间不包括在途时间,诉讼文书在期满前交邮的,视为在期限内发送。

第四十九条 行政诉讼法第五十一条第二款规定的立案期限,因起诉状内容欠缺或者有其他错误通知原告限期补正的,从补正后递交人民法院的次日起算。由上级人民法院转交下级人民法院立案的案件,从受诉人民法院收到起诉状的次日起算。

第五十条 行政诉讼法第八十一条、第八十三条、第八十八条规定的审理期限,是指从立案之日起至裁判宣告、调解书送达之日止的期间,但公告期间、鉴定期间、调解期间、中止诉讼期间、审理当事人提出的管辖异议以及处理人民法院之间的管辖争议期间不应计算在内。

再审案件按照第一审程序或者第二审程序审理的,适用行政诉讼法第八十一条、第八十八条规定的审理期限。审理期限自再审立案的次日起算。

基层人民法院申请延长审理期限,应当直接报请高级人民法院批准,同时报中级人民法院备案。

第五十一条 人民法院可以要求当事人签署送达地址确认书,当事人确认的送达地址为人民法院法律文书的送达地址。

当事人同意电子送达的,应当提供并确认传真号、电子信箱等电子送达地址。

当事人送达地址发生变更的,应当及时书面告知受理案件的人民法院;未及时告知的,人民法院按原地址送达,视为依法送达。

人民法院可以通过国家邮政机构以法院专递方式进行送达。

第五十二条 人民法院可以在当事人住所地以外向当事人直接送达诉讼文书。当事人拒绝签署送达回证的,采用拍照、录像等方式记录送达过程即视为送达。审判人员、书记员应当在送达回证上注明送达情况并签名。

六、起诉与受理

第五十三条 人民法院对符合起诉条件的案件应当立案,依法保障当事人行使诉讼权利。

对当事人依法提起的诉讼,人民法院应当根据行政诉讼法第五十一条的规定接收起诉状。能够判断符合起诉条件的,应当当场登记立案;当场不能判断是否符合起诉条件的,应当在接收起诉状后七日内决定是否立案;七日内仍不能作出判断的,应当先予立案。

第五十四条 依照行政诉讼法第四十九条的规定,公民、法人或者其他组织提起诉讼时应当提交以下起诉材料:

(一)原告的身份证明材料以及有效联系方式;

(二)被诉行政行为或者不作为存在的材料;

(三)原告与被诉行政行为具有利害关系的材料;

(四)人民法院认为需要提交的其他材料。

由法定代理人或者委托代理人代为起诉的,还应当在起诉状中写明或者在口头起诉时向人民法院说明法定代理人或者委托代理人的基本情况,并提交法定代理人或者委托代理人的身份证明和代理权限证明等材料。

第五十五条 依照行政诉讼法第五十一条的规定,人民法院应当就起诉状内容和材料是否完备以及是否符合行政诉讼法规定的起诉条件进行审查。

起诉状内容或者材料欠缺的,人民法院应当给予指导和释明,并一次性全面告知当事人需要补正的内容、补充的材料及期限。在指定期限内补正并符合起诉条件的,应当登记立案。当事人拒绝补正或者经补正仍不符合起诉条件的,退回诉状并记录在册;坚持起诉的,裁定不予立案,并载明不予立案的理由。

第五十六条 法律、法规规定应当先申请复议,公民、法人或者其他组织未申请复议直接提起诉讼的,人民法院裁定不予立案。

依照行政诉讼法第四十五条的规定,复议机关不受理复议申请或者在法定期限内不作出复议决定,公民、法人或者其他组织不服,依法向人民法院提起诉讼的,人民法院应当依法立案。

第五十七条 法律、法规未规定行政复议为提起行政诉讼必经程序,公民、法人或者其他组织既提起诉讼又申请行政复议的，由先立案的机关管辖；同时立案的，由公民、法人或者其他组织选择。公民、法人或者其他组织已经申请行政复议，在法定复议期间内又向人民法院提起诉讼的，人民法院裁定不予立案。

第五十八条 法律、法规未规定行政复议为提起行政诉讼必经程序，公民、法人或者其他组织向复议机关申请行政复议后，又经复议机关同意撤回复议申请，在法定起诉期限内对原行政行为提起诉讼的，人民法院应当依法立案。

第五十九条 公民、法人或者其他组织向复议机关申请行政复议后，复议机关作出维持决定的，应当以复议机关和原行为机关为共同被告，并以复议决定送达时间确定起诉期限。

第六十条 人民法院裁定准许原告撤诉后，原告以同一事实和理由重新起诉的，人民法院不予立案。

准予撤诉的裁定确有错误，原告申请再审的，人民法院应当通过审判监督程序撤销原准予撤诉的裁定，重新对案件进行审理。

第六十一条 原告或者上诉人未按规定的期限预交案件受理费，又不提出缓交、减交、免交申请，或者提出申请未获批准的，按自动撤诉处理。在按撤诉处理后，原告或者上诉人在法定期限内再次起诉或者上诉，并依法解决诉讼费预交问题的，人民法院应予立案。

第六十二条 人民法院判决撤销行政机关的行政行为后，公民、法人或者其他组织对行政机关重新作出的行政行为不服向人民法院起诉的，人民法院应当依法立案。

第六十三条 行政机关作出行政行为时，没有制作或者没有送达法律文书，公民、法人或者其他组织只要能证明行政行为存在，并在法定期限内起诉的，人民法院应当依法立案。

第六十四条 行政机关作出行政行为时，未告知公民、法人或者其他组织起诉期限的，起诉期限从公民、法人或者其他组织知道或者应当知道起诉期限之日起计算，但从知道或者应当知道行政行为内容之日起最长不得超过一年。

复议决定未告知公民、法人或者其他组织起诉期限的，适用前款规定。

第六十五条 公民、法人或者其他组织不知道行政机关作出的行政行为内容的,其起诉期限从知道或者应当知道该行政行为内容之日起计算,但最长不得超过行政诉讼法第四十六条第二款规定的起诉期限。

第六十六条 公民、法人或者其他组织依照行政诉讼法第四十七条第一款的规定,对行政机关不履行法定职责提起诉讼的,应当在行政机关履行法定职责期限届满之日起六个月内提出。

第六十七条 原告提供被告的名称等信息足以使被告与其他行政机关相区别的,可以认定为行政诉讼法第四十九条第二项规定的"有明确的被告"。

起诉状列写被告信息不足以认定明确的被告的,人民法院可以告知原告补正;原告补正后仍不能确定明确的被告的,人民法院裁定不予立案。

第六十八条 行政诉讼法第四十九条第三项规定的"有具体的诉讼请求"是指:

(一)请求判决撤销或者变更行政行为;

(二)请求判决行政机关履行特定法定职责或者给付义务;

(三)请求判决确认行政行为违法;

(四)请求判决确认行政行为无效;

(五)请求判决行政机关予以赔偿或者补偿;

(六)请求解决行政协议争议;

(七)请求一并审查规章以下规范性文件;

(八)请求一并解决相关民事争议;

(九)其他诉讼请求。

当事人单独或者一并提起行政赔偿、补偿诉讼的,应当有具体的赔偿、补偿事项以及数额;请求一并审查规章以下规范性文件的,应当提供明确的文件名称或者审查对象;请求一并解决相关民事争议的,应当有具体的民事诉讼请求。

当事人未能正确表达诉讼请求的,人民法院应当要求其明确诉讼请求。

第六十九条 有下列情形之一,已经立案的,应当裁定驳回起诉:

(一)不符合行政诉讼法第四十九条规定的;

(二)超过法定起诉期限且无行政诉讼法第四十八条规定情形的;

（三）错列被告且拒绝变更的；

（四）未按照法律规定由法定代理人、指定代理人、代表人为诉讼行为的；

（五）未按照法律、法规规定先向行政机关申请复议的；

（六）重复起诉的；

（七）撤回起诉后无正当理由再行起诉的；

（八）行政行为对其合法权益明显不产生实际影响的；

（九）诉讼标的已为生效裁判或者调解书所羁束的；

（十）其他不符合法定起诉条件的情形。

前款所列情形可以补正或者更正的，人民法院应当指定期间责令补正或者更正；在指定期间已经补正或者更正的，应当依法审理。

人民法院经过阅卷、调查或者询问当事人，认为不需要开庭审理的，可以迳行裁定驳回起诉。

第七十条 起诉状副本送达被告后，原告提出新的诉讼请求的，人民法院不予准许，但有正当理由的除外。

七、审理与判决

第七十一条 人民法院适用普通程序审理案件，应当在开庭三日前用传票传唤当事人。对证人、鉴定人、勘验人、翻译人员，应当用通知书通知其到庭。当事人或者其他诉讼参与人在外地的，应当留有必要的在途时间。

第七十二条 有下列情形之一的，可以延期开庭审理：

（一）应当到庭的当事人和其他诉讼参与人有正当理由没有到庭的；

（二）当事人临时提出回避申请且无法及时作出决定的；

（三）需要通知新的证人到庭，调取新的证据，重新鉴定、勘验，或者需要补充调查的；

（四）其他应当延期的情形。

第七十三条 根据行政诉讼法第二十七条的规定，有下列情形之一的，人民法院可以决定合并审理：

（一）两个以上行政机关分别对同一事实作出行政行为，公民、法人或者其他组织不服向同一人民法院起诉的；

（二）行政机关就同一事实对若干公民、法人或者其他组织分别作出行

政行为,公民、法人或者其他组织不服分别向同一人民法院起诉的;

(三)在诉讼过程中,被告对原告作出新的行政行为,原告不服向同一人民法院起诉的;

(四)人民法院认为可以合并审理的其他情形。

第七十四条 当事人申请回避,应当说明理由,在案件开始审理时提出;回避事由在案件开始审理后知道的,应当在法庭辩论终结前提出。

被申请回避的人员,在人民法院作出是否回避的决定前,应当暂停参与本案的工作,但案件需要采取紧急措施的除外。

对当事人提出的回避申请,人民法院应当在三日内以口头或者书面形式作出决定。对当事人提出的明显不属于法定回避事由的申请,法庭可以依法当庭驳回。

申请人对驳回回避申请决定不服的,可以向作出决定的人民法院申请复议一次。复议期间,被申请回避的人员不停止参与本案的工作。对申请人的复议申请,人民法院应当在三日内作出复议决定,并通知复议申请人。

第七十五条 在一个审判程序中参与过本案审判工作的审判人员,不得再参与该案其他程序的审判。

发回重审的案件,在一审法院作出裁判后又进入第二审程序的,原第二审程序中合议庭组成人员不受前款规定的限制。

第七十六条 人民法院对于因一方当事人的行为或者其他原因,可能使行政行为或者人民法院生效裁判不能或者难以执行的案件,根据对方当事人的申请,可以裁定对其财产进行保全、责令其作出一定行为或者禁止其作出一定行为;当事人没有提出申请的,人民法院在必要时也可以裁定采取上述保全措施。

人民法院采取保全措施,可以责令申请人提供担保;申请人不提供担保的,裁定驳回申请。

人民法院接受申请后,对情况紧急的,必须在四十八小时内作出裁定;裁定采取保全措施的,应当立即开始执行。

当事人对保全的裁定不服的,可以申请复议;复议期间不停止裁定的执行。

第七十七条 利害关系人因情况紧急,不立即申请保全将会使其合法权益受到难以弥补的损害的,可以在提起诉讼前向被保全财产所在地、被申请人住所地或者对案件有管辖权的人民法院申请采取保全措施。申请人应当提供担保,不提供担保的,裁定驳回申请。

人民法院接受申请后,必须在四十八小时内作出裁定;裁定采取保全措施的,应当立即开始执行。

申请人在人民法院采取保全措施后三十日内不依法提起诉讼的,人民法院应当解除保全。

当事人对保全的裁定不服的,可以申请复议;复议期间不停止裁定的执行。

第七十八条 保全限于请求的范围,或者与本案有关的财物。

财产保全采取查封、扣押、冻结或者法律规定的其他方法。人民法院保全财产后,应当立即通知被保全人。

财产已被查封、冻结的,不得重复查封、冻结。

涉及财产的案件,被申请人提供担保的,人民法院应当裁定解除保全。

申请有错误的,申请人应当赔偿被申请人因保全所遭受的损失。

第七十九条 原告或者上诉人申请撤诉,人民法院裁定不予准许的,原告或者上诉人经传票传唤无正当理由拒不到庭,或者未经法庭许可中途退庭的,人民法院可以缺席判决。

第三人经传票传唤无正当理由拒不到庭,或者未经法庭许可中途退庭的,不发生阻止案件审理的效果。

根据行政诉讼法第五十八条的规定,被告经传票传唤无正当理由拒不到庭,或者未经法庭许可中途退庭的,人民法院可以按期开庭或者继续开庭审理,对到庭的当事人诉讼请求、双方的诉辩理由以及已经提交的证据及其他诉讼材料进行审理后,依法缺席判决。

第八十条 原告或者上诉人在庭审中明确拒绝陈述或者以其他方式拒绝陈述,导致庭审无法进行,经法庭释明法律后果后仍不陈述意见的,视为放弃陈述权利,由其承担不利的法律后果。

当事人申请撤诉或者依法可以按撤诉处理的案件,当事人有违反法律的行为需要依法处理的,人民法院可以不准许撤诉或者不按撤诉处理。

法庭辩论终结后原告申请撤诉,人民法院可以准许,但涉及到国家利益和社会公共利益的除外。

第八十一条 被告在一审期间改变被诉行政行为的,应当书面告知人民法院。

原告或者第三人对改变后的行政行为不服提起诉讼的,人民法院应当就改变后的行政行为进行审理。

被告改变原违法行政行为,原告仍要求确认原行政行为违法的,人民法院应当依法作出确认判决。

原告起诉被告不作为,在诉讼中被告作出行政行为,原告不撤诉的,人民法院应当就不作为依法作出确认判决。

第八十二条 当事人之间恶意串通,企图通过诉讼等方式侵害国家利益、社会公共利益或者他人合法权益的,人民法院应当裁定驳回起诉或者判决驳回其请求,并根据情节轻重予以罚款、拘留;构成犯罪的,依法追究刑事责任。

第八十三条 行政诉讼法第五十九条规定的罚款、拘留可以单独适用,也可以合并适用。

对同一妨害行政诉讼行为的罚款、拘留不得连续适用。发生新的妨害行政诉讼行为的,人民法院可以重新予以罚款、拘留。

第八十四条 人民法院审理行政诉讼法第六十条第一款规定的行政案件,认为法律关系明确、事实清楚,在征得当事人双方同意后,可以迳行调解。

第八十五条 调解达成协议,人民法院应当制作调解书。调解书应当写明诉讼请求、案件的事实和调解结果。

调解书由审判人员、书记员署名,加盖人民法院印章,送达双方当事人。

调解书经双方当事人签收后,即具有法律效力。调解书生效日期根据最后收到调解书的当事人签收的日期确定。

第八十六条 人民法院审理行政案件,调解过程不公开,但当事人同意公开的除外。

经人民法院准许,第三人可以参加调解。人民法院认为有必要的,可以通知第三人参加调解。

调解协议内容不公开,但为保护国家利益、社会公共利益、他人合法权益,人民法院认为确有必要公开的除外。

当事人一方或者双方不愿调解、调解未达成协议的,人民法院应当及时判决。

当事人自行和解或者调解达成协议后,请求人民法院按照和解协议或者调解协议的内容制作判决书的,人民法院不予准许。

第八十七条 在诉讼过程中,有下列情形之一的,中止诉讼:

(一)原告死亡,须等待其近亲属表明是否参加诉讼的;

(二)原告丧失诉讼行为能力,尚未确定法定代理人的;

(三)作为一方当事人的行政机关、法人或者其他组织终止,尚未确定权利义务承受人的;

(四)一方当事人因不可抗力的事由不能参加诉讼的;

(五)案件涉及法律适用问题,需要送请有权机关作出解释或者确认的;

(六)案件的审判须以相关民事、刑事或者其他行政案件的审理结果为依据,而相关案件尚未审结的;

(七)其他应当中止诉讼的情形。

中止诉讼的原因消除后,恢复诉讼。

第八十八条 在诉讼过程中,有下列情形之一的,终结诉讼:

(一)原告死亡,没有近亲属或者近亲属放弃诉讼权利的;

(二)作为原告的法人或者其他组织终止后,其权利义务的承受人放弃诉讼权利的。

因本解释第八十七条第一款第一、二、三项原因中止诉讼满九十日仍无人继续诉讼的,裁定终结诉讼,但有特殊情况的除外。

第八十九条 复议决定改变原行政行为错误,人民法院判决撤销复议决定时,可以一并责令复议机关重新作出复议决定或者判决恢复原行政行为的法律效力。

第九十条 人民法院判决被告重新作出行政行为,被告重新作出的行政行为与原行政行为的结果相同,但主要事实或者主要理由有改变的,不属于行政诉讼法第七十一条规定的情形。

人民法院以违反法定程序为由,判决撤销被诉行政行为的,行政机关重新作出行政行为不受行政诉讼法第七十一条规定的限制。

行政机关以同一事实和理由重新作出与原行政行为基本相同的行政行为,人民法院应当根据行政诉讼法第七十条、第七十一条的规定判决撤销或者部分撤销,并根据行政诉讼法第九十六条的规定处理。

第九十一条 原告请求被告履行法定职责的理由成立,被告违法拒绝履行或者无正当理由逾期不予答复的,人民法院可以根据行政诉讼法第七十二条的规定,判决被告在一定期限内依法履行原告请求的法定职责;尚需被告调查或者裁量的,应当判决被告针对原告的请求重新作出处理。

第九十二条 原告申请被告依法履行支付抚恤金、最低生活保障待遇或者社会保险待遇等给付义务的理由成立,被告依法负有给付义务而拒绝或者拖延履行义务的,人民法院可以根据行政诉讼法第七十三条的规定,判决被告在一定期限内履行相应的给付义务。

第九十三条 原告请求被告履行法定职责或者依法履行支付抚恤金、最低生活保障待遇或者社会保险待遇等给付义务,原告未先向行政机关提出申请的,人民法院裁定驳回起诉。

人民法院经审理认为原告所请求履行的法定职责或者给付义务明显不属于行政机关权限范围的,可以裁定驳回起诉。

第九十四条 公民、法人或者其他组织起诉请求撤销行政行为,人民法院经审查认为行政行为无效的,应当作出确认无效的判决。

公民、法人或者其他组织起诉请求确认行政行为无效,人民法院审查认为行政行为不属于无效情形,经释明,原告请求撤销行政行为的,应当继续审理并依法作出相应判决;原告请求撤销行政行为但超过法定起诉期限的,裁定驳回起诉;原告拒绝变更诉讼请求的,判决驳回其诉讼请求。

第九十五条 人民法院经审理认为被诉行政行为违法或者无效,可能给原告造成损失,经释明,原告请求一并解决行政赔偿争议的,人民法院可以就赔偿事项进行调解;调解不成的,应当一并判决。人民法院也可以告知其就赔偿事项另行提起诉讼。

第九十六条 有下列情形之一,且对原告依法享有的听证、陈述、申辩等重要程序性权利不产生实质损害的,属于行政诉讼法第七十四条第一款第二项规定的"程序轻微违法":

(一)处理期限轻微违法;

（二）通知、送达等程序轻微违法；

（三）其他程序轻微违法的情形。

第九十七条 原告或者第三人的损失系由其自身过错和行政机关的违法行政行为共同造成的，人民法院应当依据各方行为与损害结果之间有无因果关系以及在损害发生和结果中作用力的大小，确定行政机关相应的赔偿责任。

第九十八条 因行政机关不履行、拖延履行法定职责，致使公民、法人或者其他组织的合法权益遭受损害的，人民法院应当判决行政机关承担行政赔偿责任。在确定赔偿数额时，应当考虑该不履行、拖延履行法定职责的行为在损害发生过程和结果中所起的作用等因素。

第九十九条 有下列情形之一的，属于行政诉讼法第七十五条规定的"重大且明显违法"：

（一）行政行为实施主体不具有行政主体资格；

（二）减损权利或者增加义务的行政行为没有法律规范依据；

（三）行政行为的内容客观上不可能实施；

（四）其他重大且明显违法的情形。

第一百条 人民法院审理行政案件，适用最高人民法院司法解释的，应当在裁判文书中援引。

人民法院审理行政案件，可以在裁判文书中引用合法有效的规章及其他规范性文件。

第一百零一条 裁定适用于下列范围：

（一）不予立案；

（二）驳回起诉；

（三）管辖异议；

（四）终结诉讼；

（五）中止诉讼；

（六）移送或者指定管辖；

（七）诉讼期间停止行政行为的执行或者驳回停止执行的申请；

（八）财产保全；

（九）先予执行；

(十)准许或者不准许撤诉;

(十一)补正裁判文书中的笔误;

(十二)中止或者终结执行;

(十三)提审、指令再审或者发回重审;

(十四)准许或者不准许执行行政机关的行政行为;

(十五)其他需要裁定的事项。

对第一、二、三项裁定,当事人可以上诉。

裁定书应当写明裁定结果和作出该裁定的理由。裁定书由审判人员、书记员署名,加盖人民法院印章。口头裁定的,记入笔录。

第一百零二条 行政诉讼法第八十二条规定的行政案件中的"事实清楚",是指当事人对争议的事实陈述基本一致,并能提供相应的证据,无须人民法院调查收集证据即可查明事实;"权利义务关系明确",是指行政法律关系中权利和义务能够明确区分;"争议不大",是指当事人对行政行为的合法性、责任承担等没有实质分歧。

第一百零三条 适用简易程序审理的行政案件,人民法院可以用口头通知、电话、短信、传真、电子邮件等简便方式传唤当事人、通知证人、送达裁判文书以外的诉讼文书。

以简便方式送达的开庭通知,未经当事人确认或者没有其他证据证明当事人已经收到的,人民法院不得缺席判决。

第一百零四条 适用简易程序案件的举证期限由人民法院确定,也可以由当事人协商一致并经人民法院准许,但不得超过十五日。被告要求书面答辩的,人民法院可以确定合理的答辩期间。

人民法院应当将举证期限和开庭日期告知双方当事人,并向当事人说明逾期举证以及拒不到庭的法律后果,由双方当事人在笔录和开庭传票的送达回证上签名或者捺印。

当事人双方均表示同意立即开庭或者缩短举证期限、答辩期间的,人民法院可以立即开庭审理或者确定近期开庭。

第一百零五条 人民法院发现案情复杂,需要转为普通程序审理的,应当在审理期限届满前作出裁定并将合议庭组成人员及相关事项书面通知双方当事人。

案件转为普通程序审理的，审理期限自人民法院立案之日起计算。

第一百零六条 当事人就已经提起诉讼的事项在诉讼过程中或者裁判生效后再次起诉，同时具有下列情形的，构成重复起诉：

（一）后诉与前诉的当事人相同；

（二）后诉与前诉的诉讼标的相同；

（三）后诉与前诉的诉讼请求相同，或者后诉的诉讼请求被前诉裁判所包含。

第一百零七条 第一审人民法院作出判决和裁定后，当事人均提起上诉的，上诉各方均为上诉人。

诉讼当事人中的一部分人提出上诉，没有提出上诉的对方当事人为被上诉人，其他当事人依原审诉讼地位列明。

第一百零八条 当事人提出上诉，应当按照其他当事人或者诉讼代表人的人数提出上诉状副本。

原审人民法院收到上诉状，应当在五日内将上诉状副本发送其他当事人，对方当事人应当在收到上诉状副本之日起十五日内提出答辩状。

原审人民法院应当在收到答辩状之日起五日内将副本发送上诉人。对方当事人不提出答辩状的，不影响人民法院审理。

原审人民法院收到上诉状、答辩状，应当在五日内连同全部案卷和证据，报送第二审人民法院；已经预收的诉讼费用，一并报送。

第一百零九条 第二审人民法院经审理认为原审人民法院不予立案或者驳回起诉的裁定确有错误且当事人的起诉符合起诉条件的，应当裁定撤销原审人民法院的裁定，指令原审人民法院依法立案或者继续审理。

第二审人民法院裁定发回原审人民法院重新审理的行政案件，原审人民法院应当另行组成合议庭进行审理。

原审判决遗漏了必须参加诉讼的当事人或者诉讼请求的，第二审人民法院应当裁定撤销原审判决，发回重审。

原审判决遗漏行政赔偿请求，第二审人民法院经审查认为依法不应当予以赔偿的，应当判决驳回行政赔偿请求。

原审判决遗漏行政赔偿请求，第二审人民法院经审理认为依法应当予以赔偿的，在确认被诉行政行为违法的同时，可以就行政赔偿问题进行调解;调解不成的,应当就行政赔偿部分发回重审。

当事人在第二审期间提出行政赔偿请求的,第二审人民法院可以进行调解;调解不成的,应当告知当事人另行起诉。

第一百一十条 当事人向上一级人民法院申请再审,应当在判决、裁定或者调解书发生法律效力后六个月内提出。有下列情形之一的,自知道或者应当知道之日起六个月内提出:

(一)有新的证据,足以推翻原判决、裁定的;

(二)原判决、裁定认定事实的主要证据是伪造的;

(三)据以作出原判决、裁定的法律文书被撤销或者变更的;

(四)审判人员审理该案件时有贪污受贿、徇私舞弊、枉法裁判行为的。

第一百一十一条 当事人申请再审的,应当提交再审申请书等材料。人民法院认为有必要的,可以自收到再审申请书之日起五日内将再审申请书副本发送对方当事人。对方当事人应当自收到再审申请书副本之日起十五日内提交书面意见。人民法院可以要求申请人和对方当事人补充有关材料,询问有关事项。

第一百一十二条 人民法院应当自再审申请案件立案之日起六个月内审查,有特殊情况需要延长的,由本院院长批准。

第一百一十三条 人民法院根据审查再审申请案件的需要决定是否询问当事人;新的证据可能推翻原判决、裁定的,人民法院应当询问当事人。

第一百一十四条 审查再审申请期间,被申请人及原审其他当事人依法提出再审申请的,人民法院应当将其列为再审申请人,对其再审事由一并审查,审查期限重新计算。经审查,其中一方再审申请人主张的再审事由成立的,应当裁定再审。各方再审申请人主张的再审事由均不成立的,一并裁定驳回再审申请。

第一百一十五条 审查再审申请期间,再审申请人申请人民法院委托鉴定、勘验的,人民法院不予准许。

审查再审申请期间,再审申请人撤回再审申请的,是否准许,由人民法院裁定。

再审申请人经传票传唤,无正当理由拒不接受询问的,按撤回再审申请处理。

人民法院准许撤回再审申请或者按撤回再审申请处理后，再审申请人再次申请再审的，不予立案，但有行政诉讼法第九十一条第二项、第三项、第七项、第八项规定情形，自知道或者应当知道之日起六个月内提出的除外。

第一百一十六条 当事人主张的再审事由成立，且符合行政诉讼法和本解释规定的申请再审条件的，人民法院应当裁定再审。

当事人主张的再审事由不成立，或者当事人申请再审超过法定申请再审期限、超出法定再审事由范围等不符合行政诉讼法和本解释规定的申请再审条件的，人民法院应当裁定驳回再审申请。

第一百一十七条 有下列情形之一的，当事人可以向人民检察院申请抗诉或者检察建议：

（一）人民法院驳回再审申请的；

（二）人民法院逾期未对再审申请作出裁定的；

（三）再审判决、裁定有明显错误的。

人民法院基于抗诉或者检察建议作出再审判决、裁定后，当事人申请再审的，人民法院不予立案。

第一百一十八条 按照审判监督程序决定再审的案件，裁定中止原判决、裁定、调解书的执行，但支付抚恤金、最低生活保障费或者社会保险待遇的案件，可以不中止执行。

上级人民法院决定提审或者指令下级人民法院再审的，应当作出裁定，裁定应当写明中止原判决的执行；情况紧急的，可以将中止执行的裁定口头通知负责执行的人民法院或者作出生效判决、裁定的人民法院，但应当在口头通知后十日内发出裁定书。

第一百一十九条 人民法院按照审判监督程序再审的案件，发生法律效力的判决、裁定是由第一审法院作出的，按照第一审程序审理，所作的判决、裁定，当事人可以上诉；发生法律效力的判决、裁定是由第二审法院作出的，按照第二审程序审理，所作的判决、裁定，是发生法律效力的判决、裁定；上级人民法院按照审判监督程序提审的，按照第二审程序审理，所作的判决、裁定是发生法律效力的判决、裁定。

人民法院审理再审案件，应当另行组成合议庭。

第一百二十条 人民法院审理再审案件应当围绕再审请求和被诉行政

行为合法性进行。当事人的再审请求超出原审诉讼请求,符合另案诉讼条件的,告知当事人可以另行起诉。

被申请人及原审其他当事人在庭审辩论结束前提出的再审请求,符合本解释规定的申请期限的,人民法院应当一并审理。

人民法院经再审,发现已经发生法律效力的判决、裁定损害国家利益、社会公共利益、他人合法权益的,应当一并审理。

第一百二十一条 再审审理期间,有下列情形之一的,裁定终结再审程序:

(一)再审申请人在再审期间撤回再审请求,人民法院准许的;

(二)再审申请人经传票传唤,无正当理由拒不到庭的,或者未经法庭许可中途退庭,按撤回再审请求处理的;

(三)人民检察院撤回抗诉的;

(四)其他应当终结再审程序的情形。

因人民检察院提出抗诉裁定再审的案件,申请抗诉的当事人有前款规定的情形,且不损害国家利益、社会公共利益或者他人合法权益的,人民法院裁定终结再审程序。

再审程序终结后,人民法院裁定中止执行的原生效判决自动恢复执行。

第一百二十二条 人民法院审理再审案件,认为原生效判决、裁定确有错误,在撤销原生效判决或者裁定的同时,可以对生效判决、裁定的内容作出相应裁判,也可以裁定撤销生效判决或者裁定,发回作出生效判决、裁定的人民法院重新审理。

第一百二十三条 人民法院审理二审案件和再审案件,对原审法院立案、不予立案或者驳回起诉错误的,应当分别情况作如下处理:

(一)第一审人民法院作出实体判决后,第二审人民法院认为不应当立案的,在撤销第一审人民法院判决的同时,可以迳行驳回起诉;

(二)第二审人民法院维持第一审人民法院不予立案裁定错误的,再审法院应当撤销第一审、第二审人民法院裁定,指令第一审人民法院受理;

(三)第二审人民法院维持第一审人民法院驳回起诉裁定错误的,再审法院应当撤销第一审、第二审人民法院裁定,指令第一审人民法院审理。

第一百二十四条 人民检察院提出抗诉的案件,接受抗诉的人民法院应当自收到抗诉书之日起三十日内作出再审的裁定；有行政诉讼法第九十一条第二、三项规定情形之一的，可以指令下一级人民法院再审，但经该下一级人民法院再审过的除外。

人民法院在审查抗诉材料期间，当事人之间已经达成和解协议的，人民法院可以建议人民检察院撤回抗诉。

第一百二十五条 人民检察院提出抗诉的案件，人民法院再审开庭时，应当在开庭三日前通知人民检察院派员出庭。

第一百二十六条 人民法院收到再审检察建议后，应当组成合议庭，在三个月内进行审查，发现原判决、裁定、调解书确有错误，需要再审的，依照行政诉讼法第九十二条规定裁定再审，并通知当事人；经审查，决定不予再审的，应当书面回复人民检察院。

第一百二十七条 人民法院审理因人民检察院抗诉或者检察建议裁定再审的案件，不受此前已经作出的驳回当事人再审申请裁定的限制。

八、行政机关负责人出庭应诉

第一百二十八条 行政诉讼法第三条第三款规定的行政机关负责人，包括行政机关的正职、副职负责人以及其他参与分管的负责人。

行政机关负责人出庭应诉的，可以另行委托一至二名诉讼代理人。行政机关负责人不能出庭的，应当委托行政机关相应的工作人员出庭，不得仅委托律师出庭。

第一百二十九条 涉及重大公共利益、社会高度关注或者可能引发群体性事件等案件以及人民法院书面建议行政机关负责人出庭的案件，被诉行政机关负责人应当出庭。

被诉行政机关负责人出庭应诉的，应当在当事人及其诉讼代理人基本情况、案件由来部分予以列明。

行政机关负责人有正当理由不能出庭应诉的，应当向人民法院提交情况说明，并加盖行政机关印章或者由该机关主要负责人签字认可。

行政机关拒绝说明理由的，不发生阻止案件审理的效果，人民法院可以向监察机关、上一级行政机关提出司法建议。

第一百三十条 行政诉讼法第三条第三款规定的“行政机关相应的工作人员”，包括该行政机关具有国家行政编制身份的工作人员以及其他依法履行公职的人员。

被诉行政行为是地方人民政府作出的，地方人民政府法制工作机构的工作人员，以及被诉行政行为具体承办机关工作人员，可以视为被诉人民政府相应的工作人员。

第一百三十一条 行政机关负责人出庭应诉的，应当向人民法院提交能够证明该行政机关负责人职务的材料。

行政机关委托相应的工作人员出庭应诉的，应当向人民法院提交加盖行政机关印章的授权委托书，并载明工作人员的姓名、职务和代理权限。

第一百三十二条 行政机关负责人和行政机关相应的工作人员均不出庭，仅委托律师出庭的或者人民法院书面建议行政机关负责人出庭应诉，行政机关负责人不出庭应诉的，人民法院应当记录在案和在裁判文书中载明，并可以建议有关机关依法作出处理。

九、复议机关作共同被告

第一百三十三条 行政诉讼法第二十六条第二款规定的“复议机关决定维持原行政行为”，包括复议机关驳回复议申请或者复议请求的情形，但以复议申请不符合受理条件为由驳回的除外。

第一百三十四条 复议机关决定维持原行政行为的，作出原行政行为的行政机关和复议机关是共同被告。原告只起诉作出原行政行为的行政机关或者复议机关的，人民法院应当告知原告追加被告。原告不同意追加的，人民法院应当将另一机关列为共同被告。

行政复议决定既有维持原行政行为内容，又有改变原行政行为内容或者不予受理申请内容的，作出原行政行为的行政机关和复议机关为共同被告。

复议机关作共同被告的案件，以作出原行政行为的行政机关确定案件的级别管辖。

第一百三十五条 复议机关决定维持原行政行为的，人民法院应当在审查原行政行为合法性的同时，一并审查复议决定的合法性。

作出原行政行为的行政机关和复议机关对原行政行为合法性共同承担举证责任，可以由其中一个机关实施举证行为。复议机关对复议决定的合法性承担举证责任。

复议机关作共同被告的案件,复议机关在复议程序中依法收集和补充的证据,可以作为人民法院认定复议决定和原行政行为合法的依据。

第一百三十六条 人民法院对原行政行为作出判决的同时,应当对复议决定一并作出相应判决。

人民法院依职权追加作出原行政行为的行政机关或者复议机关为共同被告的,对原行政行为或者复议决定可以作出相应判决。

人民法院判决撤销原行政行为和复议决定的,可以判决作出原行政行为的行政机关重新作出行政行为。

人民法院判决作出原行政行为的行政机关履行法定职责或者给付义务的,应当同时判决撤销复议决定。

原行政行为合法、复议决定违法的,人民法院可以判决撤销复议决定或者确认复议决定违法,同时判决驳回原告针对原行政行为的诉讼请求。

原行政行为被撤销、确认违法或者无效,给原告造成损失的,应当由作出原行政行为的行政机关承担赔偿责任;因复议决定加重损害的,由复议机关对加重部分承担赔偿责任。

原行政行为不符合复议或者诉讼受案范围等受理条件,复议机关作出维持决定的,人民法院应当裁定一并驳回对原行政行为和复议决定的起诉。

十、相关民事争议的一并审理

第一百三十七条 公民、法人或者其他组织请求一并审理行政诉讼法第六十一条规定的相关民事争议,应当在第一审开庭审理前提出;有正当理由的,也可以在法庭调查中提出。

第一百三十八条 人民法院决定在行政诉讼中一并审理相关民事争议,或者案件当事人一致同意相关民事争议在行政诉讼中一并解决,人民法院准许的,由受理行政案件的人民法院管辖。

公民、法人或者其他组织请求一并审理相关民事争议,人民法院经审查发现行政案件已经超过起诉期限,民事案件尚未立案的,告知当事人另行提起民事诉讼;民事案件已经立案的,由原审判组织继续审理。

人民法院在审理行政案件中发现民事争议为解决行政争议的基础,当事人没有请求人民法院一并审理相关民事争议的,人民法院应当告知当事人依法申请一并解决民事争议。当事人就民事争议另行提起民事诉讼并已立案的,人民法院应当中止行政诉讼的审理。民事争议处理期间不计算在行政诉讼审理期限内。

第一百三十九条 有下列情形之一的,人民法院应当作出不予准许一并审理民事争议的决定,并告知当事人可以依法通过其他渠道主张权利:

(一)法律规定应当由行政机关先行处理的;

(二)违反民事诉讼法专属管辖规定或者协议管辖约定的;

(三)约定仲裁或者已经提起民事诉讼的;

(四)其他不宜一并审理民事争议的情形。

对不予准许的决定可以申请复议一次。

第一百四十条 人民法院在行政诉讼中一并审理相关民事争议的,民事争议应当单独立案,由同一审判组织审理。

人民法院审理行政机关对民事争议所作裁决的案件,一并审理民事争议的,不另行立案。

第一百四十一条 人民法院一并审理相关民事争议,适用民事法律规范的相关规定,法律另有规定的除外。

当事人在调解中对民事权益的处分,不能作为审查被诉行政行为合法性的根据。

第一百四十二条 对行政争议和民事争议应当分别裁判。

当事人仅对行政裁判或者民事裁判提出上诉的,未上诉的裁判在上诉期满后即发生法律效力。第一审人民法院应当将全部案卷一并移送第二审人民法院,由行政审判庭审理。第二审人民法院发现未上诉的生效裁判确有错误的,应当按照审判监督程序再审。

第一百四十三条 行政诉讼原告在宣判前申请撤诉的,是否准许由人民法院裁定。人民法院裁定准许行政诉讼原告撤诉,但其对已经提起的一并审理相关民事争议不撤诉的,人民法院应当继续审理。

第一百四十四条 人民法院一并审理相关民事争议,应当按行政案件、民事案件的标准分别收取诉讼费用。

十一、规范性文件的一并审查

第一百四十五条 公民、法人或者其他组织在对行政行为提起诉讼时一并请求对所依据的规范性文件审查的,由行政行为案件管辖法院一并审查。

第一百四十六条 公民、法人或者其他组织请求人民法院一并审查行政诉讼法第五十三条规定的规范性文件，应当在第一审开庭审理前提出；有正当理由的，也可以在法庭调查中提出。

第一百四十七条 人民法院在对规范性文件审查过程中，发现规范性文件可能不合法的，应当听取规范性文件制定机关的意见。

制定机关申请出庭陈述意见的，人民法院应当准许。

行政机关未陈述意见或者未提供相关证明材料的，不能阻止人民法院对规范性文件进行审查。

第一百四十八条 人民法院对规范性文件进行一并审查时，可以从规范性文件制定机关是否超越权限或者违反法定程序、作出行政行为所依据的条款以及相关条款等方面进行。

有下列情形之一的，属于行政诉讼法第六十四条规定的"规范性文件不合法"：

（一）超越制定机关的法定职权或者超越法律、法规、规章的授权范围的；

（二）与法律、法规、规章等上位法的规定相抵触的；

（三）没有法律、法规、规章依据，违法增加公民、法人和其他组织义务或者减损公民、法人和其他组织合法权益的；

（四）未履行法定批准程序、公开发布程序，严重违反制定程序的；

（五）其他违反法律、法规以及规章规定的情形。

第一百四十九条 人民法院经审查认为行政行为所依据的规范性文件合法的，应当作为认定行政行为合法的依据；经审查认为规范性文件不合法的，不作为人民法院认定行政行为合法的依据，并在裁判理由中予以阐明。作出生效裁判的人民法院应当向规范性文件的制定机关提出处理建议，并可以抄送制定机关的同级人民政府、上一级行政机关、监察机关以及规范性文件的备案机关。

规范性文件不合法的，人民法院可以在裁判生效之日起三个月内，向规范性文件制定机关提出修改或者废止该规范性文件的司法建议。

规范性文件由多个部门联合制定的，人民法院可以向该规范性文件的主办机关或者共同上一级行政机关发送司法建议。

接收司法建议的行政机关应当在收到司法建议之日起六十日内予以书面答复。情况紧急的,人民法院可以建议制定机关或者其上一级行政机关立即停止执行该规范性文件。

第一百五十条 人民法院认为规范性文件不合法的,应当在裁判生效后报送上一级人民法院进行备案。涉及国务院部门、省级行政机关制定的规范性文件,司法建议还应当分别层报最高人民法院、高级人民法院备案。

第一百五十一条 各级人民法院院长对本院已经发生法律效力的判决、裁定,发现规范性文件合法性认定错误,认为需要再审的,应当提交审判委员会讨论。

最高人民法院对地方各级人民法院已经发生法律效力的判决、裁定,上级人民法院对下级人民法院已经发生法律效力的判决、裁定,发现规范性文件合法性认定错误的,有权提审或者指令下级人民法院再审。

十二、执行

第一百五十二条 对发生法律效力的行政判决书、行政裁定书、行政赔偿判决书和行政调解书,负有义务的一方当事人拒绝履行的,对方当事人可以依法申请人民法院强制执行。

人民法院判决行政机关履行行政赔偿、行政补偿或者其他行政给付义务,行政机关拒不履行的,对方当事人可以依法向法院申请强制执行。

第一百五十三条 申请执行的期限为二年。申请执行时效的中止、中断,适用法律有关规定。

申请执行的期限从法律文书规定的履行期间最后一日起计算;法律文书规定分期履行的,从规定的每次履行期间的最后一日起计算;法律文书中没有规定履行期限的,从该法律文书送达当事人之日起计算。

逾期申请的,除有正当理由外,人民法院不予受理。

第一百五十四条 发生法律效力的行政判决书、行政裁定书、行政赔偿判决书和行政调解书,由第一审人民法院执行。

第一审人民法院认为情况特殊,需要由第二审人民法院执行的,可以报请第二审人民法院执行;第二审人民法院可以决定由其执行,也可以决定由第一审人民法院执行。

第一百五十五条 行政机关根据行政诉讼法第九十七条的规定申请执行其行政行为，应当具备以下条件：

（一）行政行为依法可以由人民法院执行；

（二）行政行为已经生效并具有可执行内容；

（三）申请人是作出该行政行为的行政机关或者法律、法规、规章授权的组织；

（四）被申请人是该行政行为所确定的义务人；

（五）被申请人在行政行为确定的期限内或者行政机关催告期限内未履行义务；

（六）申请人在法定期限内提出申请；

（七）被申请执行的行政案件属于受理执行申请的人民法院管辖。

行政机关申请人民法院执行，应当提交行政强制法第五十五条规定的相关材料。

人民法院对符合条件的申请，应当在五日内立案受理，并通知申请人；对不符合条件的申请，应当裁定不予受理。行政机关对不予受理裁定有异议，在十五日内向上一级人民法院申请复议的，上一级人民法院应当在收到复议申请之日起十五日内作出裁定。

第一百五十六条 没有强制执行权的行政机关申请人民法院强制执行其行政行为，应当自被执行人的法定起诉期限届满之日起三个月内提出。逾期申请的，除有正当理由外，人民法院不予受理。

第一百五十七条 行政机关申请人民法院强制执行其行政行为的，由申请人所在地的基层人民法院受理；执行对象为不动产的，由不动产所在地的基层人民法院受理。

基层人民法院认为执行确有困难的，可以报请上级人民法院执行；上级人民法院可以决定由其执行，也可以决定由下级人民法院执行。

第一百五十八条 行政机关根据法律的授权对平等主体之间民事争议作出裁决后，当事人在法定期限内不起诉又不履行，作出裁决的行政机关在申请执行的期限内未申请人民法院强制执行的，生效行政裁决确定的权利人或者其继承人、权利承受人在六个月内可以申请人民法院强制执行。

享有权利的公民、法人或者其他组织申请人民法院强制执行生效行政裁决,参照行政机关申请人民法院强制执行行政行为的规定。

第一百五十九条 行政机关或者行政行为确定的权利人申请人民法院强制执行前,有充分理由认为被执行人可能逃避执行的,可以申请人民法院采取财产保全措施。后者申请强制执行的,应当提供相应的财产担保。

第一百六十条 人民法院受理行政机关申请执行其行政行为的案件后,应当在七日内由行政审判庭对行政行为的合法性进行审查,并作出是否准予执行的裁定。

人民法院在作出裁定前发现行政行为明显违法并损害被执行人合法权益的,应当听取被执行人和行政机关的意见,并自受理之日起三十日内作出是否准予执行的裁定。

需要采取强制执行措施的,由本院负责强制执行非诉行政行为的机构执行。

第一百六十一条 被申请执行的行政行为有下列情形之一的,人民法院应当裁定不准予执行:

(一)实施主体不具有行政主体资格的;

(二)明显缺乏事实根据的;

(三)明显缺乏法律、法规依据的;

(四)其他明显违法并损害被执行人合法权益的情形。

行政机关对不准予执行的裁定有异议,在十五日内向上一级人民法院申请复议的,上一级人民法院应当在收到复议申请之日起三十日内作出裁定。

十三、附则

第一百六十二条 公民、法人或者其他组织对2015年5月1日之前作出的行政行为提起诉讼,请求确认行政行为无效的,人民法院不予立案。

第一百六十三条 本解释自2018年2月8日起施行。

本解释施行后,《最高人民法院关于执行〈中华人民共和国行政诉讼法〉若干问题的解释》(法释〔2000〕8号)、《最高人民法院关于适用〈中华人民共和国行政诉讼法〉若干问题的解释》(法释〔2015〕9号)同时废止。最高人民法院以前发布的司法解释与本解释不一致的,不再适用。

最高人民法院关于执行担保若干问题的规定

（2017 年 12 月 11 日最高人民法院审判委员会第 1729 次会议通过
2018 年 2 月 23 日公布　自 2018 年 3 月 1 日起施行　法释〔2018〕4 号）

为了进一步规范执行担保，维护当事人、利害关系人的合法权益，根据《中华人民共和国民事诉讼法》等法律规定，结合执行实践，制定本规定。

第一条　本规定所称执行担保，是指担保人依照民事诉讼法第二百三十一条规定，为担保被执行人履行生效法律文书确定的全部或者部分义务，向人民法院提供的担保。

第二条　执行担保可以由被执行人提供财产担保，也可以由他人提供财产担保或者保证。

第三条　被执行人或者他人提供执行担保的，应当向人民法院提交担保书，并将担保书副本送交申请执行人。

第四条　担保书中应当载明担保人的基本信息、暂缓执行期限、担保期间、被担保的债权种类及数额、担保范围、担保方式、被执行人于暂缓执行期限届满后仍不履行时担保人自愿接受直接强制执行的承诺等内容。

提供财产担保的，担保书中还应当载明担保财产的名称、数量、质量、状况、所在地、所有权或者使用权归属等内容。

第五条　公司为被执行人提供执行担保的，应当提交符合公司法第十六条规定的公司章程、董事会或者股东会、股东大会决议。

第六条　被执行人或者他人提供执行担保，申请执行人同意的，应当向人民法院出具书面同意意见，也可以由执行人员将其同意的内容记入笔录，并由申请执行人签名或者盖章。

第七条 被执行人或者他人提供财产担保，可以依照物权法、担保法规定办理登记等担保物权公示手续；已经办理公示手续的，申请执行人可以依法主张优先受偿权。

申请执行人申请人民法院查封、扣押、冻结担保财产的，人民法院应当准许，但担保书另有约定的除外。

第八条 人民法院决定暂缓执行的，可以暂缓全部执行措施的实施，但担保书另有约定的除外。

第九条 担保书内容与事实不符，且对申请执行人合法权益产生实质影响的，人民法院可以依申请执行人的申请恢复执行。

第十条 暂缓执行的期限应当与担保书约定一致，但最长不得超过一年。

第十一条 暂缓执行期限届满后被执行人仍不履行义务，或者暂缓执行期间担保人有转移、隐藏、变卖、毁损担保财产等行为的，人民法院可以依申请执行人的申请恢复执行，并直接裁定执行担保财产或者保证人的财产，不得将担保人变更、追加为被执行人。

执行担保财产或者保证人的财产，以担保人应当履行义务部分的财产为限。被执行人有便于执行的现金、银行存款的，应当优先执行该现金、银行存款。

第十二条 担保期间自暂缓执行期限届满之日起计算。

担保书中没有记载担保期间或者记载不明的，担保期间为一年。

第十三条 担保期间届满后，申请执行人申请执行担保财产或者保证人财产的，人民法院不予支持。他人提供财产担保的，人民法院可以依其申请解除对担保财产的查封、扣押、冻结。

第十四条 担保人承担担保责任后，提起诉讼向被执行人追偿的，人民法院应予受理。

第十五条 被执行人申请变更、解除全部或者部分执行措施，并担保履行生效法律文书确定义务的，参照适用本规定。

第十六条 本规定自2018年3月1日起施行。

本规定施行前成立的执行担保，不适用本规定。

本规定施行前本院公布的司法解释与本规定不一致的，以本规定为准。

最高人民法院关于执行和解若干问题的规定

（2017年11月6日最高人民法院审判委员会第1725次会议通过
2018年2月22日公布　自2018年3月1日起施行　法释〔2018〕3号）

为了进一步规范执行和解，维护当事人、利害关系人的合法权益，根据《中华人民共和国民事诉讼法》等法律规定，结合执行实践，制定本规定。

第一条　当事人可以自愿协商达成和解协议，依法变更生效法律文书确定的权利义务主体、履行标的、期限、地点和方式等内容。

和解协议一般采用书面形式。

第二条　和解协议达成后，有下列情形之一的，人民法院可以裁定中止执行：

（一）各方当事人共同向人民法院提交书面和解协议的；

（二）一方当事人向人民法院提交书面和解协议，其他当事人予以认可的；

（三）当事人达成口头和解协议，执行人员将和解协议内容记入笔录，由各方当事人签名或者盖章的。

第三条　中止执行后，申请执行人申请解除查封、扣押、冻结的，人民法院可以准许。

第四条　委托代理人代为执行和解，应当有委托人的特别授权。

第五条　当事人协商一致，可以变更执行和解协议，并向人民法院提交变更后的协议，或者由执行人员将变更后的内容记入笔录，并由各方当事人签名或者盖章。

第六条　当事人达成以物抵债执行和解协议的，人民法院不得依据该协议作出以物抵债裁定。

第七条 执行和解协议履行过程中,符合合同法第一百零一条规定情形的,债务人可以依法向有关机构申请提存;执行和解协议约定给付金钱的,债务人也可以向执行法院申请提存。

第八条 执行和解协议履行完毕的,人民法院作执行结案处理。

第九条 被执行人一方不履行执行和解协议的,申请执行人可以申请恢复执行原生效法律文书,也可以就履行执行和解协议向执行法院提起诉讼。

第十条 申请恢复执行原生效法律文书,适用民事诉讼法第二百三十九条申请执行期间的规定。

当事人不履行执行和解协议的,申请恢复执行期间自执行和解协议约定履行期间的最后一日起计算。

第十一条 申请执行人以被执行人一方不履行执行和解协议为由申请恢复执行,人民法院经审查,理由成立的,裁定恢复执行;有下列情形之一的,裁定不予恢复执行:

(一)执行和解协议履行完毕后申请恢复执行的;

(二)执行和解协议约定的履行期限尚未届至或者履行条件尚未成就的,但符合合同法第一百零八条规定情形的除外;

(三)被执行人一方正在按照执行和解协议约定履行义务的;

(四)其他不符合恢复执行条件的情形。

第十二条 当事人、利害关系人认为恢复执行或者不予恢复执行违反法律规定的,可以依照民事诉讼法第二百二十五条规定提出异议。

第十三条 恢复执行后,对申请执行人就履行执行和解协议提起的诉讼,人民法院不予受理。

第十四条 申请执行人就履行执行和解协议提起诉讼,执行法院受理后,可以裁定终结原生效法律文书的执行。执行中的查封、扣押、冻结措施,自动转为诉讼中的保全措施。

第十五条 执行和解协议履行完毕,申请执行人因被执行人迟延履行、瑕疵履行遭受损害的,可以向执行法院另行提起诉讼。

第十六条 当事人、利害关系人认为执行和解协议无效或者应予撤销的,可以向执行法院提起诉讼。执行和解协议被确认无效或者撤销后,申请执行人可以据此申请恢复执行。

被执行人以执行和解协议无效或者应予撤销为由提起诉讼的,不影响申请执行人申请恢复执行。

第十七条 恢复执行后,执行和解协议已经履行部分应当依法扣除。当事人、利害关系人认为人民法院的扣除行为违反法律规定的,可以依照民事诉讼法第二百二十五条规定提出异议。

第十八条 执行和解协议中约定担保条款,且担保人向人民法院承诺在被执行人不履行执行和解协议时自愿接受直接强制执行的,恢复执行原生效法律文书后,人民法院可以依申请执行人申请及担保条款的约定,直接裁定执行担保财产或者保证人的财产。

第十九条 执行过程中,被执行人根据当事人自行达成但未提交人民法院的和解协议,或者一方当事人提交人民法院但其他当事人不予认可的和解协议,依照民事诉讼法第二百二十五条规定提出异议的,人民法院按照下列情形,分别处理:

(一)和解协议履行完毕的,裁定终结原生效法律文书的执行;

(二)和解协议约定的履行期限尚未届至或者履行条件尚未成就的,裁定中止执行,但符合合同法第一百零八条规定情形的除外;

(三)被执行人一方正在按照和解协议约定履行义务的,裁定中止执行;

(四)被执行人不履行和解协议的,裁定驳回异议;

(五)和解协议不成立、未生效或者无效的,裁定驳回异议。

第二十条 本规定自2018年3月1日起施行。

本规定施行前本院公布的司法解释与本规定不一致的,以本规定为准。

【国家责任研究基地首届年会专题】

牢记使命　砥砺前行
共同推进国家责任制度研究的新发展

——在国家责任研究基地首届年会暨国家赔偿联席会议第二次年会上的致辞

陶凯元*

(2018年1月15日　广州)

尊敬的利明校长、熙春书记、各位领导、各位专家、各位同仁:

隆冬时节、新年伊始,我们相聚在温暖如春的花城广州,召开国家责任研究基地首届年会暨国家赔偿联席会议第二次年会,本次会议将以党的十九大精神为指引,共同探讨新时代国家责任制度的理论和实践发展方向,具有非常重要的意义。在此,我谨代表最高人民法院,对会议主办方中国人民大学和承办方华南理工大学的精心安排和辛勤付出表示衷心的感谢,向出席此次会议的理论界、实务界的同仁们表示热烈的欢迎!

参加这次年会的,既有来自各大高校和科研机构的学者、研究人员,也有中央机关和政法系统的同仁,大家都是各自领域的业务翘楚,希望大家能借助国家责任研究基地这一平台,深入研究、加强交流、多出成果,共同推动国家责任制度发展。借此机会,我就做好新时代国家责任制度研究,谈几点想法,供大家交流和参考:

---

* 最高人民法院副院长、审判委员会委员,二级大法官。

一、提高认识，准确把握新时代国家责任制度研究的历史使命

党的十九大报告作出了“中国特色社会主义进入了新时代”的重大政治判断和“必须坚持以人民为中心的发展思想，不断促进人的全面发展、全体人民共同富裕”的庄严承诺。进入新时代，人民群众对“权利有保障、权力有制约”的良法制度要求已经在很大程度上得以满足，对“正义可预期、公平看得见”的善治状态的向往更加明确，对民主与法治、公平与正义的发展水平有了更高的期待，也为国家责任研究朝着更加独立、更加广泛、更加深入的方向发展，提供了难得的历史机遇。既往的司法实践中，单独依靠国家赔偿制度不但难以满足公民权利救济的多元需求，而且其本身所承载的矫正功能也难以得到充分发挥。我们今天所讨论的国家责任，正是以“以人为本”为理论之基，以人文关怀为制度特色，以正义良善为观念之源所提出的法律概念。作为法律人，我们应当以更高的站位、更宽的视角、更强的担当承担起新时代赋予的新的历史使命，牢牢把握以人民为中心的思想，构建以国家赔偿制度为核心，以国家补偿、国家救助和社会保障制度为补充的协调统一的国家责任体系，不断满足人民日益增长的对美好生活的司法需求，推进权利保障、实现生存照顾的国家治理体系的全面发展，在全面建成小康社会、深化依法治国的时代进程中贡献法律人应有的作为与智慧。

二、加强研究，着力推进新时代国家责任法律体系的健全完善

从世界范围看，国家赔偿的法典化趋势在“二战”后逐渐兴起，随着国家补偿、国家救助和保障制度的蓬勃发展，国家责任制度单独化、专门化的潮流逐渐形成，但体系化的程度还非常低。就我国而言，1995 年 1 月 1 日《国家赔偿法》开始实施，对于保护人民群众的合法权益、促进国家机关依法行使权力、推进法治中国建设发挥了重要作用。党的十八届三中、四中全会强调，要完善人权司法保障制度，健全国家司法救助体系，保证人民群众在遇到法律问题或者权利受到侵害时能够获得及时有效的法律帮助。十九大报告更明确指出，“必须在弱有所扶等方面不断取得新进展，保证全体人民在共建共享发展中有更多获得感”。国家赔偿法律条款的有限性与权利救济保护要求的深入性，司法救助法律资源的匮乏性与人民群众救助期待的广泛性之间的矛盾，是现阶段国家责任法律体系遇到的主要问题。“法治是治国之重器，良法是善治之前提。”国家责任基地的工作，要以构建以国家赔偿和司法救助为核心的国家责任法律体系为重心，加强问题导向，拓宽研究思路，坚持理论与实践相结合。既要充分把握落实宪法尊重和保障人权原则的内核，紧紧围绕这一目标，不断健全国家责任制度，彻底解决救济不充分、保障不完善、体系不完整的问题，又要抓好推进国家责任体系建设的关键环节，在充分调研论证的基础上，适时提出国家赔偿法的修法建议和国家司法救助法的立法草案，紧紧抓住建设法治中国的历史机遇，不断促进社会主义法治体系的逐步健全与完善。

三、深化合作，全面实现新时代国家责任法律体系的全面发展

没有实践的理论，是空洞的理论；没有理论的实践，是盲目的实践。党的十九大报告明确指出，“实践没有止境，理论创新也没有止境”。深化国家责任理论研究，既要深刻把握司法发展的一般规律，又要认真研究新时期国家责任制度体系形成与发展的特殊规律和发展趋势，从实践中总结、升华新的理论成果，用以及时指引司法实践，推动国家责任制度体系的科学发展。研究基地的设立，为进一步加强国家责任理论与实务的融合，推动国家责任制度体系的发展完善，注入了强大助力。希望以此次年会为契机，进一步加强巩固理论界与实务界交流的机制，充分发挥最高人民法院在司法实务领域和中国人民大学和其他相关大学在理论研究、教育培训等方面的优势资源，深化在高层次人才培养、理论实践研究、疑难案例研讨以及重要学术研讨、国际交流合作及成果转化运用等方面的合作，以多种形式加强理论与实务部门之间的深度合作和多维度互动，实现理论与实务的双剑合璧。

同志们，朋友们，新时代的国家责任制度建设任重道远，新时代的国家责任研究工作责任重大。在全面依法治国的新时代，让我们齐心协力，努力构建科学完善的国家责任制度体系，全力实现权利保护、损害救济与生存托底的制度功能，充分落实尊重人权、公平负担和照顾弱者的实质正义，为全面推进依法治国，建设社会主义法治国家作出新的更大的贡献！

最后，预祝年会取得圆满成功！谢谢大家！

新时代国家责任理论的研究主题

——在最高人民法院国家责任研究基地2017年年会上的主题演讲

王利明*

国家责任是法治国家的重要原则，体现了一个国家的理性精神和道义担当。国家需要对自身的行为承担起责任，从侵权责任法的角度来看，一个整体的趋势是在范围、标准、责任承担方式上越来越扩大和多元；以国家及公职人员违法行为为要件的赔偿责任是国家责任的最初实践形态。从中世纪最开始流行的“国王不能为非”，到自由法治国时代发展出来的“雇主赔偿责任”，再到完全吸收公职人员职务侵权行为的“代位赔偿责任”，乃至适应新的时代条件发展出的国家救助、国家补偿、国家预防义务、国家安全保障等一系列更广泛和深刻的责任体系，国家责任日益成为一个超越侵权责任规范体系的基础性概念，成为以维护人的尊严为价值核心的深刻的国家承诺。

党的十九大作出了“中国进入新时代”的重要政治判断。新时代既是社会主要矛盾发生重大转变的时代，也是中国迈向强国复兴、对法治国家建设提出更高更多要求的时代。对于国家责任的法学研究来说，这不仅意味着我们需要继续完善传统的以国家赔偿责任为核心的课题，更要因应时代变化，在新的国家哲学、社会经济发展条件和法学自身转型的背景下，明确新的研究主题，并做出积极的理论贡献。我以为，新时代国家责任理论的研究

* 中国人民大学常务副校长。

主题至少围绕如下方面展开:

第一,在既有的宪法法律理论和规范框架里思考新问题。国家侵权引起责任承担,并通过法律填补损失,这是法治的基本要求。中国现行《宪法》第41条规定“由于国家机关和国家工作人员侵犯公民权利而受到损失的人,有依照法律规定取得赔偿的权利”。随后颁行的《民法通则》第121条进一步规定“国家机关或者国家机关工作人员在执行职务中,侵犯公民、法人的合法权益造成损害的,应当承担民事责任”,将国家责任放置在民事责任的框架下。1995年颁布的《国家赔偿法》确立了独立的、公法上的国家赔偿责任,全面建构了国家赔偿的构成要件、范围、程序、责任承担方式与标准等问题。《民法总则》第97、98条明确了“机关法人”的概念及民法上的权利义务主体地位。由此,我们已经有了较为完整的国家责任的二元理论与规范体系。但是,新时代仍然需要对这个体系的内容做进一步思考。例如,国家赔偿责任除了独立责任,可不可以也是一种补充责任?在民事侵权主体不明确或大规模侵权行为致害无法有效填补损失的情况下,国家可以考虑作为补充责任主体而存在,设立专门的赔偿基金实现对受害人的充分救济和损失填补。又如,国家赔偿责任是否一定以发生实际损害后果为构成要件?现实生活中由于国家致害行为导致当事人合法预期利益损害的情况时有发生,现行国家赔偿法仅仅以实际损害作为赔偿构成要件,也不利于充分保障人民合法权益。因此,我们需要完善既有的理论和规范框架,在既有的框架里思考新的问题。

第二,构建一个以赔偿为核心、兼顾补偿、救助、保障、预防等重要方面的新的国家责任体系。新时代确立了“以人民为中心”的坚持和发展中国特色社会主义的基本方略。“以人民为中心”意味着国家责任不仅仅是一种侵权责任,更要求国家肩负起对人民全面的生存照顾的责任,为人民美好生活的实现提出更好的制度安排。国家责任应该成为一种托底责任,当市场和社会失灵的时候,国家必须以更加积极有为,为此需要我们将研究视野扩展到国家在资源分配中的补偿责任,对于弱势群众的救助责任,面对风险社会建立起预防责任,对于公共服务体系建立起基本的社会安全保障责任体系。

第三,应对风险社会的挑战,扩展国家承担责任的方式。中国正日益步入风险社会,很多时候,社会行为与危害后果之间的因果关系不再绝对确定，这个时候国家要从“危险消除”责任转向“风险预防”责任，国家承担责任的方式不是事后填补损失，而是必须未雨绸缪，建立起“风险评估—风险交流—风险管理”的过程责任，要做更多“风险点分析与控制”的工作，国家责任的承担方式也将由传统的金钱赔偿向更有效地履行职责这个角度和思维转变。尤其是在以互联网、大数据、云计算等为代表的新技术革命浪潮下，技术在改变社会、带来便利的同时也在制造新的风险，尤其是信息自决、隐私权保护，需要国家在风险预防方面承担起更大的监管、预防责任。

国家责任是一个跨越宪法和部门法、公法和私法理论与实践的综合性话题，它既是法治国家的内在要求，是中国在新时代全面推进依法治国必然要不断强化的主题，也是“以人民为中心”的深刻政治承诺的必然体现。同时，在新时代，它也日益成为一个跨学科研究的领域，我们应该从中国的实践出发，贡献这个研究领域的中国概念、中国理论和中国方案。

加强学界和实务界的合作，共同推进人民法院国家赔偿和司法救助工作

——在最高人民法院国家责任研究基地2017年年会上的讲话

刘合华*

2017年2月，最高人民法院赔偿委员会办公室与中国人民大学法学院联合设立了国家责任研究基地，成功地搭建起了汇集专业领域内知名专家学者的研究平台，在韩大元教授的主持下，做了大量的基础性和开拓性的工作，逐步地引领了对国家责任问题的研究，密切了学界和实务界的合作，有力地促进了法院系统国家赔偿和司法救助工作。

一、近年来人民法院国家赔偿和司法救助工作成绩显著

党的十八大以来，各级法院紧紧围绕"努力让人民群众在每一个司法案件中感受到公平正义"的目标，不断提高国家赔偿审判质效，努力开拓司法救助工作，有力地促进了人权的司法保障。

1. 依法审理了大批国家赔偿案件。执法办案是人民法院的第一要务。2013年至2017年11月，全国法院共审结国家赔偿案件20832件；其中，刑事赔偿案件9980件，非刑事司法赔偿案件10852件，决定赔偿2970件。办案中，我们坚持"依法赔偿、合理补偿"的原则，妥善处理了浙江张氏叔侄、内蒙古呼格吉勒图、海南陈满、河北聂树斌、辽宁北鹏公司等50余起重大冤错赔

* 最高人民法院审委会委员、赔偿办主任。

偿案件，受到广泛认可。同时，加强了听证质证及网络直播工作，加大了审判流程和文书公开力度，阳光赔偿的格局基本形成。

2. 加强了国家赔偿规范化建设。针对实践中普遍反映的审判难点和重点问题，单独或者联合最高人民检察院、司法部等部门，先后出台了《关于人民法院办理自赔案件程序的规定》《关于人民法院赔偿委员会适用质证程序审理国家赔偿案件的规定》《关于人民法院赔偿委员会审理国家赔偿案件适用精神损害赔偿若干问题的意见》《关于办理刑事赔偿案件适用法律若干问题的解释》《关于审理民事、行政诉讼中司法赔偿案件适用法律若干问题的解释》《关于国家赔偿监督程序若干问题的规定》《关于加强国家赔偿法律援助工作的意见》。这些规范的颁布和实施，极大地丰富了司法赔偿的法律适用规范体系，有效地增强了对公民合法权益的保障和救济，也有力地推动了国家赔偿工作稳步、规范地发展。

3. 健全了国家司法救助制度体系。健全国家司法救助制度，是中央确定的深改任务的重要组成部分，也是我院确定的四五司法改革的任务之一，对于提升人权司法保障水平具有重要意义。就此，我院以“救助制度法治化、救助案件司法化”为目标，先试点、后铺开，先后出台了《关于规范涉诉信访司法救助工作的意见（试行）》和《关于加强和规范人民法院司法救助工作的意见》，我院在全国法院中率先设立了司法救助委员会，认真总结推广改革经验，积极推动司法救助与社会救助、法律援助的衔接，受到牵头司法救助改革工作的中央政法委的高度肯定。2015 年至 2016 年，全国法院共办理司法救助案件 8.3 万余件，使用救助资金 17.8 亿元，收到了良好的社会效果。

二、新时代国家赔偿和司法救助工作的展望

国家赔偿制度和司法救助工作从本质上讲都是人权司法保障制度的重要组成部分；国家赔偿制度是人民主权理论的实践机制，是法治从理论走向实质法治的里程碑；司法救助工作则是社会福利理论的实践机制，是国家治理体系和治理能力现代化的重要标志。在新时代的背景下，最高人民法院 2017 年 11 月提出，人民法院国家赔偿的工作重心应从一元转向二元，即从国家赔偿单一重心转向国家赔偿和司法救助二元并重；要加强问题导向，着力解决影响工作发展的体制机制性问题，勇于变革、善于创新，切实将满足人民群众对美好生活的多元化司法需求落到实处。这个判断的提出,对于国家责任研究领域而言,有很好的启示意义。从工作层面上来看,当前和今后一个时期,我们应当共同努力,通过对国家责任的研究,着力推进以下几项工作。

1. 推动国家赔偿法的修改和完善。2010年《国家赔偿法》进行了修正,解决了实践中亟待解决的一些问题,但并非大修,因此仍然遗留了若干问题,有待通过再次修改赔偿法或者出台立法解释来加以解决。例如,轻罪重判的赔偿问题;指定居所监视居住的赔偿问题;免责条款的模糊、遗漏问题;先行处理程序的低效益问题;赔委会决定程序与员额制、司法责任制的磨合问题;赔偿标准的僵化问题;合法公权行为的国家补偿范围过窄问题等。我们应当进一步加强对相关问题的调查研究,并在此基础上积极推动立法的修改和完善。

2. 推动国家赔偿费用负担体制的改革。目前,国家赔偿费用由各级财政分别负责。实践中,中央、省级两级财政负担有力,但以这两级国家机关作为赔偿义务机关的案件较少;基层案件较多,但财力不足,导致出现赔偿经费列支不到位、不愿赔付、拖延支付等问题,严重影响了国家赔偿法的实施效力。我认为在法检系统省以下人财物统管已经积累了一定经验的背景下,我们应积极向中央和立法机关建言献策,推动建立中央、省级两级统筹或全国统一的费用负担机制,努力解决国家赔偿"最后一公里"问题。

3. 推动国家司法救助立法进程。党的十九大报告提出,"以良法促进发展、保障善治"。目前,中央政法委牵头出台了《关于建立完善国家司法救助制度的意见(试行)》,两高、地方政法委及时跟进,制定了若干配套规范,有效地推动了这项工作的实质性的进展,但是由于这些规范缺少上位立法,导致经费保障、机构设立、救助标准等改革关键环节缺乏法律支撑。我们应当及时推动调整立法预规划,积极推动国家司法救助法单独立法或者在社会救助法中做出单独规定,做到重大改革举措于法有据、依法推进,同时让具体的司法救助工作有法可依。

4. 推动国家司法救助规范化和信息化进程。当前,国家司法救助改革的相关政策已经出台,但具体工作仍需深化。一方面,由于缺乏较为统一的实施细则,政法各单位及法院内部的实务操作还不太一致;另一方面,由于政法各单位尚未建立起统一的救助信息系统,政法各部门之间以及与社会救助机关之间还不能联网,难以有效地解决重复救助、救助效率不高、资金使用不到位等问题。为此,最高人民法院已将制定出台若干细则规范、开发四级法院联网且能与其他有关部门共享司法救助数据的信息管理系统纳入工作计划,也希望政法各部门能够积极合租,共同协同推进这项工作的开展。

三、期待专家学者给予智力支持的几个重点问题

理论是行动的先导。国家赔偿和司法救助工作的科学发展,离不开专家学者对重大疑难和关键问题的关注与研究。目前,下面几个问题需要重点进行研究。

1. 如何健全国家责任制度体系。最高人民法院陶凯元副院长在其《国家责任论纲》一文中提出的"国家责任",是国家赔偿、国家补偿、司法救助以及其他关联救济模式的上位概念和由此进一步展开的制度体系与实践逻辑,是基于我国传统文化、政治生态以及福利国家、风险社会等近现代理论对人民法院相关工作经验所作的总结和升华,是指导我们各级法院开展国家赔偿和司法救助工作的重要理论。对于如何进一步实现对传统法律责任理论的超越或发展,如何进一步巩固和丰富该理论的结构和内容,如何加强不同国家责任制度之间的相互衔接,以更好地解决国家救济还不够充分、保障还不够完善、体系还不够完整等问题。

2. 如何改革国家赔偿审判权力的运行机制。现行的国家赔偿审判机制与司法责任制改革要求之间存在不协调的问题,主要表现在人民法院赔偿委员会依法作出决定与合议庭审理案件之间的关系不明晰;书面审理原则与程序公开之间的关系不明晰。因此,如何理顺赔偿委员会与案件审理人员之间的关系,落实司法责任制要求,实现国家赔偿审判权力科学运行,也是我们期待加强研究的重要课题。

3. 如何保障国家赔偿决定的执行。人民法院赔偿委员会赔偿决定的执行力直接关系到宪法法律的权威和人民群众的根本利益。在实践中,存在赔偿金支付超过法定期限、国家赔偿决定执行主要依靠协调方式、把先行追偿追责作为赔偿决定执行的附加先决条件等问题。为解决国家赔偿决定一定程度上存在的"执行难"问题,需要统筹研究国家赔偿费用预算管理机制、

赔偿义务机关申请支付机制、异议复核机制、强制执行机制、责任追究机制等问题,确保国家赔偿决定得到及时执行,赔偿请求人不受国家的“第二次侵害”。

4. 如何健全国家赔偿追偿追责机制。国家赔偿追偿追责问题是当前社会公众普遍关注的问题,也是国家赔偿制度不可或缺的组成部分。但实践中如何处理和制裁法官违法行使职权行为和依法保护法律赋予法官的自由裁量权之间的关系,如何处理个人追偿追责与系统性错误之间的矛盾,情况十分复杂,均面临两难,需要进一步深入研究,真正实现依法理性追偿追责。

公共设施致害国家赔偿需要研究的问题

高秦伟*

随着经济社会的发展,政府在基础设施方面给付的义务越来越大。行政活动的复杂性和多样性日益表现出来,不仅表现为行政许可、行政处罚等行使权力的行政行为,也表现出诸如对公有设施的设置和维护服务的提供水、电、煤气等服务行政以及行政事实的行为。公共设施的便利性固然必要,但由于它使用的广泛性和长期性,所以保障其安全运转也同样重要。近年来,社会生活中频频发生的公共设施致害事件,让我们不得不对公共设施的设置和管理问题展开深入思考。从我国现有的立法来看,有关公共设施致害的国家赔偿责任并不存在,但是为了充分保障公众的合法权益,为了完善我国国家责任体系,建议研究公共设施致害的国家赔偿问题。

一、要对什么是"公共设施"加以研究

我国目前实定法上如《治安管理处罚法》第33条、《固体污染物污染环境防治法》第48条、《建筑法》第42条等使用了"公共设施"的术语,但是并没有作出统一的界定。相关的判决里讲:"公有公共设施一般指由行政机关或者其特许的公务法人基于公众共同利益的需要,设置或管理供公众使用各类有体物或附属于该物的相关设施,包括公路、桥梁、港埠码头、堤防、下水道、公有垃圾场、公有屠宰场、公有行道树等。"①"公有公共设施一般是指

* 作者单位:中央财经大学法学院。

① 丁荣林等五人诉李忠丁红生命权纠纷案一审民事判决书,(2016)云0423民初49号。

由行政机关或者其特许的公务法人基于公众利益的需要,为增进人民福祉,设置或管理供公众使用各类有体物或附属物的相关设施,包括公路、桥梁、码头、堤防、下水道、公有行道树等。"①学理上除使用公共设施术语之外,还有使用"国有公共设施""公有公共设施"等概念的。这里涉及:第一,公共设施是否必须为国家或者集体所有,这也是前述几种提法差异的重要原因。但是在日本、韩国、我国台湾地区,主流观点则认为公共设施的所有权归属并非关键。如日本最高法院于1984年判决,公共营造物的设置、管理不需要有法律上的管理权乃至所有权等法律上的权利根据,只要存在行政主体事实上管理着的状态即可。② 不过,我国台湾地区有所区分,如以公法或公法组织方式的设施就属于公有公共设施,而以私法方式展开的,其设施并非供公共行政目的使用,不属于公有公共设施。③ 这个对我国大陆的相关讨论是有意义的,1993年《国家赔偿法草案说明》中提及"桥梁、道路等国有公共设施",也提及"邮电、医院等国有企业、事业单位",而且是分开提及的。同时桥梁、道路等公共设施的所有者、事实上的管理各种各样,而国有企业、事业单位的组织目的以及方式也是有不同类型,各类主体进行必要的清理与合理的定位会给公共设施范围的厘定带来困难。④ 第二,如何理解公共设施的"公共"。无论设施所有权归属,皆有可能成为公共设施,但前提不仅是行政主体提供和管理,更重要的是该设施确实为一般公众所使用。一般强调为公众使用、不特定多数人使用。第三,如何理解公共设施的"设施"。有体物,不动产或者动产。人工设施或者自然设施。

二、要对公共设施致害赔偿的构成要件进行研究

1. 导致损害的必须是公共设施,但公共设施的范围取决于各国的认知。

2. 公共设施存在设置或管理上的瑕疵;主观说、客观说与折中说。主观说认为瑕疵是指公共设施的设置或管理主体怠于履行确保安全的义务或者

---

① 张立新、柯桥区漓渚人民政府生命权、健康权、身体权纠纷二审民事判决书,(2017)浙06民终1551号。

② [日]盐野宏:《行政救济法》,杨建顺译,北京大学出版社2008年版,第206页。

③ 叶百修:《国家赔偿法》,载翁岳生编:《行政法》(下册),中国法制出版社2002年版,第1621页。

④ 葛云松:《法人与行政主体理论的再探讨——以公法人概念为重点》,载《中国法学》2007年第3期。

防止事故发生的义务,而不是指公共设施本身缺乏安全性。

客观说则主张瑕疵是指公共设施本身欠缺通常应具备的客观上的安全性。依据该说,公共设施设置或管理是否有瑕疵,就其客观状况进行判断即可,无须考虑公共设施的设置或管理主体是否违反注意义务,是否在主观上存有故意或过失。显然,其倾向于公共设施致害赔偿的无过错责任。

从保护受害人的角度来看,客观说比主观说让国家承担更重的责任。折中说认为客观说纯粹是从公共设施的物理缺陷来归责,但是当公共设施本身无缺陷,而是因管理主体有疏忽导致事故时,追究责任就会出现困难。例如,在出现大雾天气时,道路本身不存在物理缺陷,但道路管理者负有确保车辆安全通行的注意义务,如果管理者没有采取警告措施而发生损害时,仍应该产生国家赔偿责任。因此,折中说主张,瑕疵不仅包括公共设施本身欠缺客观上应具备的安全性,也包括设置或管理主体违反确保安全义务或防止事故发生义务。当然,并不是兼备,否则就提高了国家赔偿的门槛;应为首先判断公共设施的客观安全性,如其不具备导致损害,国家赔偿责任即告成立,无须再行考量设置或管理主体有否违背安全保障义务;如公共设施客观安全性具备情况下仍然发生损害,还应检视设置或管理主体是否尽了应尽的安全保障义务,若没有尽其注意义务,国家赔偿责任依然成立。有人主张应称为合并说而不是折中说。① 三个学说之间事实上有时差别不大。折中说主张在判断设置或管理瑕疵时,应考虑设置者、管理者履行义务的状况;客观说以公共设施本身物理、结构上的安全性作为标准,而把设置者、管理者虽尽其应尽义务、仍然难以避免损害发生的情形,视为瑕疵与损害之间因果关系不成立或视为不可抗力。

3. 造成损害。

4. 公共设施设置或管理瑕疵与损害之间有因果关系。

后两项与国家赔偿一般构成无差异。

三、对要不要纳入国家赔偿法范围进行研究

目前,国内学者相关的介绍较多,然而相关的立法者并未予回应。目前,形成了四种观点:

---

① 吴东镐:《中韩国家赔偿制度比较研究》,法律出版社 2008 年版,第 195 页。

第一,公法说,应纳入国家赔偿法范围。公共设施是行政给付的一项重要内容,属于公共行政的职能和作用。因此公共设施设置、管理者与利用者之间不是民事关系而是公法上的公共设施利用关系。而且目前利用民法来赔偿的模式,但河川、自然景观等公共设施就未及在《民法总则》有所体现;同时过错责任也不利于保护受害人的权益。以私法的方式审理,会忽略公共管理责任的因素,可能导致国家责任从公法向私法逃遁。

第二,私法说。世界上除了日、韩以及我国台湾地区外并不存在单独规定。民法赔偿更多,当前公共设施的设置与管理较为复杂,特别是在PPP的大背景之下,公共设施的投入并不一定来源于国家财政,因此建议使用既有的民事侵权责任赔偿方式。

第三,承认公法说,但基于现实,先放置于私法。不过,现实中利用民事赔偿责任的方式存在一定的不足,首先是归责原则;其次让民事法官来判断行政主的职责。这些可能都与我国目前建立独立的公法赔偿机制有所冲突。

第四,承认私法说,但有些应考虑适用国家赔偿,如一些是国家机关管理的。同样,其与我国目前建立独立的公法赔偿机制的思路是相违背的。

四、未来的一些建议

我国1995年实施的《国家赔偿法》没有把公共设施致害纳入范围之中,2010年的修订也未将其纳入其中。在生活中,人们受到越来越多的公共设施瑕疵的侵害,这就引发了理论界对公共设施致害是否纳入国家赔偿范围的争论。我认为未来应加强研究。不仅要研究国家赔偿、国家责任的理论与范围,而且还要对公法人、公产、事业单位、公共设施管理与运营机制等问题加以研究,从而更好地保障公共利益,更好地实现行政目标。

应当区分刑事赔偿与刑事补偿

张　红*

国家机关行使公权力,无论合法或不合法,均有可能给公民的自由权利造成损害。在法治国家中,对人民因此所受之损害,皆产生应如何以财产给付予以弥补之问题。因公权力不合法之行使,致个别人受有不利益,而由国家以财产给付所为之弥补措施,为国家赔偿。反之,因公权力合法之行使,使个别人民受有特别之不利益,而由国家以财产给付所为之弥补措施,则为国家补偿。在20世纪,许多国家和地区纷纷以立法的形式确立了国家赔偿制度和国家补偿制度。

我国《国家赔偿法》确立了刑事赔偿制度。根据该法规定,行使侦查、检察、审判、监狱管理职权的机关及其工作人员在行使职权时有国家赔偿法规定的侵犯人身权和财产权的情形,国家承担赔偿责任。但是,国家赔偿法并未对司法机关工作人员的侵权行为本身违法与否进行区分,不论其行为合法还是违法,均由国家承担赔偿责任。我们将此称为单一刑事赔偿责任模式。

这种模式已经显露出明显的弊端:一是混淆了刑事赔偿与刑事补偿两种责任的性质。传统大陆法系公法理论中,国家机关合法的职权行为若对公民造成损害,国家承担补偿责任;国家机关的职权行为由于违法或者存在过错造成损害的,国家承担赔偿责任。由于赔偿责任与补偿责任各有不同的适用范围、赔偿标准和方式,因此一种法律责任究竟属于赔偿责任还是补

* 北京师范大学法学院副教授。

偿责任,将直接关系到遭受损害的公民、法人或者其他组织将得到何种类型及何种程度的法律救济。二是客观上影响到责任的承担。赔偿责任与补偿责任不分的立法模式,没有区分刑事领域的补偿责任和赔偿责任,统一用赔偿责任加以涵盖,在一些原本属于补偿责任的情形,也适用赔偿责任加以认定,在实践中已经影响到赔偿责任或者补偿责任的实现。有的情况下,公安机关工作人员、检察院工作人员以及法官认为自己并没有实施违法行为,却由于犯罪嫌疑人最终被认定无罪后要承担刑事赔偿责任,由于心理上难以接受,导致实践中推卸责任或者逃避责任的情况时有发生,很大程度上影响了受害人获得赔偿。加之错案追究制的存在,使得许多机关不愿承认自己的行为违法,当然也就会想方设法逃避赔偿责任,使得受害人获赔难上加难。三是司法实践中存在通过补偿救助等方式掩盖国家赔偿案件的情况。许多司法赔偿案件中,受害人除了从国家获得赔偿外,往往还会因为生活困难而要求额外的生活补助或者救助款,甚至包括养老、住房、社会保险等方面。各地司法机关基于多种考虑,也会在坚持法定赔偿原则的基础上,探索依法赔偿之外的合理补偿来填补受害人的实际损失。

事实上,许多国家和地区将法官、检察官违法审判或者追诉犯罪的情形与刑事诉讼过程中采取的刑事强制措施或者错误执行刑罚造成损害的情形区别对待,二者根据不同的法律依据承担不同的赔偿责任。采这种二元规定模式的代表有德国、日本以及我国台湾地区等。

以日本为例,司法赔偿制度包括刑事赔偿制度和刑事补偿制度。刑事赔偿制度属于国家赔偿制度的组成部分之一,受《国家赔偿法》的调整。日本1947年《国家赔偿法》第1条规定:"行使国家或者公共团体的公权力的公务员,在其履行职务之际,因故意或者过失违法对他人造成损害的,国家或者公共团体负责赔偿。"在刑事诉讼过程中,检察官、法官执行其公权力,故意或过失违法对他人造成损害的,国家承担赔偿责任。刑事补偿制度则规定于1950年《刑事补偿法》。该法主要针对刑事诉讼过程中,获得无罪判决者在判决前受到的羁押、拘禁、留置,或者已经执行的刑罚。刑事补偿是基于结果责任的国家补偿制度。如果裁判的结果犯罪嫌疑人获得无罪判决,即使羁押或拘禁、留置措施的采取是合法的,受害人可以要求刑事损害补偿。

刑事诉讼活动中侵犯相对人权益并造成损害的行为,事实上包括两种情形:其一,刑事司法机关工作人员执行职务过程中侵犯了公民的合法权益,客观上违反了法律规定,主观上也存在故意或者重大过失。在此种情形下,司法侵权行为除了侵权行为主体是刑事司法机关及其工作人员外,与一般的行政侵权行为并无区别。其二,刑事司法机关在刑事诉讼过程中采取的刑事强制措施或者其他强制性措施符合法律规定的条件和程序,但随着刑事诉讼程序的推进,刑事司法机关可能会终止对犯罪的追究,或者法院经审理作出无罪判决。

上述第二种情形与行政机关及其工作人员实施的行政侵权行为存在很大的区别,这是由刑事诉讼活动(尤其是刑事公诉活动)本身的特殊性决定的。刑事案件是已经发生的事实,对于许多刑事案件而言,查明犯罪事实真相,是一个相当复杂甚至漫长的过程。根据我国《刑事诉讼法》的规定,刑事诉讼活动按照程序区分为立案、侦查、提起公诉与审判等几个阶段,且各阶段的任务不同。可以看到,刑事诉讼的整个过程就是一个不断发现和认识犯罪事实的过程。但由于犯罪活动发生在过去,由于时间的单向性,犯罪事实将无法再现,而只能借助间接的手段在人的思维予以重构,并试图无限接近案件真实。这一认识过程由两个部分组成:首先是对证据的认识,这一过程中对证据的发现、对证据真伪的甄别、证据推理等是否正确均影响着结果,并且对证据的认识是随着侦查活动的展开而逐渐明晰、逐渐系统化起来的;其次是根据对证据的认识来对已经发生的事实进行重构。事实上,由于刑事司法机关对案件事实的认识一步步递进,《刑事诉讼法》为刑事诉讼过程中的不同阶段规定了不同的证明标准。因此,很有可能刑事侦查机关对某一犯罪嫌疑人实施拘留后,随着侦查工作的展开,却发现犯罪嫌疑人并未实施犯罪活动;或者是刑事司法机关对某犯罪嫌疑人进行拘留、逮捕并提起公诉,但法院经审理认为证据不足、判决被告人无罪等。这些情况充分体现了刑事诉讼活动的特征:这是一个对犯罪事实的认识不断深化的过程。

正是由于刑事诉讼过程本身的特殊性,决定了我们不能一味地将刑事司法机关及其工作人员行使职权给相对人造成损害的行为责任归于刑事赔偿责任,而应结合具体情况区分赔偿责任和补偿责任。对于司法机关及其工作人员违法行使职权侵犯公民、法人和其他组织合法权益,造成损害的,国家承担刑事赔偿责任;刑事诉讼过程中采取的合法的刑事强制措施,其后决定撤销案件、不起诉或者判决宣告无罪终止追究刑事责任的,或者依照审判监督程序再审改判无罪,原判刑罚已经执行的,国家承担补偿责任。

刑事补偿本质上是一种基于司法风险的特别牺牲补偿。在现实中存在诸如犯罪等破坏社会秩序的情况,这种情况可视为公共社会秩序正处于一种危险状态,所以,尽管司法本身是国家的危险设施,国家基于维护社会秩序以防卫此危险状态,仍然不能放弃挥动正义的利剑。我们应当将犯罪嫌疑人、被告人在刑事诉讼过程中因合法的强制性措施而遭受到的权利损害看作一种为了刑事诉讼程序顺利进行,维护社会稳定和公共利益而作出的一种特别牺牲。而一个法治国家并不能要求特定的个人为了整个社会的秩序或者公共利益而忍受特定的牺牲或者损害。国家对于这种因运用司法而生危险之填补,是基于“公共负担平等”原则之下的补偿。

综上,我们认为,基于刑事诉讼活动的特殊性,应当借鉴刑事赔偿与刑事补偿二元立法的模式,区分刑事赔偿责任与刑事补偿责任,这是理论上厘清两种责任性质的需要,也是解决现实中存在问题的需要。

为生命定价

——国赔法上死亡赔偿金条款的合宪性问题及其出路

柳建龙*

生命权旨在保障人的肉体存在,亦即人的生理和物理存在。虽然我国现行宪法和多数国家宪法一样对生命权未作明文规定,不过,作为其他权利存在和实现的前提条件与载体,生命权的重要性毋宁是不言而喻的。正如有的学者所正确指出的:它是人类的最高权利,其他一切权利随它而生;它是其他权利的基础,是人权不可克减的核心之一。为了落实宪法对生命权以及第41条之获得救济权的保障,确保公民生命权免受国家公权力的侵害,现行《国家赔偿法》第34条第1款第3项第1句对死亡赔偿金,亦即国家机关及其工作人员因行使职权行为侵害公民生命健康权、造成受害人死亡的情形下,由国家向受害人相关近亲属支付的赔偿费用和标准作了规定,"造成死亡的,应当支付死亡赔偿金、丧葬费,总额为国家上年度职工年平均工资的二十倍"。公法学者多认为,该项规定采用相对统一和确定的赔偿标准,赔偿标准不因受害人的职业、收入、年龄、地域、身份等因素而有差别,为此,较之民法上人身损害赔偿的相关规定,它更能体现宪法和法律平等保护精神,更合乎人格尊严的要求,因而也更具"平等的导向性和进步性"。

不过,一旦详加考察,就可以发现,无论是从理论抑或实务的角度看,系

---

* 中国社会科学院大学法学院副教授、中国人民大学最高人民法院国家责任研究基地研究员。

本文部分内容摘自柳建龙:《〈国家赔偿法〉死亡赔偿金条款的合宪性分析》,载《哈尔滨工业大学学报》(社会科学版)2016年第5期。

争规定在立法技术和法理上都有可指摘的地方,或难以经受住宪法上平等原则和比例原则的检验。具体而言,《国家赔偿法》第34条第1款第3项死亡赔偿金的规定主要存在如下几方面问题:

首先,文义不明确。依照当下学说和实务对该项规定的理解及适用情况可归纳出如下两种见解:其一,通说认为,《国家赔偿法》第34条第1款第3项规定的赔偿金总额=死亡赔偿金+丧葬费=国家上年度职工年平均工资×20。在不考虑其后半段规定的"对死者生前扶养的无劳动能力的人,还应当支付生活费"的情形下,国家应支付赔偿总额为:赔偿义务机关、复议机关或者人民法院赔偿委员会作成赔偿决定时的上年度国家职工年平均工资的20倍,复议机关或者人民法院决定维持原赔偿决定,则按原赔偿决定作成时的上年度执行。该赔偿金由死亡赔偿金和丧葬费两部分组成;不过,与民法上侵害生命权的损害赔偿的计算方法不同,不另行赔偿丧葬费。其二,少数说认为,赔偿金总额=死亡赔偿金+丧葬费=国家上年度职工年平均工资×20+丧葬费。该说认为,"在公民死亡的情况下,国家支付的丧葬费以及死者生前的医疗救治费应分别计算,死亡赔偿金为国家上年度职工年平均工资的二十倍。"需要特别指出的是,后者系全国人大法制工作委员会和国家法室的李飞、许安标及武增等所主编的释义及解读主张的见解,在一定意义上或可视为立法解释,只不过,他们并未对自己的解释何以与法律的字面含义及通说迥异作出说明,而且未对自己的观点进行充分的论证。为此,仍将以通说为批评对象。

此外,本项中的"上年度"有歧义。它既可以是行为发生时、行为终了时、结果发生时或者首次作成赔偿决定时的上年度,也可以是变更赔偿决定作成时的上年度。虽然1996年《最高人民法院关于人民法院执行〈中华人民共和国国家赔偿法〉几个问题的解释》将其确定为"赔偿义务机关、复议机关或者人民法院赔偿委员会作出赔偿决定时的上年度",但在实务中仍有不少国家机关背离该解释而采行为时上年度说,而法院在审查时通常也只视之为计算错误而非法律适用错误,从而以此前作成赔偿决定时国家上年度职工年平均工资作为计算标准,若将通货膨胀纳入考虑,则在某些极端的个案中,这几乎使得原本就因过低颇受诟病的国家赔偿金变成了对受害人及其近亲属的嘲弄。

其次,违反平等原则和法的统一性原则。于此应先明确区隔《国家赔偿法》第34条第1款第3项规定中死亡赔偿金和丧葬费的计算标准的必要性,这是因为:第一,基于民主原则和法治国原则的要求,解释者在解释法律时不能假定法律某些语句或者语词是无意义的,除非法律规范本身要求如此。从国家赔偿法的立法理由以及本项规定的表述看,显然都不能认为全国人大及其常委会无意区分二者。第二,尽管死亡赔偿金和丧葬费系同一致人死亡的行为导致的法律后果,但在制度设计上,二者各自所欲保护的法益和存立的法理基础迥异。就国家赔偿法上的死亡赔偿金的性质而言,有扶养丧失说、继承丧失说以及精神抚慰金说三种不同的学说。其中,继承丧失说为通说,它认为死亡赔偿金涵盖的范围为受害人余命年岁收入的逸失。至于丧葬费,通常认为是死者的亲属未来开支的提前。第三,区分死亡赔偿金和丧葬费也具有实务上的价值。在近亲属之一或者数人以及第三人垫付丧葬费的,也可能出现某些近亲属拒绝承担,或者虽然同意承担,却认为开支明显不合理,为此拒绝承担其所认为的不合理的部分从而发生争议的情形。

在前述基础上,需要进一步明确的是,虽然《国家赔偿法》对死亡赔偿金和丧葬费的计算标准未予明确界定,但从现行法的整体秩序出发,并非无借由相关法律的规定予以厘清丧葬费,进而界定死亡赔偿金的可能。由于在一定意义上可以将国家赔偿法为民法(侵权责任法)特别法,为此,在《国家赔偿法》未有明确规定的情形下,以相关民事法律规定作为切入点是较为妥当的做法,这一方面我国和大陆法国家的国家赔偿制度的实务与学说发展轨迹相吻合,另一方面也和我国《民法通则》第121条和此前的最高人民法院《关于贯彻执行〈中华人民共和国行政诉讼法〉若干问题的意见(试行)》(1991年)第114条的旨趣相合。为此,伴随着《人身损害赔偿司法解释》对丧葬费标准的统一,经由丧葬费而进一步确定国家赔偿法上的死亡赔偿金不仅是可能而且是确定的,其计算公式为:死亡赔偿金=(国家上年度职工平均工资×20)-(受诉法院所在地上一年度省、自治区、直辖市的职工月平均工资×6)。

在上述基础上,可以发现,系争规定不仅违反平等原则,也违反法的统一性原则,因为丧葬费的计算系以各省、自治区、直辖市上年度职工月平均工资水平为基准,故其与该地区的经济发展水平成正比。这就意味着在死亡赔偿金和丧葬费之总额相同的情形下,则经济发达地区的死亡赔偿金比经济较不发达地区要低。这不仅在一定程度上构成了反向歧视,而此种差别对待显然难谓合理,此外,它无疑与继承丧失说的基本立场也不一致。

最后,违反比例原则之禁止保护不足原则。所谓禁止保护不足原则要求国家满足其保护义务的下限,即要求国家的保护措施应当有效,能够实现法律所要追求之目的,并合乎均衡性原则。《国家赔偿法》第34条第1款第3项规定是否合乎该原则呢?具体而言应将之置于目的正当性原则、适当性原则、实效性原则及相称性构成的四阶层审查框架下加以讨论:

第一,本项规定合乎目的正当性原则。目的正当性原则要求系争规范之保护给付的目的在宪法上应当是正当的。就本项规定而言,它有如下目的:一方面,作为国家机关及其工作人员侵害公民生命权国家所应支付的侵权成本,它在一定程度上发挥着阻吓国家机关及其工作人员违法行使职权,促进依法行政、保障个人的生命权免受侵害的作用;另一方面,在公民生命权受到侵害的情形下,在一定程度上弥补受害人的继承人和其他有扶养关系的亲属因此而遭受的损失,从而恢复法秩序的“和平”。于此可以认为它是《宪法》第33条第3款、第37条及第41条第3款的具体化,与宪法并无龃龉,故具有宪法上的正当性。

第二,本项规定合乎适当性原则。适当性原则要求国家为履行其保护义务而采取的措施应具有适当性,即其至少应有可能促进基本权保护给付所欲追求的目的的达成。就《国家赔偿法》第34条第1款第3项规定而言,其所设定死亡赔偿金标准应有助于前述保障公民生命权免受公权力侵害;在公民的生命权受到国家机关及其工作人员职权行为的侵害时,它应能予受害人近亲属以适当的救济以及敦促国家机关及其工作人员依法行政。

第三,本项规定或不合乎实效性原则。实效性原则要求所采取的高权措施必须能够提供充分的保护。一般而言,可能受到侵害的法益价值越高、受到侵害的程度和可能性越高,则国家赔偿的标准和金额应越高,唯有如此,方能够确实有效地实现法律保障个人权利、对受害人或者其家属的救济以及监督行政机关依法行政的目的。而侵害生命权无疑是最为严重的情形,故其赔偿标准和金额理应最高,唯有如此方能契合事理。不过,比较《国家赔偿法》第34条1款第3项和第2款,可以发现,《国家赔偿法》在死亡赔偿金制度的设计在一定程度上偏离了上述原则,因为即便在国家机关及其工作人员负全部责任的情形下,侵害公民生命权应支付的死亡赔偿金和丧葬费之和,才和侵害公民身体健康权而导致其完全丧失劳动能力应支付的残疾赔偿金相当。这不免使得人们有理由担心,在某些情形下,基于国家赔偿金额多寡的考虑,国家机关及其工作人员可能改侵害健康权而侵害公民生命权。于此,或可以认为本项规定不合乎实效性原则的要求,难谓合宪,因此也无须进一步讨论其是否合乎相称性原则。

然而,如果《国家赔偿法》第 34 条第 1 款第 3 项违宪,随之而来的问题是,我们应该采取什么样的应对方案?或者有的人可能主张参照少数说,对之作合宪性解释,不过,这显然已经超出了其文义的可能范围,故而并不妥当。如此一来,只有进一步修改《国家赔偿法》。至于修改方案,最简单的办法是采用少数说的立场,分别规定死亡赔偿金和丧葬费,使死亡赔偿金至少与完全丧失劳动能力情形下的残疾赔偿金相当;此外也可以参照一些国家和地区规定定期调整的固定金额。不过,无论采取何种办法,都应进一步提高国家赔偿的标准,或者至少通过提高精神损害赔偿金的方式提高总额,唯有如此才能确保国家赔偿法立法目的和其作为公民基本权利保障法的功能的实现。

国家责任理论最新发展趋势

王　旭*

传统的国家责任研究主要来自侵权责任法的框架,以公权力违法行使带来损害,对损害进行有效填补作为中心,然而,20世纪以来,梳理两大法系的制度和判断,我们发现国家责任研究领域得到了极大扩展,新的问题意识不断涌现,以损害填补和受害人权利救济的国家责任研究在理论基础、责任构成、规范体系、程序设计等方面都出现了新的趋势,成为当代法学研究学术创新的一个理论富矿。对于中国来说,把握住新的理论趋势,并通过中国实践和经验加以诠释,则是形成中国话语、提炼中国智慧、贡献中国话语的重要前提。

在理论基础上,国家责任建立起了矫正正义与分配正义的二元基础。传统侵权责任法框架下的国家责任本质上建立在矫正正义的基础上。国家被拟制成一个民法意义上的理性的人,可以自负其责,当他损害了他人的权利,则由法律直接规定矫正和弥补的法律后果,具体由国家通过支付赔偿金、恢复原状、返回财产、赔礼道歉等方式来实现。我国1995年制定的《国家赔偿法》正是这种矫正正义的规范体现。从21世纪的国家责任研究来看,学者们已经逐渐突破这种单纯的矫正正义作为国家责任的理论基础,面对工业社会、风险社会等新的现代性条件造成的失业、事故、灾害、纠纷,国家责任不仅仅体现在侵权行为的承担,也体现为国家如何在社会成员之间分配损害与风险,对于市场失灵和社会失灵条件下处在弱势的成员,国家是

* 中国人民大学法学院教授。

否需要分配更多的资源予以救助和帮扶，这成为当代国家责任理论思考的核心之一。由此矫正正义与分配正义共同构成了国家责任的基础。国家需要在更广阔的空间承担相应的责任，而不仅限于对自身违法或过错的克服。

在责任的构成要件上，研究结论也开始发生一些变化。例如，传统国家侵权责任更多的是具体行为，对于抽象行为，重大公共决策、立法导致损害发生，也逐渐纳入理论和实务的视野。20世纪末以来，英国和法国就都有针对"政策致害"引发国家责任的判例。对于中国来说，重大行政决策违法过错带来的特定损害能否产生赔偿请求就是一个值得思考的问题。

在规范体系发展上，以赔偿为核心的规范体系正在被突破。补偿、救助、风险预防、扶助等更多元的规范制度开始出现。日本很早就将赔偿与补偿作为一个整体的制度框架来研究和设计，如何确定国家在救助和预防责任方面的制度重点也将是未来国家责任研究的一个重要方面。对于中国来说，责任的规范体系不再仅仅意味着事后责任追究的设计，也意味着更多过程控制与风险预防的制度设计，责任成为一种程序导向的概念、而非纯粹结果导向的概念。同时，面对PPP、民营化、公民参与行政浪潮的兴起，国家责任在公私合作的框架里如何落实为规范，这种责任与普通的民事合同约定的责任究竟在规范形态上有什么异同，这些也必将是未来研究的重点。

在对程序的研究上，审判化、言词原则成为许多国家的学者强调的重点。国家责任追究程序在传统上以书面审理为主，但书面审理显然在公开性、公正性、可接受性等方面无法与审判程序相比拟。推进审理程序的改革，强化言词辩论与公开审判成为一个基本的趋势。结合我国国家赔偿、补偿制度的完善，也应该在理论上考虑程序设计的审判化。目前国家赔偿仍然以书面为主，补偿领域更多的是借助非正式的协商，缺乏正当程序的充分保障，也无法体现这个领域工作的法律职业性，加强程序研究也将成为国家责任理论研究的未来方向。

适时推动国家司法救助立法

袁 钢*

党的十八届三中全会通过的《中共中央关于全面深化改革若干重大问题的决定》要求完善人权司法保障制度,健全国家司法救助制度,四中全会通过的《中共中央关于全面推进依法治国若干重大问题的决定》进一步要求健全司法救助体系,保证人民群众在遇到法律问题或者权利受到侵害时获得及时有效法律帮助。健全司法救助体系是全面推进依法治国和深化改革的重要内容。目前,国家司法救助工作已经开展试点,进行了较为充分的立法调研,立法基础和时机已较成熟,在近日召开的"国家责任:国家赔偿与司法救助"最高人民法院国家责任研究基地2017年年会上,学者与实务专家达成广泛共识,建议推动"国家司法救助法"的立法工作。

一、国家司法救助立法是落实尊重和保障人权的宪法要求

公平正义是政法工作的生命线,政法机关应以实际行动让人民群众切实感受到公平正义就在身边。中国不断加强发展权的司法保护与司法救济,构建起发展权司法救济机制,防止和惩治对发展权的侵害。对遭受犯罪侵害或民事侵权,无法通过诉讼获得有效赔偿的当事人,国家提供司法救助,重点解决符合条件的特定案件当事人生活面临的急迫困难。从当事人的角度,国家司法救助是对在司法过程中因特定原因而陷入经济困难的当事人给予的一种经济上的特殊救助,从而保障当事人生存权和发展权等基本人权;从社会的角度,国家司法救助是实现整个社会公平正义的重要手

* 中国政法大学研究生院副院长、副教授、法学博士,最高人民法院首批法律研修学者。

段，与法律援助、国家赔偿做好衔接和联动，是全面落实《世界人权宣言》和我国宪法所确定的尊重与保障人权原则的要求。

人权保障理念是社会主义国家法治的精髓，人权保障理论是国家司法救助的理论基础。2009 年至 2013 年五年间，全国法院国家司法救助人数增长了 29.93%，救助金额增长了 102.15%。2016 年 12 月 1 日中国国务院新闻办公室 1 日《发展权：中国的理念、实践与贡献》白皮书显示，2015 年，中央和地方安排司法救助资金总额为 29.49 亿元。从实践工作来看，国家司法救助对确实有效维护人权起着积极重要作用。中国特色国家司法救助制度逐步建立和健全，回应了时代迫切要求，完善了基本司法制度。

二、国家司法救助立法是统一全国司法救助规范的客观要求

根据最高人民法院《关于对经济确有困难的当事人予以司法救助的规定》和国务院《诉讼费用交纳办法》等，司法救助概念原仅限于缓交、减交或免交诉讼费用层面。2005 年起各地积极探索建立特困群体案件执行的救助基金、涉法涉诉的司法救助基金，试点刑事被害人经济困难救助制度。2009 年八部委联合印发《关于开展刑事被害人救助工作的若干意见》，司法救助的概念逐步扩大到民事、刑事、执行案件和其他信访当事人的救助层面。

2014 年 1 月，六部委联合印发《关于建立完善国家司法救助制度的意见（试行）》（以下简称《司法救助意见》）明确界定司法救助具有对困难群众应急生存照顾的性质，明确国家司法救助的概念内涵和外延。各省出台了国家司法救助的实施办法，最高人民法院制定了《关于加强和规范人民法院国家司法救助工作的意见》，最高人民检察院制定了《人民检察院国家司法救助工作细则（试行）》。最高人民法院《关于加强和规范人民法院国家司法救助工作的意见》提出了司法救助的六个统一：统一案件受理，统一救助范围、统一救助程序、统一救助标准、统一经费保障、统一发放资金，这个就是切切实实把司法救助纳入法治轨道。同时最高人民法院也成立了司法救助委员会。

目前，我国国家司法救助规范较为繁杂，从内容上看，包括诉讼救助、刑事被害人救助、执行救助、其他司法救助等多种类型；从地域上看，牵涉各省地市；从主体上看，涉及法院、检察院、公安机关、司法行政机关等。以江西法院系统为例，三级法院共出台相关规范性文件 31 件，覆盖了江西省 11 个地市中的8个,内容涉及国家司法救助一般规定、刑事被害人救助、执行救助和信访救助多方面。因此,统一国家司法救助的规范,推进国家司法救助立法是构建和完善整个国家司法救助体系的基础。

三、国家司法救助立法是整合全国司法救助工作的现实要求

国家司法救助仅是一种有限的国家救济手段,仅能缓解当事人一时之需,国家司法救助工作必须坚持《司法救助意见》确定的辅助性救助、公平救助和及时救助的基本原则,同时必须防止国家司法救助的异化,坚决杜绝国家司法救助沦为"普遍的福利",或者个别工作人员的"随意的任性"。

国家司法救助工作必须由政法委员会、法院、检察院、公安机关、民政部门、司法行政部门、财政部门以及人力资源和社会保障部门等部门之间协调和衔接。《司法救助意见》明确要求要实现国家司法救助工作的制度化、规范化和统一化。由于国家司法救助立法的缺位,各地、各部门的国家司法救助工作存在明显不同的做法:

第一,受理条件不统一。部分地方和机关对于国家司法救助的性质和功能缺乏统一认知,在国家司法救助范围和条件的把握较宽、较松,把国家司法救助工作重心放在维稳和息诉罢访,存在"花钱买平安"的倾向。

第二,决定部门不统一。有的部门由案件承办人提出救助意见层报审核、签批,有的部门则由业务部门提出意见后专门机构审查并报领导小组审批同意,导致实际救助金额差异较大,适用救助标准不统一,审查生活困难标准不一、工作效率不高。

第三,救助资金不充足。救助资金和救助需求日益增长之间的突出矛盾已经成为国家司法救助的主要问题。全国省级高级人民法院只有七成将救助资金列入财政预算,其他高级人民法院救助资金来源于其他资金或者占用法院经费。现有法院救助资金大致包括从法院经费列支、纳入财政预算、定期单独申报、政法委统一管理等形式,并且存在交叉。即使是在三级法院全部救助资金纳入财政预算的省份也存在资金缺口。超过五成的高级人民法院,绝大多数中、基层人民法院救助资金都存在不力保障问题。救助资金不足直接导致选择性救助,严重影响国家司法救助工作的正常开展。

第四,衔接机制不畅通。虽然各地对国家司法救助与其他救助机制的衔接作了有益尝试,但是至今未建立与其他救助制度化、常态化衔接机制,导致出现多头多次救助、救助效果不佳、救助形式单一等问题，严重制约着司法救助的保障性功能。此外，国家司法救助制度还缺少信息共享、信息公开和监督制约机制。

国家司法救助立法需要建立并统一国家司法救助处理机制，实现案件受理、救助范围、救助程序、救助标准、经费保障、资金发放的统一，避免救助机关的“九龙治水”和困难群众的“求助无门”。

四、国家司法救助立法是总结全国司法救助工作经验的必然要求

国家司法救助制度是国家救济体系中不可或缺的组成部分，健全国家司法救助体系的目的，是弥补国家救济体系在救助涉诉弱势群体中存在的缺陷。司法救助既不是国家补偿，更不是国家赔偿，是一种具有特定目的、特定对象和特定内容的国家救济形式。

健全国家司法救助制度是一项系统工程，国家司法救助的理论研究和实践经验积累已较充足，各地市出台的国家司法救助规范性文件，为国家司法救助立法作出了充分准备，特别是经过改革开放发展，我国财政也能够为在全国范围内推进国家司法救助提供有力的物质经费保障。

2013 年《十二届全国人大常委会立法规划》中将“刑事被害人救助法”列为待提请审议的法律草案，单独“刑事被害人救助法”与全面深化改革所确立的建立规范、统一司法救助体系要求不符，不利于整合、优化立法资源。因此，笔者建议将现有“刑事被害人救助法”立法规划扩充为“国家司法救助法”，适时纳入全国人大常委会立法工作计划。国家司法救助法草稿经各地各部门及专家学者等充分讨论后，时机成熟时提交全国人大讨论。

【国家责任研究基地成立专题】

国家责任研究基地成立仪式暨国家责任体系建构的理论与实务高端论坛会议综述

中国人民大学法学院

2017年2月24日上午,最高人民法院国家责任研究基地成立仪式暨国家责任体系建构的理论与实务高端论坛在中国人民大学成功举办。本次会议由最高人民法院与中国人民大学联合举办,并有来自中央政法委、全国人大常委会法工委、最高人民检察院、公安部、财政部、民政部、人力与社会资源保障部等相关国务院部委,北京市高级人民法院等实务部门的同志以及来自中国人民大学法学院和国际关系学院、中国社会科学院政治学所和法学所、北京大学法学院、郑州大学法学院、中国政法大学、首都师范大学政法学院、中央财经大学法学院、外交学院、北京航空航天大学法学院、北京师范大学法学院、中国青年政治学院、山东科技大学法学院的各位教授与专家学者和北京大成律师事务所、金杜律师事务所等著名律所的律师代表等近六十位会议嘉宾。

最高人民法院赔偿办主任刘合华、中国人民大学常务副校长王利明教授、中国人民大学法学院院长韩大元教授先后在大会上致辞。

刘合华主任表示,他受临时有重要公务安排而未能亲临现场的最高人民法院陶凯元副院长委托,代表最高人民法院,并代表赔偿办公室向所有的与会领导与专家学者表示感谢与欢迎。刘合华主任对国家责任概念进行了的简要阐述,他认为,国家责任概念及相关原理是坚持以人民为主体的社会主义法治建设原则的重要体现,为了促进国家责任体系的建构,应该强调深化理论研究，推动国家责任理论的深入发展，利用国家责任研究基地这一平台，发挥平台优势，努力实现理论与实务的合作共赢。最后，刘合华主任表达了自己对成立仪式和学术论坛能够圆满进行的祝愿。

之后，最高人民法院赔偿办公室的刘合华主任与中国人民大学法学院的韩大元院长签订了国家责任研究基地额协议。

随后，最高人民法院赔偿办公室祝二军副主任宣读了研究基地负责人名单和首批研究员名单。经双方研究决定，任命中国人民大学法学院院长韩大元教授为研究基地主任；任命中国人民大学法学院副院长胡锦光教授、最高人民法院何君审判长担任研究基地副主任；任命中国人民大学法学院王旭副教授、最高人民法院徐超法官为研究基地秘书长；任命中国人民大学法学院朱虎副教授担任研究基地副秘书长。基地聘请的首批研究员有：中国人民大学法学院党委书记兼副院长林嘉教授、中国人民大学法学院朱文奇教授、中国人民大学刑事法律科学研究中心主任时延安教授、中国人民大学法学院党委副书记兼副院长杜焕芳教授、中国人民大学法学院杨建顺教授、中国人民大学法学院莫于川教授、中国人民大学法学院张翔教授、中国人民大学国际关系学副院长方长平教授、中国社会科学院政治学所副所长冯军研究员、清华大学法学院车丕照教授、北京大学法学院湛中乐教授、郑州大学法学院沈开举教授、外交学院江国清教授、中共中央政法委员会队建室周涛副主任、民政部政策法规司陈百灵司长、公安部法制局复议处王永处长、财政部条法司复议处支海处长、人社部法规司法律事务处王学琳处长、北京高院赔偿办李颖丽主任、中国政法大学中欧法学院院长刘飞教授、首都师范大学政法学院法律系主任李昕教授、中国社科院法学所宪法与行政法教研室主任李洪雷研究员、北京师范大学法学院副院长张红教授、北京航空航天大学法学院王锴教授、中央财经大学法学院高秦伟教授、北京师范大学法学院陈征教授、中国社科院国际法所田夫副研究员、中央财经大学法学院于文豪副教授、中国青年政治学院柳建龙副教授、金杜律师事务所合伙人刘新宇律师、北京铭基律师事务所合伙人蔡维霞律师以及北京大成律师事务所合伙人侍雯律师。

会议的第二单元为国家责任体系建构的理论与实务高端论坛。论坛分为三个环节，第一个环节为研讨会的基调演讲，由研究基地研究员、中国人民大学法学院党委书记兼副院长林嘉教授主持。

在本环节中,先进行基调演讲的是研究基地副主任、最高人民法院赔偿办公室何君(代理)审判长。何法官演讲的主题是“国家责任理论研究与制度完善”。何法官首先从国家责任内涵与制度体系这一角度界定了基地研究的主要内容,接着从国家责任问题研究必要性角度介绍了本次最高人民法院提出这个命题的原因。最后,何法官指出了国家责任理论研究中的关键问题,包括深入研究国家责任与民事责任的关系问题、深入研究国家体系问题、深入研究国家责任本土化资源的问题和深入研究国家责任立法的问题。

随后,研究基地副主任、中国人民大学法学院副院长胡锦光教授以“国家责任的宪法学视角”为题,从宪法学角度出发表达了其对国家责任体系的看法。

第二个环节为国家责任体系的主题研讨。研讨会由研究基地研究员、中国政法大学中欧法学院院长刘飞教授主持。

研究基地研究员、中国人民大学法学院朱文奇教授,研究基地研究员、最高检刑申厅国赔办马滔主任,研究基地研究员、中国社科院政治学所冯军副所长,研究基地研究员、郑州大学法学院沈开举教授,研究基地秘书长、中国人民大学法学院王旭副教授先后发表了主题演讲。

朱文奇教授从国际的视角出发,通过南斯拉夫事件等多项国际事件的例子,指出了国际法在国家责任之中起到的重要作用,并提出国家责任是全世界法学院都在探讨的问题。

马滔主任从国家司法的角度为国家责任体系的建构提出了四个关键词,分别是“统筹”“平衡”“协调”“适度”。马主任指出,建构国家责任体系要将统筹的理念运用到侵权赔偿责任等领域中,平衡国家责任与公民责任,协调司法与行政以及司法行为与司法责任行为,与社会经济发展条件、社会平均收入水平、国家总体司法形势、人民基本司法需求相适应。

冯军研究员从国家责任问题的价值和国家赔偿法实施情况讨论了国家责任问题现有的形势,他提倡从法治建设和国家现代化治理的全局上去理解国家责任,同时使国家赔偿落于实际并将其“逼入”法治的渠道。此外,冯军研究员还特别提到了赔偿的“体外循环现象”,他建议应当解放思想,从根深蒂固的传统观念束缚中解放出来，同时敦促司法赔偿从国家赔偿之中脱离形成独立体系。

沈开举教授秉持这次会议的要求和理念，认为对侵权赔偿责任与侵权补偿责任应进行概念上的区分。现实中，存在许多国家行为损害公民财产利益和人身利益的行为，其中尤其体现在国家对不动产的征收和征用问题十分严重，并且疫苗注射、义务兵役制等也导致公民的人身权益受损，应当确立国家责任的体系以便进行赔偿与补偿。沈开举教授强调，我国很注意依靠政策治理国家，以国家倡导的政策倾斜、对口支援为例，有些政策没有考虑到地方现状，损害了地方公民的切身利益。

王旭副教授则从国家的正义理论角度，对国家责任概念进行了阐述。

接下来，国家责任体系建构的理论与实务高端论坛进入综合讨论的环节，研究基地研究员、北京航空航天大学法学院的王锴教授与中共中央政法委员会队建室的周涛副主任先后发表了自己的看法。

王锴教授先表达了对基地成立的祝贺以及被聘为研究员的感谢。他认为，责任和职责概念的区分决定了之后的研究对象，概言之，责任具有批判性意味，而职责不具有。同时，现实生活中赔偿和补偿区分难度较大，我国认为赔偿意味该申请赔偿没有正当理由而补偿则意味着有正当理由，但最终二者带来的结果是一样的，只是法理上应做出区分。赔偿责任有国际法和国内法的区分，以及公法和私法上的区分，而我国现行民法总则删除了相关条文，使得私法意义上的赔偿责任追责缺乏追责的依据。

周涛副主任提出为了基地更好的建设以及成员之间的交流，应定期举办周末论坛，以线上微信等交流方式进行交流。周涛副主任认为国家司法救助、国家给予补偿的制度只是权宜之计，应该进行国家预防措施的准备。国外有着责任救助以及保险等半官方形式的救助方式存在，希望专家学者和律师与国外相关制度进行比较研究。同时，提出了司法机关的信访难以解决的问题，表达了希望从司法救助阶段减少社会争讼的产生，真正发挥司法办案者化解社会矛盾、维护社会秩序的作用。

最后，最高人民法院赔偿办公室祝二军副主任进行了会议的总结发言。他表示本次研究基地成立仪式暨研讨会的召开达到了预期的目的。中国人民大学与最高人民法院共同建设的国家责任研究基地，有利于推动跨界的强强合作,推动国家责任理论研究和实务发展,加强权利救济和人权保障,为相关制度设计提供有力的智力支持和实践经验保障。下一步的规划,应该共同合作开展一系列研讨活动,例如,针对国家责任相关领域开展司法解释相关的起草论证,疑难问题探讨,典型案例研究,专项学术课题委托研究或联合研究,建立国家责任理论和实务的信息共享机制等活动。研究基地建设的目的是给解决司法实务中遇到一系列问题提供理论支持,以基地为桥梁,有利于实务部门拥有了资源优势:大学利用原有的师资教学优势,加强高层次人才培养,实现未来更美好的合作,对未来法治发展做出贡献。

把握机遇　深化合作
全面推进国家责任研究科学发展

刘合华*

尊敬的各位领导、专家、同志们：

最高人民法院赔偿办与中国人民大学合作设立的人民大学国家责任研究基地，今天正式成立！在此，我受陶凯元副院长的委托，代表最高人民法院赔偿办，对中国人民大学以及王利明教授、韩大元教授等人的鼎力支持和理论指导表示衷心的感谢，对参加揭牌仪式的法律界同仁们表示热烈的欢迎！

我们提出的国家责任，是指公民合法权益遭受公权力侵害，或者公民因犯罪行为、侵权行为以及灾害事故陷入生存困境，国家对其承担的损害填补、困难救济和基本生存保障的法律义务和法律责任，是赔偿、补偿、救助等关联救济模式的上位概念。其概念生成和体系拓展，是人权、法治和正义理论发展的结果，是法治从形式主义向实质主义转变的重要表征。任何朝向现代化的国家治理选择，任何名副其实的法治国家，都应当发展、完善国家责任的制度体系。因此，可以这么说，今天我们跨界合作、共同设立这个研究基地，是符合时代潮流和法治精神的，必将在中国法治进程中写下属于自己的篇章。

参加今天成立仪式和高端论坛的既有政法系统的同事，也有学界的朋友，还有律师界的代表，大家都是各自领域的业务翘楚，希望大家能借助国

---

* 最高人民法院赔偿委员会办公室主任。

家责任研究基地这个平台,学习、讨论、交流国家责任理论,共同推动国家责任理论发展。

借此机会,我就做好新形势下的国家责任理论研究,再谈几点想法,供大家交流和参考:

一、坚持以人民为中心的发展思想,把握国家责任研究的历史机遇

国家是人类为了生存发展需要而组成的政治共同体。因此,在应然意义上,"每一个个人就是整个的国家",国家应当以人作为目的而不是手段,以人作为价值归宿而不是效用工具。国家尊重和保障人权,意味着国家不仅要为实现上述目标积极创造条件,更要在个人遭受损害或牺牲的时候,积极地承担起矫正和修复的责任,甚至超越损害赔偿的等价模式,把恢复个人尊严、重建个人在社会中的生存和发展机遇作为国家责任的核心目标。党的十八大以来,在全面推进依法治国的战略布局之下,我党明确作出了诸如加强人权司法保障、健全国家司法救助制度、完善社会保障体系等政策和规定。这些大政方针,根植于人民当家做主的国体和全心全意为人民服务的宗旨,为国家责任研究朝着更加独立、更加拓展、更加深入的方向发展,提供了难得的历史契机。我们一定要牢牢把握住这样的契机,努力产出更多的国家责任研究成果。

二、深化理论研究,推动国家责任制度体系的科学发展

没有实践的理论,是空洞的理论;没有理论的实践,是盲目的实践。只有通过完善、系统、深入的理论研究,国家责任制度体系才会获得充分的价值引导和理论支撑,才能为国家责任制度体系的建立和完善提供充分的科学依据,才能使纸上的人权保障承诺转化为公正、高效、权威的人权保障实践。深化国家责任理论研究,既要深刻把握司法制度形成和发展的一般规律,又要认真研究新时期国家责任制度体系特殊规律的表现形式和实现路径,充分了解其产生的深层次原因和发展趋势,从实践中总结、升华新的理论成果,及时指引司法实践,推动国家责任制度体系的科学发展。

三、发挥平台优势,努力实现理论与实务的合作共赢

研究基地的合作设立,为进一步加强国家责任理论与实务的融合,推动国家责任制度体系的发展完善,注入了强大助力,也为全国法院与各地高校开展合作提供了范本。未来,我们要充分发挥最高人民法院在司法实务领域和中国人民大学在师资、科研、教学等方面的优势资源，深化在高层次人才培养、理论实践研究、疑难案例研讨、学术专题、国际交流及成果出版等方面的合作，培养一批高端专业人才，形成完备、权威的国家责任理论体系，推动司法救助等领域立法，实现理论与实务的双剑合璧。

同志们，朋友们，“周虽旧邦，其命惟新”，在全面依法治国的新时代，我们需要一种从国家理论、依法治国原理以及实定法的角度对国家责任进行研究的理论热情，努力构建科学完善的国家责任制度体系，使处于困厄中的公民获得充分救济，最大限度地实现个人在社会中的“作为公平的正义”，为全面推进依法治国，建设社会主义法治国家作出新的更大贡献！

最后，预祝成立仪式和论坛取得圆满成功！谢谢大家！

理性成熟的国家应当敢于承担“国家责任”

韩大元*

各位领导,各位嘉宾:

大家上午好!

首先代表中国人民大学法学院感谢最高人民法院将国家责任研究基地设在中国人民大学,由国家赔偿办公室与人民大学法学院负责协调与组织工作。这是对人民大学法学院的信任,我们深感责任重大。同时,感谢首批接受聘任的各位专家学者。

在推进依法治国进程,推进国家治理体系现代化的背景下,设立专门研究国家责任的基地具有重要的理论与实践价值。它的设立有助于建立理论与实务良性互动的平台,有助于以问题为导向建构跨学科的学术共同体,有助于推进国家责任理论的体系化、国家责任制度的综合化、国家责任实践的规范化,以回应实践的需求与民众的期待。

国家责任是一个既具有学术创造力,又具有实践性,同时具有挑战性的综合性概念,对它的体系性和前瞻性研究是基地的重要学术课题。从学术创造力来看,“国家责任”概念的提出填补了宪法学与相关部门法学,国际法与国内法之间的知识鸿沟。国家责任归根结底先是宪法对国家基本理性的要求,是国家依据宪法对公民应该履行和承担的基本义务,其核心价值是履行“国家尊重和保障人权”的义务,是以人的尊严、正义与公平为哲学的宪法

---

* 法学博士,中国人民大学法学院教授、中国宪法学研究会会长、最高人民法院国家责任研究基地主任。

文章录自韩大元教授在最高人民法院国家责任研究基地成立仪式上的发言。

理念的具体体现。

国家责任随着时代发展而不断丰富具体内容，各种具体的国家责任承担方式都从这个基础性概念中推导出来，并获得价值与逻辑上的体系化与自洽。传统的法学研究更多偏重于从各种具体国家承担责任的方式来进行局部研究，但缺乏一种整体性与和连贯性、综合性的视角，容易导致研究范式与方法缺乏体系化。同时，国家责任不仅仅是国家作为法律主体对本国公民的责任，它的理论逻辑也可以延伸到一个主权国家应该承担的国际法上的责任及其相应主权豁免的问题。在全球化的时代，特别是在风险社会，国家责任的国内外双重视角必须互相结合与促进，要认识到国家责任在国内外的转化与内在关联。

从现实需要来看，"国家责任"概念的提出有助于我们更好地设计、协调相关制度，形成一个严密而统一的制度整体。中国有《国家赔偿法》，但国家责任显然在实践中不仅仅局限于赔偿责任，在风险社会的条件下，国家需要发挥更多矫正正义的功能，体现更多对个体的补偿、救助以及对社会保障，体现社会正义。目前我国还有大量的非赔偿责任没有形成完备的体系，在某些领域对于责任承担的范围、法律关系、程序、承担方式与标准等都缺乏明确、统一的法律依据。这些都需要我们以宪法为基础，以宏观的"国家责任"概念作为出发点，结合中国的实际情况进行更多有针对性的研究。同时，在进行具体制度设计的时候，只有从一个统一的"国家责任"概念出发，才能确保制度设计遵循统一的价值观，防止规则之间可能出现的重叠、模糊和冲突，避免法律漏洞的出现。可以说，在当今的中国社会，面对各种社会行为，包括公权力主体的行为对基本权利主体带来的风险，面对社会、市场和政府在不同程度上的失灵，只有构建一个完备的国家责任理论与制度体系，才能有效地实现正义的价值，才能保证人民群众生活在有尊严、安全与可期待的生活之中。

因此，无论是从学术的创造性还是从现实的针对性来看，融合跨学科的知识，提炼多方面的经验，发展出以"国家责任"概念为核心的概念体系，具有重大的意义。"国家责任"归根结底体现了一个国家的理性成熟，国家敢于、善于承担责任也体现了一个国家的理性与价值关怀。最高人民法院国家责任研究基地体现了理论创新与问题意识，体现了学术与司法实务的协同创新的过程。

我们会按照基地设立的宗旨与功能,在理论和实践探索上有更多担当,有更多的专业精神与问题意识,努力开创出研究国家责任的新局面和新气象,努力回答时代向我们提出的国家哲学命题。

国家责任研究的宪法学视角

胡锦光*

“国家责任”作为立法规范的对象，作为理论研究的重大课题，特别是今天最高人民法院与人民大学法学院以此作为重大理论与实务的综合性跨学科的重大课题共同设立基地，可以说是我们这个时代发展的产物。

在长期的封建社会中，国家作为恩赐者是不可能成为承担责任的主体。即使是1949年以后的很长一段时间里，国家也是不需要承担任何责任的。历次运动后的平反，均是以“娘错打了孩子”为由，象征性地进行补偿。改革开放政策的实行，特别是法治建设的推进，催生了国家责任问题的理论研究和立法。在我国，与此相关的代表性立法是行政诉讼法。行政诉讼法之所以能够诞生本身即是改革开放政策和法治建设的伟大成果。公民、法人或者其他组织应当遵守法律，在实施违法行为以后应当为此承担法律责任。相应地，作为国家载体之一的国家行政机关在行政行为被认为违法的情况下，也应当作为被告被诉诸法院，由作为中立机关的法院进行审理，作出裁判。那么，在法院认定行政行为违法而给公民、法人或者其他组织的合法权益造成侵害的情况下，是否应当承担法律责任？行政诉讼法作出了肯定的回答。在行政诉讼法中专门规定了行政赔偿一章。因立法经验和缺乏实践经验的问题，行政诉讼法中关于行政赔偿的规定显然过于简单，对行政赔偿中的一些应当规定的问题没有规定。因此，就需要制定专门的行政赔偿法，

---

* 法学博士，中国人民大学法学院教授、中国宪法学研究会副会长、最高人民法院国家责任研究基地副主任。

文章录自胡锦光教授在国家责任体系建构的理论与实务高端论坛上的发言。

以解决行政行为违法的情况下,国家承担行政赔偿的一系列具体问题。

在起草行政赔偿法的过程中,起草者在考察其他发达国家相关法律时,才逐渐意识到国家除需要为行政机关的违法行为承担法律责任外,还需要为司法机关的违法行为承担责任。这样,才由原本准备起草行政赔偿法而演化为起草国家赔偿法,统一规范行政赔偿和司法赔偿。

2004年全国人大在所通过的宪法修正案中增加规定,国家尊重和保障人权。这一条款的增加,对于我国而言,具有里程碑的意义。其里程碑的意义在于,它意味着,中国共产党在我国的执政理念从2004年开始转变为尊重和保障人权,国家的目的也在于尊重和保障人权。也就是说,中国共产党所实行的所有战略、规划、指导思想、方针、政策等,都是为了实现尊重和保障人权这一理念;国家的一切权力行使,一切立法,一切制度,国家机关的一切活动等,都是为了实现尊重和保障人权这一目的。

十八届三中全会决定指出,要通过全面深化改革,实现国家治理体系和国家治理能力的现代化。作为国家治理现代化的基本标志是实现社会公平正义,增进人民福祉。那么,如何实现国家治理现代化?十八届四中全会决定指出,依法治国是实现国家治理现代化的必然要求。因此,四中全会决定就全面依法治国进行部署。

2004年宪法修正案关于国家尊重和保障人权条款的增加,特别是十八届三中全会决定、四中全会决定,既为我们研究国家责任问题提出了紧迫性课题,更为我们研究国家责任问题提供了良好的背景和契机。

国家责任的研究具有重要的理论和实践价值,更是我们这个时代亟须解决的现实制度问题。研究国家责任的理论,一个基本的切入点在公法学,尤其是宪法学。在国内法上,“国家”既是政治学的研究对象,也是宪法学的研究对象,因此,既是一个政治学的概念,也是一个宪法学的概念。与政治学研究不同之处在于,宪法学是从法治精神、法治国理论、法治思维角度进行研究。国家与公民的关系是宪法学研究的基本社会关系,宪法学研究国家与公民的关系是从国家权力与公民权利的关系这一视角出发的。在这一基础上,引申出国家与国家机关的关系、不同国家机关之间的关系、国家整体与其组成部分之间的关系、国家机关与公民、法人或者其他组织之间的关系等。国家作为宪法学上的概念和基本范畴,其核心就是要研究如何用宪法约束国家权力,包括用宪法设定国家权力的范围、在不同国家机关之间赋予和分配国家权力、确定国家权力的目的、确定行使国家权力的基本原则、确定国家的义务和责任、界定国家权力与公民权利的界限,使国家成为一个在法律上承担权利、义务和责任的主体。其中,国家如何成为一个可以在法律上负责任的主体,这是宪法的基本功能之一。

在整个法律体系和法学研究体系中,只有宪法和宪法学是直接以整体的国家作为研究对象的,国家责任的根本法律依据在于宪法,宪法规定的一切权力属于人民原则明确了国家责任的逻辑起点,尊重和保障人权原则是体现了国家责任的价值归属,权力制约与监督原则则可以演化出国家承担责任的各种具体方式。

从宪法学上看,国家责任研究有以下几个基本视角:

第一,国家责任的宪法根据。从西方的法治传统来看,国家建立起公法上的普遍责任也是19世纪以后的事情,在中世纪和绝对王权时期,国家权力的行使者或代表人,如国王,是不需要对权力行使承担法律责任的。西方以社会契约论为核心的理论建立起问责制的逻辑。但是对于中国宪法来说,我们还需要结合中国宪法文本,根据中国的法治逻辑来探究和寻求中国国家责任的宪法根据和具体表达。

第二,国家责任的宪法含义。我国宪法上多处规定了国家这一概念,那么在宪法上,国家责任的“国家”是什么?从不同的部门法来说,国家作为承担法律责任的主体是通过国家机关及公务员的职务行为来体现的,例如国家机关可以承担民事侵权责任,国家机关的公务员也可以承担诸如滥用职权等刑事责任,行政机关及其工作人员还可能被行政问责。但是作为一个整体的、宪法上的国家责任,其宪法含义究竟是什么,国家责任的政治属性和法律属性有什么不同,这些需要在宪法上具体展开研究。

第三,国家责任的宪法类型。在部门法理论和实践中,有各种具体的国家责任承担方式,如国家赔偿责任,国家补偿责任,国家救助责任,国家社会保障责任。那么,这些责任类型或具体的承担方式,其宪法构造或宪法原型是什么?有没有宪法条款及原理的支持,尤其是从宪法学角度能否整合这些具体责任类型,形成一个体系,这也是宪法学的重要研究课题。

第四,具体国家责任的合宪性控制。无论是国家赔偿、补偿、救助等,都需要通过立法、执法、司法加以具体化,那么在这个过程中,责任承担的范围、标准、程序都需要接受合宪性控制,遵循比例原则,我们也需要在宪法学上深入探讨。

第五,国家责任的豁免问题也需要从宪法学角度进行研究。例如,依据各国惯例,国家行为可以免受司法审查,当然也就免除了国家责任。那么,国家机关的哪些行为属于国家行为,判断标准是什么,由谁来判断,这些行为可以免除国家责任的理论依据是什么,国家行为是否可以区分为宪法意义上的国家行为和法律意义上的国家行为?又如,行政行为和司法行为应当承担国家责任,那么,立法机关的立法行为如果因为违反宪法而被撤销,对于在生效期间造成的侵害,是否应当承担国家责任?再如,在其他国家的国家赔偿法中,因共有公共设施设置不当或者管理不善造成的侵害,国家也需要承担赔偿责任,而在我国的国家赔偿法中则不需要承担赔偿责任,理由何在?诸如此类的这些问题都需要从宪法学的理论层面予以回答。

第六,国家责任的宪法学前沿。国家责任归根结底是由特定国家宪法对国家形象的塑造决定的,而国家形象的塑造又受到特定时代的影响。今天中国处在重大改革期和风险社会时代,我们需要探讨符合这个时代特征的国家责任,尤其是如何通过责任承担来预防风险,是宪法学的重要前沿课题。

我相信,国家责任问题的研究,既是我国社会近40年来变化、发展和进步的产物和表现,也必将推进我国社会的进步和发展,特别是必将有力地推进我国法治建设的发展和人权保障事业的进步。

建构以责任为基础的现代国家法学

王 旭*

一

近代国家的兴起并非历史的权宜之计(比如说"国家是一种必要的恶"),而是蕴含着某种世界历史的普遍原则,那就是公共领域的兴起及其与私人的分离。正如黑格尔对法国大革命的评价,"它只是以暴力的形式表达了内在于欧洲历史传统之中的潜在的发展"。大革命以降的国家是现代社会的产物,也成为现代社会的对应物。它体现着伴随社会功能分化所出现的个人角色转变,用德国大哲学家赫费的话来说,以劳动为核心"经济公民"开始成为以商谈为核心的"国家公民",也意味着公共秩序正当性的嬗变。

近代国家的到来,意味着公共秩序不再建立在以自然情感为基础的家庭模式之上,也必须直面以"需求及交易体系"为核心的市民社会蕴含的"败德风险"。它意味着个体离开了以自我为中心的思考范式,进入一个依据普遍法则而行动的领域。可以说,国家的哲学本质就是人类个体意识的普遍化。不管国家的具体形态究竟何为,只要人类还有从具体肉身抽象"普遍性存在"的能力,国家观念和主权意象就不可能消亡。而依照康德的讲法,能够依照某种"普遍的法则而行动",就是一种"出于责任、而非处于后果"的行动。从这种义务论哲学来看,法治国传统不过是个体意识普遍化历史进程中的一个环节,法治国只是以普遍性的实证法来实现普遍化的一种特殊国家形态,在这一点上与作为普遍化象征的宇宙秩序、上帝形象、绝对王权,没

* 法学博士,中国人民大学法学院副教授、最高人民法院国家责任研究基地秘书长。

有本质不同。

当国家必须为个体、家庭和社会行为提供某种正义(普遍化)尺度的时候,我们自然就会问,国家自身能否成为这种尺度本身。尤其是按照德国宪法学大儒耶利内克的说法,国家的建构既是一个经验—社会的事实,也是一个规范建构的过程,这意味着国家不仅仅是一种"自然的政治",它必须被建构成一个法律上的人,而这个人也必须出于责任而行动,成为我们判断国家自身行为正义性的标准,如果从这样一种哲学基础来思考法学上的"国家责任"概念,我们就看到了超越狭义 State liability,即违法行为引起的损害赔偿责任,建构一个更加抽象、外延更加广泛的国家责任理论体系的可能。从根本上说,国家责任意味着国家必须出于某种正义的原则而行动,必须将自己建立在类似于人的理性而非动物性之上,从而实现国家的自由本质。

二

从公法的理论与实践来看,国家一开始并非是一个自负其责的理性存在。无论是英美法系中世纪以来"国王不能为非的传统"到后来的主权豁免原则,还是欧洲大陆法系,例如,法国、德国,将国家行为的过错理解为一种"个体责任",按照德国行政法教义学中的委托理论,公务员只能合法行使职权,违法行为则由其自身根据民法典承担侵权责任,但这种个体责任造成了受害者很难充分获得救济,也因为机关行为与个体行为难以明显界分而失去合理性,因此到19世纪中后期发展出"代位责任原则",由国家对公务员的职务行为所造成的违法后果依据公法基础和程序承担代替赔偿责任,国家责任理论的核心由此也从"国家无须负责原则"的存废讨论转向国家责任构成要件的法教义学建构。

在这个法教义学的建构过程中,很明显又呈现出"解释"和"体系化"两个基本面向。所谓"解释",就是对具体构成要件进行解释和分析,例如"国家的起因性"是否构成要件之一,"违法"判断的基准等;体系化则早在奥拓·迈耶的"统一补偿理论"思考中就已经开始,即能否建构一个"以公平负担为原则"的国家一般责任体系,超越违法/合法,损害赔偿/损失补偿的二元划分,构建一个更为抽象、上位的国家责任概念。

如果说国家责任的外部概念体系主要靠法教义学来滋养，尤其是司法实践，那么国家责任的内部意义体系则必须有一种法哲学，乃至正义理论和社会理论来支撑。这是因为任何一种更为基础的法律概念的提出都是某种正义原则的进一步抽象，而国家责任体系在特定教义学体系中究竟应该容纳哪些具体的责任承担方式，归根结底又由特定时期与特定社会的国家原则与国家形象所确定。例如，在德国宪法上，通常认为《基本法》明确的法治国家原则是其第 14 条征收补偿条款和第 34 条国家赔偿责任的宪法根基，而社会国形象则是以社会保障和保险为核心的公共援助国家责任的宪法要求。（可以参见 M. Stolleis, *History of Social Law in Germany*, Springer, 2014）

由此，国家责任理论体系的建构有三重维度：哲学的、法教义学的和社会理论的。哲学提供国家责任的正义论基础，法教义学落实国家责任的规范表达，社会理论则从根本上回答了国家责任的具体内容。

三

回到中国语境。可以说，“国家责任”是法治中国建设中必须充分重视的复杂问题。之所以说它是复杂的问题，首先就在于我们并没有提出一套基于中国的国家哲学，也就是国家的正义论，来支撑国家责任。在西方的哲学叙述中，消解国家无须承担责任的重要哲学基础在于十七八世纪的理性自然法和社会契约论。正是一种罗尔斯所言的建立在“互惠正义”基础上的社会契约论，结合中世纪以来的信托理论，国家必须为个人的生命、自由而存在，违背了此种诺言，则必须承担相应的不利后果，代议制民主兴起后，这种不利后果承担具体化为政治问责与公共监督，最终通过司法的力量演化为可以救济的程序设计。但是，社会契约论背后的互惠正义显然不能为中国以“为人民服务”为核心的政法传统所能接受，简单来说，互惠是世俗政治的象征，中国的政法传统则是对建立在引领与牺牲基础上的神圣政治的诠释。而“牺牲”正好是“互惠”的反题，这种语境中的问责是一种主权者的自我道德修复，而非外在法律机制所能完全控制。可以说，国家责任的中国哲学基础必须建立在作为世俗典范的法治事业与政法传统深处保有的神圣政治的调和之处，而这项调和的工作迄今并没有完成。

国家责任理论的复杂还在于社会理论对法教义学的挑战。传统法教义学体系中,损害赔偿和损失补偿是两个核心内容,但它们都建立在"危险消除模式"的理论基础上,是一种客观侵权模式,都具有国家归因性,只不过是主观构成要见有不同。这种"危险消除模式"的教义学基础对应的是一种牛顿经典力学所支撑的确定性社会,但是,今天的中国显然已经步入第二现代性语境下的风险社会,国家需要承担的责任是否仍然局限在"危险消除模式"之中,值得讨论。

例如,在国家归因性这个构成要件上,是否只有国家的公权力行为才引起国家责任?依照贝克尔、吉登斯等人的观点,风险社会的一个重要特点就在于"社会本身成为风险的策源地、而非国家"。现代宪法赋予公民的科研探索自由和经济自由,使得现代人越来越将整个社会当作探索和实验的"小白鼠",无论是转基因食品,还是新药开发,乃至新兴工业的技术试验,可能给社会和他人带来的风险都巨大而不确定的,由此造成的不利后果,当社会、企业和个人无力消除的时候,国家是否具有相应的责任?这意味着我们要重新审查"国家归因性"这个要件在风险社会的妥当性。

又如,在"违法行使职权"这个赔偿的构成要件上,它建立在职权确定的前提上,然而,现代风险社会的风险大量不是来自职权的违法行使,而是来自职权行为造成的不确定后果。正如德国社会学大师 N. Luhmann 在《风险:一个系统理论的分析》中深刻洞察到,"风险"并非与"安全"相对,而是与"危险"相对,现代社会风险最大的特点在于它是制度造成的,制度试图稳定人的行为预期,但制度本身恰好由于设计的失灵或决策的失误,带来更大的风险。就中国语境而言,中国是一个制度风险巨大的国家,长期的非理性行使权力和正当程序建设阙如,使得行政决策尤其是重大行政决策陷入种种失误或反复无常之中。重大行政决策的失误并非必然建立在违法行使职权基础上,但能否产生损害赔偿的请求权,也值得讨论。即便尝试纳入补偿概念中,也会面临一个问题,制度风险的受害人是不特定的,因为制度的对象是不特定的;而传统法教义学将补偿对象限定于特定人,那么这种制度风险是否只是侵犯了受害人的反射利益而无法得到救济,能否突破主观权利与反射利益在中国行政诉讼法等制度中的区分,也在法教义学上值得特别思考,甚至可能引起法教义学的更新。

再如,无论是赔偿还是补偿,都包含损害或损失结果的构成要件。但在风险社会,这种结果如何判断,能否在既定的程序和时间中判断也大大存疑。这也就是1978年德国德国联邦宪法法院Kalkar案中,针对科技上的安全法,提出法律上国家义务的三阶模式:危险制止、风险预防和可忍受之剩余风险。并提出风险与危险之重大不同:危险是行为与损害后果之间能够明确因果关系,对这种因果关系现实性的判断和评价;风险是对行为与损害后果之间是否存在因果关系的不确定;剩余风险则是国家的一种价值判断,愿意全体国民忍受发展之代价。因此,后果要件在一种注重国家预防的时代必须被重新考量。由此,今天中国的雾霾肆虐所产生的不利后果究竟是一种剩余风险,还是可以纳入赔偿或补偿的现实损害,这也是需要在法教义学体系中进行价值判断的重大课题。

最后,无论是传统教义学体系中的赔偿还是补偿,都是对损害的填补。但中国在经济社会发展过程中长期积累的各种不平衡、工业—信息技术时代造成的各种意外事故,这些所产生的社会救助、社会保障,能否纳入国家责任体系一并思考并进行制度建构,也是法教义学需要直面的问题。国家没有实施特定的行为就不需要承担特定的责任吗?依照传统的康德哲学,似乎是没有问题的,但从21世纪的哲学来看,以阿马蒂亚·森·纳斯鲍姆为代表的“基于能力的正义理论”似乎给出了相反的看法。每一个公民都有生物意义上和社会意义的完整发展自己的基础能力,前者如身体健康,后者如言论自由。公民享有尊严的社会就是自身的基础能力能够被充分发掘,从而拥有道德自治的现实能力。而发掘每一个人的基础能力,让每一个人能够具有现实可能地行使各种纸面上的权利,能够平等地享有社会的资源,这本身就是一个正义的国家最深刻、最基本的责任。由此,国家责任的法教义学建构还必须将救助、社会保障等形态纳入自身的体系。

四

国家责任概念的提出孕育着学术创新和回应现实的能力,它既是中国国家哲学与国家法学的核心概念,是一个理性行动的国家的基本素养,也关乎每一个国人的人性尊严,而法学者对它的探讨并积极与实务部门进行互动,从而丰富法教义学的素材,则是时代赋予的重要使命。

【国家责任专题理论研究】

法治中国背景下国家责任论纲*

陶凯元**

一、问题的提出

中国共产党第十八届三中全会提出，全面深化改革的总目标是“完善和发展中国特色社会主义制度，推进国家治理体系和治理能力现代化”①。推进国家治理体系和治理能力现代化，基本手段是依法治国，最终目标是良法善治、长治久安。为此，十八届四中全会以全面推进依法治国为主题，提出“依法治国是坚持和发展中国特色社会主义的本质要求和重要保障，是实现国家治理体系和治理能力现代化的必然要求”，明确“完善中国特色社会主义法治体系，建设社会主义法治中国”。② 为实现这一目标，切实尊重、保障并落实好人民依法享有的广泛的权利与自由，我们必须进一步认识“国家权力—人民权利—国家责任”的结构关系，强调国家权力与国家责任不可分割，不断健全国家责任制度。通过国家责任制度的红线划定功能，进一步依法规范和限制公权力，抑制违法行权和滥用权力的冲动。通过国家责任制度的矫正、重配和托底功能，强调国家对于人民的救济和保护责任，进一步落实尊重人本、公平负担和照顾弱者的实质正义。

---

* 本文原载于《中国法学》2016年第6期。

** 最高人民法院副院长、审判委员会委员，二级大法官。

① 《中共中央关于全面深化改革若干重大问题的决定》，载《人民日报》2013年11月16日。

② 《中共中央关于全面推进依法治国若干重大问题的决定》，载《人民日报》2014年10月29日。

国家责任是基于法治国原理的权利保护、损害救济与生存托底制度，“是法治从形式主义向实质主义转变的一项重要历史成就”。[①] 任何朝向现代化的治理选择，任何名副其实的法治国家，都必须发展完善国家责任的制度体系。深入研究国家责任问题，不仅是深入推进“四个全面”战略布局的需要，也是司法实践中让人民群众感受到公平正义、增加公众正义获得感的需要。比如，近年来各地陆续纠正的刑事冤错案件，司法机关依据国家赔偿法对受冤者予以经济赔偿，承担了国家治理过程中的法治成本，从法律来看救济了损害、修复了公正。但是，一些案件的裁判效果表明，单以经济赔偿的手段无法满足受害人多元的救济需求。受冤者恢复生产生活、回归社会，还需要司法救助、社会救助、社会保障等制度的配套辅助、有机衔接。同时，除了国家赔偿责任外，一些因刑事犯罪、民事侵权、灾害事故而导致的损害赔偿纠纷，因犯罪者、侵权人无力担责而导致陷入困厄的受害者，对他们施以救助，确保其生存权，使其公平地享有社会发展进步的机会，也是国家无法推卸的责任，这同样要在国家责任的观念下进行探讨。

基于上述原因，笔者认为，以国家责任作为赔偿、补偿、救助等关联救济模式的上位概念，构建以国家赔偿制度为核心，以国家补偿、国家救助和社会保障制度为延伸的统一的国家责任体系，打破公法权利救济局限于国家赔偿的“一亩三分地”，彻底解决救济不充分、保障不完善、体系不完整的问题，不仅是破解当前公法权利救济困境的实际需要，更是建设法治中国，推动国家治理体系与治理能力现代化不可回避的选择。深入思考法治中国背景下发展和完善国家责任制度体系的诸问题，有利于我们更好地落实尊重和保障人权的宪法原则，确保处于困厄中的公民获得充分救济，恢复人格尊严，顺利复归社会，最大限度地实现个人在社会中的“作为公平的正义”。[②]

二、法治中国背景下国家责任的概念内涵与邻义比较

基于历史教训，国家至上与主权豁免的迷思逐渐消散，“赔偿体系原则”成为法治国思想的构成要件，[③]各国竞相建立以国家赔偿为代表的国家责任

---

① 马怀德主编：《完善国家赔偿立法基本问题研究》，北京大学出版社2008年版，第16页。

② ［美］约翰·罗尔斯：《正义论》，何怀宏、何包钢、廖申白译，中国社会科学出版社1988年版，第7~11页。

③ 城仲模：《行政法之一般法律原则（一）》，台北，三民书局1994年版，第399页。

制度。但国家责任是否就此驻足,其发展的概念、内涵和体系应如何看待,各方观点不一。笔者试图在理论和实践的基础上,对法治中国背景下的国家责任进行试述。需要说明的是,本文所言的国家责任,仅限于国家相对于本国公民的责任范畴,包括积极责任和消极责任两个层面。

(一)国家责任的概念演变

1."狭义"、"广义"与"最广义"的传统区分

狭义的国家责任,指的是《宪法》第41条和《国家赔偿法》第2条所规定的,以国家机关及其工作人员行使职权不法侵害公民权益所应承担的赔偿责任。广义的国家责任,不仅针对不法行使职权的行为,也包括合法行使职权的行为。而最广义的国家责任,把公权力行为和国家的私法行为所致公民权益损害的赔偿作为国家责任范围。① 狭义论以国家赔偿等同于国家责任,强调对违法行为的评价和制裁,但弱化了权利救济的主旨,容易形成责任盲区。广义论和最广义论意识到赔偿与补偿的交错,突破了以"违法"作为国家应责的论断标准,形成了国家"一般责任"的基础,②但仍然固守在"第二性义务"的责任立场,③没有意识到赔偿、补偿的消极责任与救助、保障及其他类型积极义务的交错,停留在国家应因与损害赔偿的结构之中,涵摄于形式法治的观念之下,不能有效应对赔偿、补偿之外的多元救济请求。

2.趋向实质正义的新发展

为了将不同的国家赔偿责任和法律保护协调起来,④德国1981年出台《联邦国家责任法》,意在国家责任领域建立统一规范的体系,但德国宪法法院以"联邦无立法权"为由宣告该法无效,使德国国家责任的内容和体系,仍然是一种依靠法官造法和判例的"日益增长的混乱"。⑤ 值得注意的是,该体

---

① 董保城、湛中乐:《国家责任法——兼论大陆地区行政补偿与行政赔偿》,台北,元照出版有限公司2008年版,第1页。

② [日]宇克贺也:《国家补偿法》,肖军译,中国政法大学出版社2014年版,第3页。

③ 又称为"第二义务",即"由于侵害他人权利而发生的义务"。张文显:《法哲学范畴研究》,中国政法大学出版社2001年版,第122页。

④ [德]哈特穆特·毛雷尔:《行政法学总论》,高家伟译,法律出版社2000年版,第792页。

⑤ 刘飞:《德国公法权利救济制度》,北京大学出版社2009年版,第130页。

系虽以损害赔偿请求权和补偿请求权为两大支柱，但也将后果清除请求权，[①]以及基于社会福利国家目的上的补偿请求权、计划保障给付请求权纳入其中。[②] 法国不断加大权利救济力度，突破国家赔偿与补偿的辅从原则，受害人请求国家赔偿的同时，可以同时申请补偿，两者并行不悖。2011 年，我国台湾地区将“冤狱赔偿法”修改为“刑事补偿法”，以“特别牺牲损失补偿”为基础，进一步扩大了赔偿范围。以上变化，反映国家责任正朝着实质正义的进路丰富和深化。

3. 本土概念试述

归纳法治中国背景下的国家责任，应当呼应实践所反映的时代变化，以实质正义、实质法治的立场，整合国家在尊重和保障公民权利上的法律义务和责任，从更广义的体系上构建统一的国家责任概念。要突出特别牺牲原则，淡化过失，不以违法与否作为国家应责的唯一标准。要跨越消极责任的藩篱，突出国家对公民的生存保障，强调对弱势群体生存发展风险的公共负担。要突出实质法治，以落实矫正正义、补偿正义为目标，不对国家责任的规范形式过分苛求，不以成文法作为国家责任唯一的效力来源。要突出纠错赔偿、合理补偿、生存托底、发展机遇平等和社会正义等核心价值，为国家责任体系的发展留下空间。据此，法治中国背景下的国家责任应当表述为：在具有中国特色社会主义国家伦理的基础上（道义基础），为了纠错赔偿、合理补偿、生存托底、确保发展平等和实现社会公平正义的需要（制度目标），按照宪法法律、政策规定和执政党政治纲领（规范依据），以国家赔偿责任、国家补偿责任、国家救助责任和社会保障责任为主要内容（制度内容），由国家在侵犯公民权益或者公民因国家治理、他人侵权以及其他灾祸所致损害时，对公民承担的损害填补、困难救济和基本生存保障的法律义务与法律责任（责任性质）。

---

① 所谓“后果清除请求权”，即“权利遭受主权性侵害的公民需要的通常不（只）先于职务责任和征收补偿的金钱补偿，也不（只）是以特殊请求权为根据的恢复原状，而是直接要求恢复侵害行为发生之前的状态”。[德]哈特穆特·毛雷尔：《行政法学总论》，高家伟译，法律出版社 2000 年版，第 779 页。

② 刘飞：《德国公法权利救济制度》，北京大学出版社 2009 年版，第 128 ~ 136 页。

(二)国家责任的正当性基础

1. 以民为本是国家责任的伦理之基

伦理指社会的人际关系规范及相应的道德原则。[①] 国家诞生后,成为一种特殊的伦理实体,有自身的伦理追求。亚里士多德说,"为一个人获得这种善诚然可喜,为一个城邦获得这种善则更高尚、更神圣"[②]。对于"善"的内容,中国古代思想家认为,国家"以百姓心为心",[③]"兴百姓人民之利",[④]强调"民惟邦本,本固邦宁"。[⑤] 孙中山提出,"国家之本,在于人民"。[⑥] 我国宪法明确,人民是国家的主人,国家尊重和保障人权。中国共产党主张,治国理政是为了人民、依靠人民、造福于人民。在国家构成三要素中,人民才是国家的出发点与终极目标。因此,保护人民的权利、昭雪人民的冤屈、减轻人民的困厄,不遗漏每一个无辜者、冤屈者、受害者、遭难者,捍卫人民得以生存、发展的基本底线,是国家不可推卸的责任,更是评价一个国家有道无道的关键标准。

2. 个体关怀是国家责任的自然之色

"人性的首要法则,是维护自身的生存。人性的首要关怀,是对于其自身所应有的关怀。"[⑦]为了生存发展,人们组成了高度政治化的共同体——国家。因而,在应然之义上,"每一个个人就是整个的国家",[⑧]国家应当以人作为目的而不是手段,以人作为价值归宿而不是效用工具。国家应当尊重人格尊严,保障人的权利,促进人的自我实现,彰显人性光辉。这意味着国家不仅要为实现上述目标积极创造条件,更重要的是,当个人因国家遭受损害或牺牲的时候,国家能积极地承担起矫正和修复的责任,甚至超越损害赔偿的等价模式,尽善去救济,对受害者、最少受惠者和其他弱势群体予以适当倾斜,把恢复个人尊严,重建个人在社会中的生存和发展机遇作为国家责任

---

① 朱贻庭主编:《伦理学大辞典》,上海辞书出版社2002年版,第14~15页。

② [古希腊]亚里士多德:《尼各马可伦理学》,廖申白译,商务印书馆2003年版,第6页。

③ 《老子·第四十九章》。

④ 《墨子·非命上》。

⑤ 《尚书·五子之歌》。

⑥ 孙中山:《临时大总统宣言书》。

⑦ [法]卢梭:《社会契约论》,何兆武译,商务印书馆1994年版,第9页。

⑧ [法]孟德斯鸠:《论法的精神》(下册),张雁深译,商务印书馆1963年版,第190页。

的核心目标。

3. 正义良善是国家责任的观念之源

观念是意识形态的组成。观念上的国家责任,是国家伦理在社会和个体意识上的投射,混合了道德、文化、政治、法律和利益等因素。人民心中的国家应当是正义良善的。特别是奉德政、仁政为圭臬的中国,人民对国家责任有近乎固执的先见。他们不仅要求国家对违法行为予以赔偿,也要求国家对合法行为所致负担予以补偿;不仅要求国家承担自己责任,在他人侵权情形下,也要求国家给予救助;不仅要求国家维护社会安宁,也要求国家有险必排、逢危必救、见灾必灭、遇坏必修;不仅要求国家为个人发展提供平等机遇,也要求国家在其落魄潦倒时保证基本生存。诚然,观念中的国家责任超越了历史与现实的限制,也会随时代主题不断变换重心,但要求国家在更大范围内承担责任,不仅仅是观念上的,也是现代文明的趋势。①

(三)相关邻义比较

1. 国家责任与政治责任、政党责任、政府责任

当政党执掌国家政权时,政治责任、政党责任、政府责任和国家责任的伦理基础和内容高度重合。因民主代议和委托治理的关系,在发生政治责任、政党责任和政府责任的时候,最终责任承担者通常是国家。但政治责任、政党责任、政府责任与国家责任的主体不一致,分别是政治官员个人、政党集体、政府和国家。四者的责任前提不一致,政治责任可以依据政治纪律、政治伦理,政党与政府责任通常基于法律规定,国家责任既可以基于法律规定,也可以基于国家伦理。四者实现的时序不一致,政治责任的追究相对于政党责任、政府责任和国家责任具有优先性。四者实现的程序不一致,政治责任通常具有随机性、突发性,而政党责任、政府责任和国家责任通常有明确的法定程序。

2. 国家责任与市场责任、社会责任共同作用

所谓市场责任,是指公民遭受侵害时,归属于市场主体的责任,如雇佣人、保险公司、互助组织等。所谓社会责任,指的是公民所受损害与社会现状或社会问题存在关联,社会中的组织和个人对此应当承担道义上的责任。

---

① 孙笑侠:《法律对行政的限制》,山东人民出版社 1999 年版,第 90 页。

与之相对应的,是法律机制、市场机制和社会机制在国家治理中共同作用。市场机制在社会资源配置中起决定性作用,[①]法律机制起主导性作用,而社会机制在其中起辅助性作用。归属于市场主体的责任,要通过市场机制来实现。只有在国家侵权、关涉国家治理行为,或者市场机制失灵的情形下,国家才承担相应的责任。社会责任是道义责任,通常不能课以其义务,但国家有义务引导社会中的组织与个人自觉承担责任。

3. 赔偿与补偿责任是国家责任的经典形式

国家补偿早于国家赔偿产生,又逐渐从国家赔偿中分离出去。赔偿与补偿的分野,在于公权力行为的违法与合法。然而,国家责任的发展表明,赔偿、补偿的宗旨都是对特别牺牲的公平补偿。在国家责任中严格区别赔偿与补偿、区别合法与违法,没有多大的实践意义。[②] 三者之间,国家责任、赔偿责任、补偿责任分享共同的伦理基础,即基于人权保障、特别牺牲、生存与发展风险的补偿。国家责任是赔偿责任、补偿责任的上位概念,不管基于违法、合法或者其他原因,三者都属于国家进行给付救济的责任类型。国家责任的范围要广于国家赔偿和国家补偿,国家赔偿和国家补偿是国家责任体系的核心制度。

三、法治中国背景下国家责任的时代背景与理论依据

"周虽旧邦,其命惟新。"[③]国家应当顺应时代发展,不断调整与公民的关系,升级治理模式。近代资产阶级革命以来,国家从主权豁免、部分担责到全部负责,从夜警国家、福利国家到担保国家,[④]从保护责任、尊重责任到给

---

① 《中共中央关于全面深化改革若干重大问题的决定》(2013年11月12日中国共产党第十八届中央委员会第三次全体会议通过)。

② [德]哈特穆特·毛雷尔:《行政法学总论》,高家伟译,法律出版社2000年版,第613页"译者注"。

③ 《右传·首章》。

④ 担保国家是一种国家责任模式,意味着国家不再大包大揽,而是协调国家责任与市场责任,各展所长。一方面,国家把能够由市场、社会承担的责任转移出去,监督市场主体按照一定的标准向公众提供服务;另一方面,对于归属于国家的赔偿、补偿责任,以及基本生存保障的责任,仍由国家担保履行。参见李以所:《德国"担保国家"理念评介》,载《国外理论动态》2012年第7期。

付责任,[①]其所扮演的责任角色不断趋于公正良善,有关时代背景、理论依据及其解释重心也在不断更新。

(一)全面深化改革的时代背景

1. 完善国家责任制度是推动国家治理体系和治理能力现代化的必然选择

国家治理现代化是全面深化改革的总目标。国家治理现代化,最终是要完善和发展中国特色社会主义制度。这势必要求执政党负责担当、公道清廉,建设民主、法治、文明、富强的现代国家。完善的国家责任体系是现代国家制度的重要组成部分,有助于执政党提高执政质效、提升清廉指数,有助于加强人民参与治理的话语权,有助于消除官民怨怼、维护社会稳定,使傲慢的权力统治转向谦抑的法律之治。只有依靠体系完善、运行有效的国家责任制度,才能消除人民对权利保障和生存安全的后顾之忧,促使社会活力迸发、财富涌流,使社会财富分配更加公平公正,使社会发展的成果惠及包括弱势群体在内的全体人民。

2. 完善国家责任制度是建设社会主义法治体系与法治中国的内在要求

如前所述,国家权力与国家责任不可分割。国家的任何治理行为及其后果,都应当有一套完备的国家责任制度予以担保、检验和矫正。国家责任制度是法治体系和法治国家不可或缺的组成部分。我国于 1994 年建立了国家赔偿制度,无疑是社会主义法治建设的重大成就,但仅以国家赔偿作为国家责任的主要载体,仍然是较为狭义的观点。而实践证明,现行国家赔偿制度不但难以满足公法权利救济的多元需求,就其本身所承载的矫正功能而言,也难言得到充分发挥。因此,加强对国家责任问题的研究,进一步发展和完善国家责任制度,使其不断丰富深化,是促使社会主义法治体系更加完备的必然之举,也是建设法治中国的内在要求。

---

① 给付责任指的是在早期资本主义国家经历普遍危机的背景下,人权保障、福利国家和社会主义思潮兴起,为调和冲突、缓和矛盾,国家责任的重心转换到保障基本人权、加强生存照顾、增进普遍福利上来,其方式就是金钱、物质和公共服务的给付。参见龚向和、刘耀辉:《从保护、尊重到给付的国家义务内涵拓展——以自由主义的发展、转向为视角》,载《云南师范大学学报》(哲学社会科学版)2011 年第 2 期。

3. 完善国家责任制度是实现社会公平正义与良政善治的现实需要

公平正义是社会主义的核心价值。全面深化改革的出发点和落脚点，就是要促进社会公平正义、增进人民福祉，实现良政善治。然而，国家治理不可避免地会发生错误并造成侵害，总有人民群众因公权力行为、他人犯罪侵权或其他灾祸陷入困境。为此，国家应当正视公权力侵害的危险性、客观性和现实性，通过国家责任制度，对违法、错误行为及其侵害后果负责，对因此和其他原因陷入生存困厄的群体予以扶助，及时把失衡的公正秩序予以矫正，使作为价值话语的公平正义在关键时刻看得见、摸得着、感受得到，确保社会不偏离于公平正义的轨道，保护人民群众对良政善治的真诚期待。

(二)主要的传统理论依据

1. 国家责任是主权来源的必然逻辑

人民主权理论认为，国家一切权力属于人民，人民是国家的主体，国家对人民负责是必然之义。社会契约论认为国家系人民订立契约而来，契约明确了人民与国家的权责关系。国家负有信守契约，保障人民生存发展等不可推诿的责任。人民主权和社会契约理论，以解释主权的来源、从属和负责对象的方式，明确了国家合法性不仅在于人民的同意和委托，更在于忠诚履行和保障人民福祉的基本责任。可以说，国家责任既是人民主权的必然要求，也是构成社会契约的基本内容。

2. 国家责任是人权保障理论的内在要求

人权，是指作为人所享有的权利，比如尊严、自由、平等，是人之所以为"人"，并获得有尊严的生活所必需的资格和条件。"世间一切事物中，人是第一个可宝贵的。"①人权包含着天然的正当价值，人权保护具有最高的法律效力。各国以宪法法律确认各项人权，不仅在于以示尊重和防范，更在于公民基本权利遭受公权力侵害之时，法律文本能够发挥其规范效力，使国家有责任为公民提供公正有效的司法救济渠道，使国家负起纠错赔偿、消除后果的责任，确保受害者回到生存、发展的社会轨道上来。

3. 国家责任是法治国原理的必备要件

法治国是近代资产阶级思想家针对专制国家、警察国家提出的政治主

① 《毛泽东选集》(第四卷)，人民出版社1991年版。

张，即实行法治，以法律限制公权、保护私权的国家。[①] 法治国原理明确了私权、主权与国家责任不可分割的联系，明确了公民与国家、公权与私权之间的边界以及逾越的责任后果，国家不但不能“为非”，反而应对“为非”所造成的后果承担责任。法治国原理进一步要求，国家权力只有在宪法法律的基础上，以保障人的尊严、自由、正义和法的安定性为目标，才是合法的。这一目标的实现，必须要以严格的责任制度予以担保。因此，建立、发展并完善国家责任制度，是法治国原理普适于世并走向实质法治的理所当然。

4. 其他重要理论依据

国家责任制度在其发展过程中，还吸收了许多富有见地的重要理论。例如，特别牺牲理论，认为公民因国家之行为牺牲合法权益是无法避免的，但国家必须对该牺牲承担公平补偿的责任，以合乎正义的要求。又如，公共负担平等理论，认为国家的目的是公共利益，如果国家致人损害，这种额外负担是受害人为公共利益作出的牺牲，应平等地分配于全体社会成员，由国家代表纳税人向受害人承担弥补损害的责任。再如，危险责任理论，认为国家行使权力具有高危性，难以预测，因其所致损害应“不问过错”，由国家来负责。还有社会连带理论，认为人们生活在社会中，具有社会连带关系，如果公民为国家治理牺牲了权利和自由，则国家应对其损失或损害给予救济，[②]等等。

（三）重要的新近理论发展

1. 对社会权、发展权的保护推动国家责任体系扩大化

人权是一个不断发展的体系。第一代人权指公民权利和政治权利，第二代人权主要指经济、社会及文化权利，又称“社会权”，第三代人权主要指发展权等。[③] 据此，人权保障总体对应三种国家责任：一是尊重和保护基本权利，因侵权造成损害的，要承担国家赔偿责任；二是保护经济社会权益，因公共利益需要造成损害的，要承担国家补偿、复原的责任；三是维护生存与发展权利，因国家治理招致生存困境的，要承担国家救助与生存保障的责任。保护以社会权、发展权为核心的第二代、第三代人权，必然要求国家不

---

① 孙国华主编：《中华法学大辞典》（法理学卷），中国检察出版社 1997 年版，第 162 页。

② 姜明安主编：《行政法与行政诉讼法》，北京大学出版社、高等教育出版社 1999 年版，第 476 页。

③ 黄楠森、沈宗灵：《西方人权学说》（下），四川人民出版社 1994 年版，第 282 页。

断拓宽责任机制，除满足填补损害外，更加重视对原有状态的复原和生存发展机遇的保障，为国家责任体系的扩大提供依据。

2. 对形式法治的反思推动国家责任关注具体个案与实体公正

形式法治认为，法治在于维护法的确定性，并遵守既定的规则。只要用逻辑的方法，以实定法用于每一个具体事实的判决，[①]即可落实法治的要求。然而实践证明，完善的程序正义如果不是不可能，也是很罕见的。[②] 形式法治忽略了法律文本的局限性，不但在抽象性和具体性之间难求平衡，“一刀切”的做法反而引发新问题。因此，重新考虑伦理等其他论证渊源，引入价值衡量，在程序正义的基础上追求实质合理，更加积极、能动地对待个案，成为对形式法治局限性的反思。这意味着，国家责任制度除了要完善有限的司法程序和法定救济标准外，还要更加关注具体个案，尊重公权力受害人和社会的良善判断，将司法程序与更为灵活的补偿、救助和社会保障等责任制度加以衔接，满足实体正义产出的终极要求。

3. 对社会福利国的渴求推动国家责任跨越责任与义务的鸿沟

社会福利国一般指为消除社会矛盾，保障社会安定，由国家向公民提供社会福利的理论与实践，[③]其要义在于维护弱者生存尊严。国家必须扶助弱者，使其按公平的基本原则分享经济成果，目的在于确保每一个人有尊严地生存。[④]“人民有所困苦则应加以救济，人民有所需要，自当俾与协助，此乃贤明政府应负之责任也。”[⑤]这意味着，国家必须超越损害填补的等价交换模式，除了对违法过错或合法行为所致损害承担赔偿、补偿责任之外，还要进一步关注对受害者社会生存的扶助与保障。这要求国家责任应当弥合赔偿、补偿法律责任与救助、保障法定义务的鸿沟，在面对受害者或有关弱势

---

① ［德］马克斯·韦伯：《论经济与社会中的法律》，张乃根译，中国大百科全书出版社1998年版，第7页。

② ［美］约翰·罗尔斯：《正义论》，何怀宏、何包钢、廖申白译，中国社会科学出版社1988年版，第86页。

③ 肖蔚云、姜明安主编：《北京大学法学百科全书》（宪法学、行政法学卷），北京大学出版社1999年版，第121页。

④ ［德］乔治·恩德勒等主编：《经济伦理学大辞典》，王淼洋等编译，上海人民出版社2001年版，第458页。

⑤ 杨思斌、田文利：《论社会救助立法的伦理基础》，载《河北法学》2010年第7期。

群体时,确保以上四种机制能够统一协调地运作。

(四)多元综合的法理基础

国家责任是一个制度组成的体系,抽象的国家责任应当被理解为"法律义务+法律责任"的综合体。对此,法律实证主义和规范责任可能会提出反对,他们认为责任的扩大会导致边际模糊和理论不确定,但这个观点是值得商榷的。不管是道义责任、规范责任或其他责任论,都是以人作为责任主体,以此套用国家这个责任主体,不能作出正确充分地解释。事实上,恰恰因为一般化的规范主义责任观,产生国家责任与个人责任同质化的问题,致使对国家责任的解释形式化、机械化,不能解决救济的实际需要。责任是多义的,责任理论也处于发展变迁中。"维持教条的做法的连续性,却根本不顾救济性正义原则日益变化的需要",[①]无疑是一种僵化的办法。因此,基于实践需求的理论综合,远比理论的取舍更重要。如前所述,国家责任的法理基础是多元综合的,不是单一的,既包含实证规范的有效规定,也包括国家伦理、政治纲领甚至自然法意的内在要求;既包括作为"第二性义务"的补偿、赔偿责任,也包括法律设定的国家应当对公民承担救助和生存保障义务。

四、法治中国背景下国家责任的制度体系与整合路径

"二战"后,国家赔偿法典化的趋势兴起,国家责任制度单独化、专门化的潮流逐渐形成,而国家补偿制度的独立,基于社会福利国家思想的国家给付责任的纳入,以及国家救助和保障制度的蓬勃发展,也标志着国家责任的范围和体系不断扩大。但是,该体系仍是主观而松散的,组成内容彼此分离、割裂,特别是在应对同一主体的不同责任请求时,制度间不畅通、不协调、不一致的特质表现明显。因此,如何丰富和发展国家责任的制度体系,并在法治基础上加强不同国家责任制度的整合,是进一步落实国家责任的应有之义。

(一)国家责任的制度体系

1. 基于不法行为的国家赔偿制度

国家赔偿责任是国家机关及其工作人员因不法行为侵害公民合法权

---

① William. Blackstone, Commentarieson the Laws of England,转引自[美]E. 博登海默:《法理学:法哲学与法律方法》,邓正来译,中国政法大学出版社2004年版,第258页。

益,由国家承担损害赔偿的法律责任,包括因故意或者过失侵权、违反法律的规定行使职权、怠于行使保护义务、公有公共设施侵权、国家无正当理由违反合同约定等行为。相应的责任机制为:行政赔偿责任、刑事赔偿责任、非刑事司法赔偿责任、公有公共设施致害赔偿责任,以及国家违约赔偿责任等。此外,理论上还包括立法赔偿、军事赔偿和违法行使公权所致信赖利益的赔偿三种。对于立法赔偿,各国态度不一。英国议会的立法不能因违宪而无效或被撤销,不产生赔偿问题。美国最高法院拥有违宪审查权,如果违宪的法律造成了损害结果,立法机关应给予一定的赔偿。法国最高行政法院明确了立法赔偿的无过错归责原则,明晰了立法赔偿的条件,但除个别案例外,立法赔偿极为罕见。[①] 我国国家赔偿法没有规定立法赔偿,但实践中因下位规范违反上位法并侵犯公民权益的案件时有发生。也应该论证立法不作为给特定公民带来直接损失的时候是否要承担赔偿责任的问题。此外尚有信赖利益的赔偿。国家机关作出职权行为并生效后,公民因其信任而致信赖利益,并产生后续成本,如果国家机关违法变动此前的职权行为,则发生信赖利益损害赔偿的问题。

2. 基于合法行为的国家补偿制度

国家补偿责任是国家机关及其工作人员因合法行为给公民、法人和其他组织造成损失,应当予以弥补的法律责任。国家补偿行为在我国大量存在,较为常见的有征用补偿、征收补偿、拆迁补偿、移民补偿等。此外,还有以下几种补偿类型:一是合法违反契约的补偿,即国家基于合法事由违反行政合同或者民事合同,对合同相对方应当予以补偿;二是合法变更、废止或者撤销职权行为造成信赖利益损失的补偿,即国家基于合法事由,变更其以前作出的职权行为,致使他人信赖利益损失,国家应对其承担补偿责任;三是合法干预行为的补偿,如扑杀禽流感疫区家禽,对家禽饲养人所造成的损失给予补偿;四是合法行为附随效果的补偿,如国家建设工程扰民,发生洪涝灾害时,国家依法分洪、行洪,给有关居民造成损害的。此外,还有所谓“危险责任”的补偿,比如国家管理的核电站、高危实验设施发生事故,在押罪犯越狱后对他人造成损害等,国家应当给受害人予以补偿等。

---

① 陈光中主编:《中华法学大辞典》(诉讼法学卷),中国检察出版社1995年版,第333页。

3. 基于灾害危难的国家救助制度

国家救助制度，是指基于灾害、危难和其他较为急迫的困顿状态，由国家向受害群体提供金钱补偿、物质保障和其他公共服务的一种政策。[①] 救助是国家的当然责任和义务，保护弱势群体是“每一个政府的核心使命之一”，[②]其目标是帮助弱势群体摆脱较为紧迫的生存危机，维护社会秩序的稳定。从当前各国建立的救助体系来看，国家救助的主要内容有灾害救助、贫困救助、医疗救助、失业救助、住房救助、教育救助、法律救助等。就人民法院而言，则指“司法救助”。当前司法救助包括诉讼救助、刑事被害人救助、执行救助和其他司法救助。司法救助制度是国家救助制度的一部分，只能解决涉及司法审判或者其他涉诉涉法环节的问题，其他贫困、医疗、住房和失业等问题，仍然需要其他救助制度发挥作用，可见建立统一、协调的国家救助制度的必要性。

4. 基于生存发展保障的社会保障制度

社会保障指国家在公民在失业、疾病、残疾、年老、经济困难等有关情形下，通过社会保险支出或者由国家直接负担，使之享有最低生活保障、最基本的医疗等其他公共服务。社会保障是一个古老的问题，也是经济、社会发展到一定历史阶段的产物。总有一部分人因各种原因而陷入生活困境，需要国家、社会或他人援助才能避免生存危机。各国为了保障公民生存权，确保发展机会均等，让所有社会成员获得生存安全感，逐步建立并完善了相关制度。当前我国社会保障制度的主要内容是社会保险，既国家为劳动者建立的社会保障制度，由国家主导，政府、用人单位和个人三方共同筹资，确保劳动者因年老、疾病、工伤、生育、死亡、失业等风险，暂时或永久失去劳动能力从而失去收入来源时，能够从国家获得基本养老保险和基本医疗保险的帮助。此外，还有社会福利制度，主要指老年人福利、残疾人福利、妇女儿童福利及其他福利。我国还有一些社会化的社会保障措施，如慈善事业、社区服务、职业年金、企业年金、商业保险等。因其不属于国家保障制度，不从国

---

① 郑功成：《社会保障学——理念、制度、实践与思辨》，商务印书馆2003年版，第14页。

② 世界银行：《1997年世界发展报告：变革世界中的政府》，中国财政经济出版社1997年版，第42页。

家财政支出,不属于国家责任的体系。

(二)国家责任的整合路径

1. 建立统一的国家责任制度,丰富国家责任体系的内容

国家责任体系是由具体的国家责任制度所构成的有机整体。我国于 1994 年颁布了《国家赔偿法》,近年颁布了《国有土地上房屋征收与补偿条例》《社会救助暂行办法》《社会保险法》,加上一些单行补偿办法,总体上形成了以国家侵权损害赔偿、特别牺牲补偿、危难救助和社会保障为主要内容的国家责任体系。但是,当前上述制度的实践和认识存在以下问题:一是国家赔偿的种类和范围还很狭窄,赔偿标准仍然偏低,对财产损害以直接损失予以赔偿的认识存在误区,对刑事赔偿单独立法的问题考虑不够深入;二是缺乏一部专门、统一的国家补偿法,国家补偿制度彼此分散,补偿随意、不合理和不公正的现象依然存在,补偿程序也很不完善;三是国家救助缺乏统一立法,体系建设、资源控制和行政管理政出多头;四是观念上将国家赔偿和国家补偿与国家责任等同,极少将国家救助、社会保障纳入国家责任的体系,对国家尊重和保障人民生存权、发展权和社会权的责任性质认识不够;五是对国家赔偿、国家补偿、社会救助和社会保障之间的内在联系认识不够,四者之间缺乏衔接安排,特别是对公权力受害者、特别牺牲受害者的补偿、救助和保障力度偏弱。为了解决上述问题,除了对各项制度的弱点分别予以补强,推动国家补偿、国家救助统一立法外,更应以深化改革的精神,以国家责任的视角对上述制度进行整合。为此,笔者建议在立法机关或者执政党的层面,就发展和完善统一的国家责任制度出台纲领性的文件。其一,在指导思想上宣示,为了促进社会公平正义,加大权利救济和生存保障力度,国家通过国家赔偿、国家补偿、国家救助与社会保障等国家责任制度,切实履行尊重和保障人权责任的宪法原则;其二,在内容上申明,上述四个制度是国家责任体系的主要载体,尊重和保障人权宪法原则的落实、国家责任的实现,有赖于四种制度各自发挥、共同作用;其三,在规范上要求,四种制度应当依照共同目标,在充分发挥自身功能的基础上,加强协调衔接应对,使国家责任成为一个先后有序,彼此配合的有机整体。时机成熟时,也可以推动统一国家责任法典的立法。

2. 整合不同国家责任制度资源，理顺不同责任程序的应对衔接

不同的国家责任制度有其不同的调整范围，对应不同的请求权主体，有专门的给付资源，各自发挥作用。但实践中，经常发生同一个主体提出多元救济请求的情形。例如，冤狱受害者因长期羁押，导致身患疾病、家庭生活困难，赡养或扶养的亲属长期未得到照料，申冤也花费了许多费用，受害人基于上述事由要求赔偿，应如何处理？特别是像内蒙古呼格吉勒图这样被错杀的案例，“受害人理应得到多少赔偿才算公平”？[①] 事实上，现行国家赔偿法所明确赔偿项目和标准，不能全部覆盖上述损害，而受害人向审判机关请求补偿、救助或者要求落实生存保障，或在个案当中行得通，但全面实施起来似乎文不对题，也难以解决。在此前提下，如何整合不同国家责任制度资源，理顺不同责任程序的应对衔接，对于保护公权力受害人、特别牺牲受害人和其他涉诉涉法弱势群体的合法权益，显得尤为重要。对此，笔者建议：其一，在当前制度条件下，要建立起“多对一”的国家责任观，即以多个具体的国家责任制度对应一个请求主体的救济需求，避免“一对一”“锯箭疗法”的机械和冷漠；其二，要对国家赔偿法进行完善，除了规定赔偿事宜外，还应当为赔偿请求人获得补偿、救助和社会保障指明请求的渠道，做好制度的衔接安排；其三，在进行统一国家补偿制度的立法时，要为公权力受害人特别是冤狱受害人编立特别补偿条款，或者就国家赔偿请求人留下申请补偿的制度空间；其四，要对社会救助法规加以完善，针对公权力受害人、特别牺牲受害人、刑事受害人等明确规定特别条款，对上述人员留下救助空间；其五，要对社会保险法进行完善，在社会保障制度中对上述特定人群予以适当安排，在符合条件的前提下，提供诸如优惠缴费比例、国家补贴等救济方式。

3. 简化请求手续与审查程序，提高责任资金的给付效率

及时执行国家赔偿、国家补偿和社会救助的决定，是兑现权利救济和落实国家责任的最终保证。实践中，国家责任的实现存在手续烦琐，资金给付效率不高的问题，尤以国家赔偿决定书“执行难”表现突出，使得已经明确的救济不能及时、利落地实现，国家责任法律文书的权威无存。归纳起来，主

---

① 马怀德：《冤狱赔偿应单独立法》，载财新网，最后访问日期：2016年10月8日。

要有三方面的原因。第一,有个别国家机关借故拖延不执行的情况;第二,申请审批程序的复杂、烦琐,客观上也降低了责任资金的给付效率;第三,按照分税制的安排,地方财政相对独立于中央财政,使得国家赔偿、国家补偿此类经典的国家责任形式,实际上并非“中央(国家)”承担,而是由地方财政履行。如果地方财政借故不予支付,法律上并无强制办法,很多时候还是由赔偿义务机关或者其他国家机关垫支,造成国家责任中“国家”虚置、“地方”干预、机关垫支的局面。为此,笔者建议:其一,修改有关法律、法规,进一步简化请求手续与审查程序,明确国家赔偿部门、国家补偿部门、国家救助部门在转递申请材料的权责,对公权力受害人、特别牺牲受害人在国家赔偿、国家补偿和国家救助上予以更为简便的安排,减少其请求成本;其二,探索国家责任的强制执行制度,对于人民法院作出的生效国家赔偿和补偿法律文书,要有强制执行的制度工具,避免公民遭受“第二次伤害”;其三,可以借鉴法国、英国的中央统一支付模式,探索赔偿金、补偿金或救助金相对集中支付的方式,比如推动国家赔偿、国家补偿和国家救助经费的省级统筹,由省级财政单列经费,统一支付,脱离县、市两级地方的不当干扰,从机制上推动国家责任争议能够快速解决;其四,对于涉及国家赔偿、涉诉行政补偿和其他涉法涉诉弱势群体救助请求,探索统一归口到人民法院内设部门处理,提高工作效率;其五,增加责任资金的多元来源,真正贯彻公共负担平等的理念,探索在各项强制保险、商业保险中征收一定的责任风险金,设立国家责任基金。

五、法治中国背景下国家责任的客观限制与现实边界

在国家责任上存在一个悖论,“一方面人们希望国家尽量少干涉私人领域,另一方面人们对国家承担义务与责任的要求又越来越多”①。毋庸讳言,国家责任的价值与经济发展的目标之间存在一定的矛盾,前者对实质正义的追求可能导致公平与效率不可兼得的两难。因此,必须承认国家责任理念的多元性,既应包括制度伦理所要求的正义理念,满足公民对权利救济的现实需求,同时也应当容纳制度运行所要求的效率理念;既考虑作为抽象法律制度的构成要素,又考虑本国国情和本土社会结构的异质需求。为了确

① 马怀德主编:《完善国家赔偿立法基本问题研究》,北京大学出版社2008年版,第13页。

保公正与效率的统一，在当前历史和国情条件下，国家责任存在客观限制与现实边界，从以下几对关系中可以明确。

(一)个人生存风险负担与国家责任的关系

在制度安排基本合理的大前提下，个人生存风险负担包括两方面的含义：其一，公民是自身命运的主宰，是个人福祉的第一责任人。公民为了生存并实现个人价值，首先应当通过个人努力。其二，当公民因为自身原因、他人原因或者非公权力组织的原因，导致权益损害和生存风险时，要通过个人补救(及时制止损害扩大)、市场机制(他人责任、保险责任)、社会机制(社会互助保障)和司法机制(依法向他人主张权利)依次填补损害。国家只有在国家机关及其工作人员行使职权侵权、国家合法行为导致损害、市场机制与社会机制失灵、自然灾害或者其他重大社会事件，以及符合国家救助、社会保障等法定条件下，来填补公民的损害或者为其提供最基本的生存保障与困难救助。必须认识到，“国家不养懒人”。一个健康的、可持续发展的国家责任体系，是既保证排除那些“逃票”“搭便车”“占便宜”的人，同时又为真正需要救济的公民解除后顾之忧。一个现代的国家治理体系，是把个人责任与国家责任、个人价值与人权保障、个人发展与基本生存关照协调统一起来的。

(二)行为自由与国家责任的关系

自由的对立面是责任，责任产生于自由，自由是责任得以存在的依据。关于自由与责任的讨论不仅贯穿思想史，也是以填补损害为目的的法律责任制度的核心要义。国家责任制度同样牵涉这一问题，突出的表现为如何衡平行为自由与权益保护的关系，主要包括两方面的内容。其一，公务自由与国家责任。所谓公务自由，指的是公务人员在行使国家职权、履行委托职责之时，依照宪法、法律和法规所享有的行为自由。通常认为，公务行为是法律行为、规范行为、客观行为，没有自由空间。但在公务实践中，一方面，法律赋予了公务人员在行为方式、程序、期限和标准上的选择空间；另一方面为了提高公务效率、加强公务效果，在法治原则的基础上可以允许公务人员灵活安排。国家责任制度要依法、合理界定可归责的行为范围和应予保护的客体范围，确保国家责任与公务自由相统一。既不能使公务人员动辄得咎、束手束脚，处处是“红线”，否则“斧滥伐必伤物，绳乱弹则侵直”，降低公务效率;也不能在实际发生国家责任的时候,对公务人员不加区分的随意追偿、追责。其二,公民自由与国家责任。所谓“公民自由”,是指公民个人选择行为并承担相应后果的自由。“自由不仅意味着个人拥有选择的机会并承受选择的重负,而且还意味着他必须承担其行动的后果,接受对其行动的赞扬或谴责。自由与责任密不可分。当人们被允许按照他们自己视为合适的方式行事的时候,他们也就必须被认为对其努力的结果负有责任。”①自己责任原则是法治国家和现代法律制度最基本的原则之一,如果公民因为自己行为而导致自身或者他人权益受损,原则上属于自己责任的范畴,国家不能为公民个人行为埋单,除非公民个人确实濒临无法生存的地步。即便如此,国家也只是对公民个人的基本生存提供保障和救助,而非为其承担个人责任。否则,诸如刑事、侵权等法律制度督促个人依法行为、纯化社会道德风尚的基本功能会因此侵蚀。

(三)受害人主观诉愿与国家责任的关系

在人民法院行政审判、国家赔偿审判以及涉法涉诉信访工作中,当公权力受害人向国家请求赔偿、补偿,或者申请救助的时候,通常会主张一系列权利。其中,有一些是属于法定的国家赔偿请求权,有一些属于要求补偿的权利,还有一些属于希望解决困难、获得救助的事项,概括起来可以称之为“主观诉愿清单”。对于受害人主观诉愿与国家责任的关系,要把握以下几点:其一,要对其“主观诉愿清单”予以梳理、分类,不同的请求事项对应不同的法律程序。实践中,可以加强工作的能动性,提高赔偿、补偿和救助的协同性,但不能把法定赔偿、合理补偿、危难救助等事项“一锅煮”,做成一本糊涂账。其二,要遵循法定条件、范围,对于不符合法律标准、不符合司法政策精神,并且明显没有正义基础的赔偿、补偿或者救助请求,不能纳入国家责任的范围,防止损耗财政,增加纳税人的税负。其三,要贯彻填平补齐、救急救难和基本保障的原则,对于依法应当赔偿或者补偿的,必须实事求是,尽善弥补公民实际损害,不能简单以直接损失为由拒绝赔偿,但也不能让受害人因此得利。对于救助事项,要真正体现救急救难,重点在于帮助公民摆脱

---

① [英]哈耶克:《自由秩序原理》(上册),邓正来译,生活·读书·新知三联书店1997年版,第83页。

当前的权利救济与生存困境，既要依法保证公民获得救助的权利，也要坚决抵制“大闹大解决，小闹小解决，不闹不解决”的错误行为。

（四）国家财力与国家责任的关系

“权利永远不能超出社会的经济结构以及由经济机构所制约的社会文化发展。”[①]国家责任制度发展得成熟与否，客观上取决于国家经济社会发展的水平、财政支付能力和社会财富积累的程度。即使如此，20 世纪中叶以来，若干“福利国家”也因沉重的国家责任而不堪重负并寻求改革。比如，德国从“福利国家”向“担保国家”的转型。正如澳大利亚首席大法官史比格曼直言，政府应该为所有民众的福利负责，从生到死一直负责到底，但这种“父爱主义”现在已经被一些高度发达的工业国家所摒弃了。[②] 我国尚处于社会主义初级阶段，人口与资源的矛盾、区域发展不平衡的矛盾、个人利益与整体利益的矛盾十分突出，国家财政能力无法负担一个高水平、高标准的国家责任体系。特别是在我国施行分税制的背景下，很大一部分国家赔偿、补偿和有关救助的费用实际是从地方财政支出的，而各地的财政能力差异又非常明显。对于上述情形，我国国家赔偿法关于人身、财产损害赔偿的范围与标准，以及当前国家赔偿案件的裁决充分反映了这一现实。我们需要建立的是一套衔接完整、覆盖全面、运作灵活，支付水平适当的国家责任体系。即便我国经济社会发展到一定程度，国家能力更强了，国家责任体系更加完善了，仍然也要在两者之间保持平衡，确保效率原则与公平原则的统一，避免重蹈“福利国家”的老路。

结　语

国家责任是一个经典的法律议题，因为任何责任的设置、认定、归结及其适用，都应当以良善之法作为依据并遵循法治方式。笔者所期待的，是一个健全、完善、统一的国家责任法律制度。在许多社会科学领域，也不管从事何种法律业务，总会有国家责任的问题与你“不期而遇”。国家责任既是一个“高大上”的议题，它关乎国家与法治，关乎宪法与法律，关乎公权与人

---

① 《马克思恩格斯选集》（第 3 卷），人民出版社 1972 年版，第 12 页。

② ［英］卡罗尔·哈洛：《国家责任：以侵权法为中心展开》，涂永前、马佳昌译，北京大学出版社 2009 年版，第 15 页。

权;国家责任又是一个“接地气”的议题,因为要求国家履行义务和责任,根植于公民捍卫自身合法权益、谋求生存底线与发展机遇平等的基本需要。如果说“法治”是执政党对国家治理方式与治理体系走向现代化的承诺,那么“责任”就是法治中国保障公民基本权利、维系公民生存底线、确保公民发展机会的承诺。本文主要探讨了法治中国背景下国家责任的一些纲领性问题,而文中所述主要责任制度也已然存在并实际运行。从司法实践来看,运用人民法院审判职能推动完善国家责任体系也有一定成效。同时也应看到,仅以司法裁判之力,不足以对国家责任制度的完善和运行起到决定性的作用。我们更多的是需要一种从国家理论、法治国原理以及实定法的角度对其进行研究的理论热情,更多的是需要一种把国家赔偿、国家补偿、国家救助和社会保障等制度进行黏合衔接的实践努力。这既需要理论界与实务界对国家责任问题予以更多关注,更需要超越部门利益进行统一国家责任制度的顶层设计与探索。

从赔偿与补偿的界限看我国《国家赔偿法》的修改方向*

王　锴**

以行为的合法、违法与否作为区分赔偿和补偿的标准，不仅是我国行政法学界的通说，在其他国家的行政法理论上也曾经占据主要的位置。但是，随着人权保障理念的彰显，赔偿、补偿的范围和程度的逐步扩大和加深，这一区分标准开始受到学者们的质疑，在司法实践中也出现了赔偿与补偿逐渐融合的趋势。因此，我们有必要重新审视一下赔偿与补偿的界限，并且对《国家赔偿法》的发展方向作出展望。

一、界限消弭的表现

（一）对违法性的重新认识

传统对于"违法性"的认识，都是从行为的违法性开始。这在我国《国家赔偿法》上表现得最为明显，该法第2条规定，国家机关和国家机关工作人员违法行使职权侵犯公民、法人和其他组织的合法权益造成损害的，受害人有依照本法取得国家赔偿的权利。然而，这里究竟是指"违法行使职权的行为"还是"违法行使职权的结果"侵犯公民、法人和其他组织的合法权益呢？根据该法第3、4条列举的"违法行使职权"的情形以及"兜底条款"来看，均指向"造成公民身体伤害或者死亡的违法行为""造成财产损害的违法行为"。显然，我国立法的原意是指前者，在学理上，一些学者也倾向于"行为

* 本文原载于《河南省政法管理干部学院学报》2005 年第4 期（总第91 期）。

** 北京航空航天大学法学院教授、博士生导师。

违法说”。但是,随着行政救济范围的扩大,“行为违法说”的一些缺陷也逐渐显露出来,主要表现为“行为违法说”容易将一些实定法上未予规范的,但却给公民、法人或其他组织的合法权益造成损害的作为或者不作为排除在国家赔偿的范围之外。

首先,由于现代国家出于控制行政权,保障人权的必要,往往对一些典型的、具有法律效果的、对公民的权利义务产生重大影响的行为进行细致化的规定,除了在实体法上规定严格的构成要件,还通过程序法规定其行使的步骤和要素。从而使对这些行为的违法性的判断转化为对其是否符合实定法的判断。这就是行政法上的“行政行为理论”。但是,现实中,行政机关除了作出这些高权性的、形式化的“行政行为”以外,还可能作出不具有权力性、强制性较弱的行为,如行政指导、制定行政计划等,也可能做出不涉及法律关系、也就是不为了产生、变更或者消灭一个行政法上的权利义务关系,而仅仅是产生了“事实效果”的事实行为,如交通机关修筑道路、卫生机关进行预防接种等。这些行为由于高权性较弱或者由于不针对特定的公民、法人或者其他组织,从而没有受到实定法的“典型化”,那么对于它们的违法性的判断,就不能仅仅依靠是否符合实定法来判断。为此,日本法学界就曾有所探讨,发展出诸如狭义违法说、广义违法说和最广义违法说等理论。其中狭义违法说就是指违反实定法而言,包括违反明文的实定法或程序法。广义违法说不以违反成文法规为限,尚包括违反诚信、信赖保护、比例、公序良俗等原则,对于传统的属于合法性范畴的行政裁量行为,也认为如果出现逾越裁量权限或者滥用裁量权限者,以违法论。最广义违法说不仅认同广义违法说的各项标准,甚至认为,裁量行为如属不当,也以欠缺客观上的正当性而违法。从而,完全消弭了合法与合理、违法与不合理之间的界限。狭义说显然系一种过分形式化的观点,不符合实质保障人权的理念,同时,即使是从依法行政的角度来看,现代行政法也不局限于“依法律行政”的框架,尚包括法律精神、法律原则等实质的法在内。最广义违法说将即使具有轻微瑕疵的裁量也认为违法,似乎有过分限缩行政机关的裁量权的缺陷,但是,《国家赔偿法》毕竟不同于《行政诉讼法》,并不以违法性为着重关注,而在于填补受害人因国家机关和国家机关工作人员行使职权所遭受的损失。因此，只需认识其欠缺客观上之正当性，即属之，而不问其系违法或不当。[①] 虽然如此，最广义说仍然存在与传统的行政便宜原则的矛盾，因为正当性不等于正确性，联系到人的认识能力的局限和具体环境的干扰，即使公务人员作出具有微小瑕疵的行为，也是应当允许的，否则，将使公务人员行使职权的积极性大打折扣。因此，对于行政行为之外的无法依据实定法判断违法与否的行为，采实质的违法含义——广义违法说就可以发挥作用了。

其次，"行为违法说"只关注行政机关或公务人员的积极作为，但是对于行政机关或公务人员的消极不作为产生的侵害公民、法人或其他组织的合法权益的后果，国家是否提供救济，无法予以合理的说明。为此，德国学界发展出"违反对第三人之职务义务"的认定违法性的方法，认为，公务人员依法负有执行职务的义务，因而公务人员于执行职务时，应注意维护人民之权益，若公务人员于执行职务，违反对第三人之职务义务时，其行为即属违法。此处的第三人就是指公民、法人或其他组织。因此，如果行政机关或公务人员负有对公民、法人或其他组织的作为义务，而行政机关或公务人员怠于履行该项义务，自然属于违法，国家应向公民、法人或其他组织为此所受到的损害承担赔偿责任。将"违反对第三人之职务义务"作为违法性的判断标准，有利于保障人权，但是，对此处的"义务"的理解仍然存在究竟是"法定义务"还是"一般义务"的分歧。如果限于明文的法定义务，则无异于再次陷入"狭义违法说"的窠臼。为此，德国学界认为，除特殊的、单个规范设定的职务之外，存在一般的职务。也就是说，主权任务应当在不侵害第三人特别是无关的人的生命、健康、自由和财产的情况下予以执行。由是，显然，即使公务人员作出行为的过程合法，但结果损害了第三人的合法权益时，也可能因为违反了一般的注意义务而遭受违法的责难。因此，违反对第三人的职务义务的标准已经使"行为违法说"发生了转向。

由于"行为违法说"的上述缺陷，学界开始发展出了"结果违法说"的新标准，即认为只要公权力行为所生之结果系法规所不容许者，即不问该行为本身是否有法规之依据，均属违法。因此，像警察举枪制止逃犯，但流弹伤

---

① 日本学者有仓辽吉、渡边宗太郎即持该种观点，转引自翁岳生主编：《行政法》（下），中国法制出版社 2002 年版，第 1600 页。

及无辜时,依“行为违法说”警察的射击行为并不违反法规范,属于合法,因此对于路人的损失应给予补偿,而非赔偿。但是根据“结果违法说”则认为射击结果侵犯了无辜路人依法受保护的身体权,应属违法,对于路人的损失应给予赔偿。“结果违法说”避开了广义违法说和最广义违法说对行为过程的认定而引起的纷争,直接从结果入手,从而扩大了赔偿的范围,有利于对人权的保障。因此,有的学者提出,两种学说究竟采何种,实与国家赔偿法的功能有关,如果国家赔偿法强调人民权利之保护者,即采结果违法说;反之,强调国家行政之加强者,则采行为违法说。但是,我们必须看到,结果违法说虽然有利于人权的保障,但是也有将补偿和赔偿的界限消弭的“危险”。如果均以行为的结果是否侵犯公民、法人或其他组织的合法权益来评判,那么,补偿势必全部为赔偿所取代。之所以未被吞并的原因在于,在其他国家,构成赔偿还需要另一个要件——行使职权的过错。然而,过错能否作为区分补偿与赔偿的最后屏障呢?

(二)过失的客观化和过失、违法关系的一元化

国家赔偿在强调违法性的同时,还强调公务人员的过错,这与国家赔偿的历史有关。传统上,受主权免责原则和“国王不能为非”思想的影响,认为让国家向公民承担赔偿责任是根本不能成立的。同时,即使国家属下的公务人员作出违法行为,由于国家与他们之间的关系,是处理事务的授权关系,与私法上的委托—受托关系并无差异。因此,受托人在授权范围内的行为,其效果自然归属于委托人,但如在授权范围之外者,则是受托人违反其受托职务之行为,受托人应自行负责。但是,基于国家不能为恶的原则,国家亦无授权公务人员为恶的道理。因此,公务人员如有违法行为侵犯公民、法人或其他组织合法权益者,系逾越其受托职务之私人行为,不能认为是国家的行为,应由其个人向受害人承担责任,国家无须负责。这被称为国家的无责任论。既然是公务人员向受害人承担责任,自然是承担私法上的侵权损害赔偿责任,而私法上承担赔偿责任的特征在于不仅要求行为的违法性,而且要求行为人的主观过错。以后,随着绝对主权观念的衰落和保障公务人员职务稳定性的考虑,要求国家代替公务人员向受害人承担赔偿责任,在国家向受害人赔偿之后,再向有过错的公务人员追偿。这被称为国家的代位责任论。代位责任论虽然促成国家赔偿独立于民事赔偿,具有了公法的

性质。但是，这种转变仍然很不彻底。因为既然国家承担的是代位责任，那么，要以公务人员承担赔偿责任为前提，在公务人员不构成赔偿责任的情况下，国家自然也没有理由代位赔偿。所以，代位责任论下的国家赔偿仍然要以公务人员存在过错为要件，这既是国家承担赔偿责任的前提，也是国家向公务人员追偿的理由。[①] 因此，有学者提出，代位责任论只是一方面国家责任论否定论的存在和另一方面为提高受害者保护实效性的需要之间妥协的产物。[②] 20 世纪以来，受民法上危险责任理论的影响和代位责任论对受害人救济的不彻底，[③]逐渐发展出国家的自己责任论。该说认为，国家对公务人员的违法行为，负有直接的赔偿责任。因为国家公权力本身具有被滥用、侵犯第三人合法权益的危险，所以，国家既然将行使权力委托给公务人员，就必须对其委托行为所带来的危险，自负其责。换言之，只要损害的发生是执行公务的结果，纵然公务人员并无过错，国家亦应负赔偿责任。受害人既不需要指明具体的加害人是谁，也不需要证明该人存在主观上的过错。国家的自己责任论首先在国家所有或管理的公共设施的瑕疵给公民、法人或其他组织带来的损失上获得了应用。[④] 尽管国家自己责任论有利于保障人权，但各国对其在《国家赔偿法》上的应用都非常谨慎。[⑤] 因此，总的来说，各国

---

① 当然，这两者要求的过错的程度在实践中并不一样，前者要求公务人员存在故意或过失即可，后者要求只有在公务人员有故意或重大过失的情况下才能为之，这主要是考虑到减轻公务人员的心理负担，防止公务人员担心被追偿而消极行使职权。

② ［日］盐野宏：《行政法》，杨建顺译，法律出版社 1999 年版，第 453 页。

③ 这种不彻底主要表现为：第一，要让受害人承担公务人员存在过错的举证责任是非常困难的，而且也是不公平的。第二，有的时候，实施加害行为的公务人员也许并不出现，受害人无法指明。第三，对于那些不存在公务人员过错但的确带来损害的行为，受害人只能忍受，这显然也是不公平的。

④ 如日本《国家赔偿法》第 2 条、我国台湾地区“国家赔偿法”第 3 条第 1 款。

⑤ 各国学者否认国家自己责任论的理由并不充分，普遍都认为，自己责任论无法解释为什么现行法上将公务人员过错作为国家赔偿责任的构成要件，但是，如果因为现行法这么规定，就否定国家赔偿责任具有自己责任的性质，显然系一种“现实的就是合理的”理论，并不具有说服力。反倒是德国学者毛雷尔在考察德国《国家赔偿法》在制定过程中总是无法摆脱过错责任的“阴影”时，认为是出于财政政策上的权衡。因为自己责任论将扩大国家赔偿的范围，但是，毛雷尔同时认为，这种理由是站不住脚的。实际情况证明，法院在职务责任方面宽泛地使用过错和对准征收侵害和准牺牲侵害提供无过错的补偿，都没有造成不可承受的财政后果。参见［德］哈特穆特·毛雷尔：《行政法总论》，高家伟译，法律出版社 2000 年版，第 801 页。陈新民教授认为，过错对于国家赔偿的意义还在于国家对公务人员的追偿和讨论不可抗力情况下，国家应否承担赔偿责任。参见陈新民：《中国行政法学原理》，中国政法大学出版社 2002 年版，第 256 页。

的《国家赔偿法》仍以代位责任论为通说。

虽然各国为了照顾到法律条文理解的统一而采用代位责任论，但是对于赞同自己责任论者对于代位责任论的批评无法忽视。因此在实践中，逐步出现了在公务人员过错的认定上有利于受害人的一些做法。

传统的代位责任论要求受害人对公务人员的过错负举证责任，而公务人员是否具有过错，又以其主观上的认识如何为判断标准，这给不了解公务人员行为作出过程的受害人造成巨大的困难。因此，为了防止对于过错的举证造成受害人国家赔偿请求权的实质落空，司法实践中逐渐采取一种过失推定的做法。① 亦即受害人只要能证明公务人员之违法行使公权力致受损害时，就一般地推定公务人员具有过失。而国家如不能为无过失举出反证，就不能免除其赔偿责任。这种过失推定的做法显然是从违法结果的发生来推定过失的存在，从而不再论究行为人之注意能力能否预见该损害，亦即不考虑行为人之主观个别特性，专以一般善良管理人的注意义务为判断标准。这被称为过失的客观化。不难发现，过失的客观化在内涵上是与我们前面所说的"违反对第三人的职务义务"的违法性判断标准相一致的。这种一致性并非偶然，而是过错与违法性的关系一元化的表现。

传统上将行为的违法作为承担赔偿责任的客观要件，将公务人员的过错作为主观要件。② 从而，法院在判断国家是否需要给予受害人赔偿时，必须对违法性和过错分别审查(两阶段审查)，只有两个条件都满足，始具有判

---

① 最著名的是日本的一系列斯蒙判决。

② 至于为什么要把违法性和过错同时作为国家赔偿责任的构成要件，后者是比较容易理解的，因为作为国家赔偿"发源地"的民事损害赔偿就强调行为人的过错，至于前者，日本行政法学者盐野宏认为是国家赔偿对民事赔偿中的"权利侵害"的替换，这是判例和学说适应民法而展开的结果。参见[日]盐野宏：《行政法》，杨建顺译，法律出版社1999年版，第461页。对此，笔者认为，将违法性列为国家赔偿责任的构成要件，可以起到让国家承担责任的理由正当化的作用。因为国家赔偿毕竟不同于民事赔偿，民事赔偿强调个人责任自负，因此仅以个人行为的可责就足够，而不需要再强调违法，但在代位责任论之下，要让国家代替可责的公务人员来承担赔偿责任，显然必须再加上违法的条件，否则国家承担代位责任将缺乏充足的理由。另外，我国行政法学界普遍将违法原则和无过失原则并列为赔偿的两种归责原则(如姜明安主编：《行政法与行政诉讼法》，北京大学出版社、高等教育出版社1999年版，第420页；张正钊主编：《行政法与行政诉讼法》，中国人民大学出版社1999年版，第302页)，这显然是混淆了违法要件和过错要件，陈新民教授亦指出这一点。参见陈新民：《中国行政法学原理》，中国政法大学出版社2002年版，第256页。

决赔偿的可能性。但是，随着过失的客观化，只要违法性成立，过失也很容易被推定存在，或者说没有重新判断是否存在过失的余地，因此，过失的判断标准已经和违法性的判断标准融合。但是，我们说，一旦过失的判断标准混同于违法性的判断标准，那么不可避免的就是，从结果而不是行为的过程来考察赔偿责任的存在，在这种情况下，只要发生损害的结果，就会被认为存在违法性，同时，公务人员的过失也被推定存在，那么，对于同样造成损失（损害）结果的赔偿和补偿究竟有什么区别呢？当然，有人或许会说，赔偿和补偿的理论基础就不一样，于是，在下结论之前，我们还需要考察一下赔偿与补偿的理论基础的差别。

二、赔偿与补偿的理论基础之趋同

从历史上看，补偿要比赔偿更早地发展起来，这是因为，曾经成为国家赔偿制度发展障碍的主权免责的法理和违法行为不能归属于国家这两个重要因素在该领域均不存在。[①] 补偿制度起源于 18 世纪的开明专制主义，当时君主对人民的财产损失进行补偿，毋宁是出于一种恩惠的态度。但是，随着现代社会国民主权和人权思想的彰显，这种恩惠补偿的基础已经完全溃塌，补偿往往因国家为了发展公共利益的行为而起，毋宁是特定的个人为了公共利益作出的特殊牺牲，拉丁法谚有云：为大家而牺牲者，其损失应由大家分担而补偿之。[②] 因此，从社会所缴纳的租税——国库的财产中拿出部分对受损失人给予补偿，就构成行政补偿制度。而构成这一制度的基础，就在于通过补偿填补少数人牺牲、而大多数人获益的不平等状态，重新恢复受损失人的平等地位。因此，行政补偿是保障宪法上的平等原则的表现。

合法性作为行政补偿责任的构成要件，主要是为了体现国家行使公权力中的"公共利益"的性质，从而使社会分担特定人的损失具有正当化的理由。但是，随着福利国家、社会国家思想的兴起，国家积极地采取手段促进公民生活水平的提高，对于公民的任何不公正的损失，国家都负有提供救济途径进而予以填补的责任，这就使得国家承担补偿责任不一定要以"合法性"作为理由，而毋宁是公平和公正。当然，行政补偿的这种性质的转变并

---

① ［日］盐野宏：《行政法》，杨建顺译，法律出版社 1999 年版，第 497 页。

② 郑玉波编：《法谚》（二），三民书局 1984 年版，第 25 页。

非一蹴而就的，主要是与国家赔偿制度相呼应，作为弥补国家赔偿制度的空白而发展起来的。在德国法上和日本法上，这种转变尤其显著。行政补偿的概念起源于公益征收，[①]公益征收主要是指国家为了公共利益对特定人的财产的所有权或使用权的强制剥夺。与公益征收相对的概念是财产权的制约。后者产生的时间晚于公益征收，它是随着财产权相对保障的思想而发展起来的，即国家为了公共利益可以普遍地对私人的财产施加一种负担或者使其处于不利的状态，私人对此必须忍受。由于财产权的制约被视为公民对国家或社会应负的一种义务和责任，因此，与公益征收的特别牺牲的性质不同，公民对因制约所带来的财产的损失并不能请求国家补偿。但是，有时候，征收也可能因为没有明确的法律依据，或者虽有法律依据，但使公民受损失的程度超出必要的范围，违反比例原则而构成不法，且这种情况下，如果不存在公务人员的过错，例如，拓宽道路时，遇上不可抗力使工程延误，致使附近商店对外交通受阻塞而不能继续营业，[②]则又不符合国家承担赔偿责任的过错要件。此时，受害人既不能提起行政补偿，也不能提起国家赔偿，显然置其于无法救济的地步。针对这种现象，德国联邦普通法院发展出了"准征收补偿"的概念，采取"举轻以明重"的做法，认为，既然合法的征收都应该补偿，违法但无责的征收当然也要给予补偿。可以说，准征收补偿打开了否定以违法性区分赔偿和补偿的第一道缺口。嗣后，虽然德国联邦宪法法院在两个重要的判决中对联邦普通法院的补偿理论进行了修正，[③]但是，对于准征收补偿留下的赔偿与补偿趋近的问题，仍然没有提供有效的解答。[④] 那么，请求撤销违法行为后，受害人能够继续请求补偿或者在撤销违

---

① 陈新民：《中国行政法学原理》，中国政法大学出版社2002年版，第267页。

② 古典征收概念仅指对财产权的剥夺，魏玛宪法时期对征收概念进行了扩张，认为，对财产权的限制也属于征收形式的一种。同时，通过特别牺牲理论来区分应予补偿的公益征收和不应补偿的财产权制约。

③ 这两个判决分别是1981年7月14日的"无偿提交出版品义务"判决和1981年7月15日的"湿采石"判决(也称"水沙"判决)。

④ 德国联邦宪法法院的修正主要在于以下三点：第一，限缩征收的概念，认为征收仅限于剥夺财产权的行为，不包括财产权的制约在内；第二，根据财产权的制约是否构成特别牺牲，分为不予补偿的财产权制约和应予补偿的财产权制约两种；第三，对于违法的征收和财产权制约，受害人必须首先请求撤销违法的征收和制约行为，不能直接请求补偿，所谓"第一次权利保护"优于"第二次权利保护"。

法行为不可期待的情况下，受害人能否直接请求补偿，德国学者毛雷尔教授认为是可以的。因为法律保留一向以保护公民为首要目的，如果其适用产生反对公民的效果，即保障国家反对公民的补偿请求权，这是荒诞不经的。① 因此，现在普遍认为，德国法上并没有放弃准征收补偿的制度。② 为了弥补由于强调行为违法和过错责任的国家赔偿制度的空白，日本法上也发展出了"基于结果责任的损失补偿（损害赔偿）"的学说。这种学说主要针对既不能提供行政补偿，也不能提供国家赔偿的三种行为：第一，违法但无过失而产生损害后果的行为；第二，合法但产生损害结果的行为；第三，原因行为是否具有违法性并不明确而产生损害后果的行为。③ 这种从损害结果出发，而不问行为的合法、违法与否的理论，填补了由于合法、违法、有责、无责而人为划分的赔偿与补偿之间的空白，因此，无论是将其称为基于结果责任的损失补偿，还是称为基于结果责任的损害赔偿，都是没有区别的。④

由此可见，不仅在国家赔偿中，违法性的判断越来越不重要，即使在行政补偿中，合法性的判断也越来越难以发挥关键作用，两者的着重点都在倾向于公民所受的损失结果是否公平，或者说是否属于特别牺牲。德国实务界对特别牺牲的扩张使用，颠覆了许多传统上的理论。不仅原先认为不需要补偿的财产权制约行为，也在符合特别牺牲的前提下给予补偿，就是对于因为违法而不能进行补偿的侵害行为，也通过将违法性等同于特别牺牲而采用补偿的手段来救济。如此一来，既以违法即是特别牺牲而构成补偿之理由，实际上，相当于国家机关侵害人民之权利时，其责任即已发生。⑤ 国家赔偿与行政补偿的适用范围不仅越来越重合，即使在理论基础上，在国家赔偿采国家自己责任论的情况下，国家必须对其公务活动所带来的危险性，自负其责。其主要意旨乃在于将公务活动造成的风险损失由个人承担转而由于社会的全体人员承担，以实现责任的社会化。这种公平分担的思想造成

---

① ［德］哈特穆特·毛雷尔：《行政法学总论》，高家伟译，法律出版社 2000 年版，第 713 页。

② ［德］哈特穆特·毛雷尔：《行政法学总论》，高家伟译，法律出版社 2000 年版，第 676、678 页；翁岳生主编：《行政法》（下），中国法制出版社 2002 年版，第 1685 页。

③ 杨建顺：《日本行政法通论》，中国法制出版社 1998 年版，第 613～614 页。

④ 杨建顺：《日本行政法通论》，中国法制出版社 1998 年版，第 659 页。

⑤ 翁岳生主编：《行政法》（下），中国法制出版社 2002 年版，第 1557 页。

传统上将国家责任以侵害人民权利之行为是否违法为准,而分为国家赔偿制度与征收补偿制度之分类,有复归统一的趋势。盖国家赔偿之理论,依公平分担之思想,既然不再强调以公务人员个人违法有责行为为前提而主张公务人员执行职务有不法侵害人民之自由或权利时,国家即负损害赔偿责任;而另一方面,国家应负征收补偿之责任者,亦不再以行为之适法性为前提,其责任之本质,毋宁在于补偿因达成公益之行为所造成之损失。故凡国家行为,因公益之必要,而使特定人须忍受特别牺牲,因而对该等特定人之权利构成直接侵害者,无论有无法律依据,亦即不论是否适法,国家对之皆负补偿损失之责。从而,无论自国家赔偿之危险责任论或无过失责任论之理论,抑或扩张征收补偿理论之观点,凡因国家之公权力作用,而直接使特定人民之权利遭受损害者,国家对该损害,皆须负填补之责。[①] 在这种情况下,国家承担责任的理论基础是保障公民因受特别牺牲而导致的不公平状态的恢复,由此,法院判断国家承担责任的标准也就转变为行政机关或公务人员行使职权是否导致了公民、法人或其他组织的特别牺牲,如果是,就承担填补责任,否则,无须负责,即使造成了损害后果,受害人也只能忍受之。

三、方法论之反思

赔偿与补偿的融合,[②]不禁引起我们的反思。为什么会这样?笔者认

---

① 廖义男:《国家赔偿法》,台北,三民书局1996年版,第12页。

② 当然,赔偿与补偿的区分除了违法性、有责性和理论基础(性质)以外,有学者还提出了其他的标准,如两者的发生时间不同。前者发生在损害发生之后,而补偿往往是在损害发生之前为之;两者补救的范围不同。前者赔偿直接损失,而后者往往小于直接损失。有人还以赔偿具有惩罚性为由,认为赔偿的数额大于补偿的数额。参见姜明安主编:《行政法与行政诉讼法》,北京大学出版社、高等教育出版社1999年版,第403页。翁岳生教授还认为,损失补偿只能以金钱为之,损害赔偿除金钱以外尚得请求恢复原状。翁岳生:《法治国家之行政法与司法》,月旦出版社股份有限公司1994年版,第211页。

对此,笔者一一予以说明。所谓补偿在损害发生之前,实际就是事先补偿的问题,为什么要规定事先补偿,乃在于征收对公民财产的影响甚大,出于保障公民财产权、防止行政机关借口法律规定的不健全而不予补偿的目的,各国均将补偿作为征用的合法性要件之一,最典型的如德国,将征用和补偿视为"唇齿条款"(或称"一揽子条款"),即无补偿就无征用,如果一个征用法律没有规定补偿,该法律将因为违宪而无效。由此,征用机关在作出征用的裁决时也要同时规定补偿的数额。事前补偿固然有利于公民权益的保障,但是,由于补偿数额的计算常常费时费力,如果补偿人与被征用人之间迟迟未达成补偿协议,显然对行政效率和公共利益的实现是不利的,所以,究竟是采用事前补偿还是事后补偿就成为征用机关的便宜,实践证明,在紧急情况下,各国往往允许无补偿的征用,即先征用后补偿。因此,事后补偿还是事先补偿就成为侧重保障行政效率还是侧重保障人权的价值选择,对

为，这主要与传统研究国家赔偿的方法有关：

我们知道，国家赔偿发源于民事损害赔偿，因此其归责原则、赔偿程序、赔偿方法等一系列基本制度都带有强烈的借自民法的痕迹。尤其在代位责任论之下，国家只是代替公务人员承担赔偿责任，因此，实际上公务人员承担赔偿责任的认定仍然完全采用民法中的规定，只不过将民法中的“权利侵害”改为“违法”，将“侵权人的过错”转变为“公务人员的过错”。在这种思维方式的影响下，国家赔偿完全不顾现实情况的发展，而严格使用“违法”和“过错”的标准，在某种程度上，产生了“以救济形式”取代“救济内容”的后果。可以说，在代位责任论下，国家赔偿法具有民法的特别法的性质是不难理解的，因为这里唯一的“公”的性质就是国家的出现，而从法律关系的角度来看，仍然是公务人员与私人之间的关系，而并非国家与私人之间的关系。那么，强调违法性和公务人员的过错对于国家赔偿究竟有什么意义呢？

（一）违法性

国家赔偿法上的违法性具有使公民向国家请求赔偿正当化的作用，但是这种作用，却与国家赔偿的实际需要不符。因为审查行政行为的违法性是行政诉讼所要完成的内容，它的目的在于保障依法行政原则的实现，维护某一特定社会的公共利益。因此，对于违法行为的制裁一般是行政诉讼中的撤销之诉，违法性可能引起赔偿责任，但不一定完成赔偿责任。因为赔偿责任的存在，更重要的是要有损害结果，当违法行为对当事人没有造成损害时，当事人只能提起行政诉讼，而并非赔偿之诉。另外，在某些情况下，出于公法上的特殊利益的考虑，国家的赔偿责任可能会受到限制，如出于保证司

此，不同的国家做法不同，如德国，征用行为所依据的法律中如果没有规定补偿，将因为该法律无效而被撤销，并不能直接根据宪法上的补偿规定请求补偿。而在日本，则认为，该征用行为不被撤销，公民可以直接根据宪法上的补偿规定提起补偿。因此，将事先、事后作为补偿和赔偿的区分标准的理由是不充分的。传统上认为赔偿的数额大于补偿的数额，因为赔偿旨在追究加害人的有责性，因此对于受害人的损失应完全填补，而补偿是受害人为了公共利益的牺牲，受害人对于公共利益的实现本来就负有一种义务，所以补偿可以不用完全填平损失，只要不造成受害人明显的不公正即可。这种理论在补偿制度的发展过程中的确曾经得到实务的支持，如适当补偿原则即是，公平补偿原则也承认适当补偿的存在。但是，随着“二战”后人权保障的再次彰显，从当代各国补偿的实践来看，补偿的范围已经趋向于完全补偿的原则，甚至还发展出比完全补偿范围更广的生活重建补偿（日本）和负担补偿。

法活动的独立性,而对法官的错误判决的赔偿责任的限制。如出于国际法上的对等原则,对外国人的赔偿请求权的限制等。这些都构成了违法但并不承担赔偿责任的例子。此外,如果违法行为是由于受害人的过错所引起的,国家的赔偿责任还可能全部或部分地免除。① 因此,违法性并非国家承担赔偿责任的要件,更主要的是有损害结果的发生。在代位责任论之下,实际上已经出现了将损害结果等同于违法性的判断标准,如出现损害结果即推定公务人员违反了客观上所应尽的注意义务,由此即具有违法性,通过这种置换,那种行政诉讼上所要求的行为在客观上是否欠缺行政法所规定的实体性或者程序性要件的违法性的判断标准已经不存在了。这也就是日本一些学者认为国家赔偿上的违法性与撤销诉讼中的违法性是不同的原因。② 也许更准确的说法是,国家赔偿中的违法性并非与众不同,而是根本就不需要。

(二)公务人员的过错

按照法国学者的看法,公务人员的过错与国家需要承担责任的公务过错是两个概念。一方面,仅有公务人员的过错,并不能构成国家赔偿责任。比如公务人员在执行职务的过程中的与职务无关的个人行为,公务人员即使存在过错,但只会引起公务人员的民事赔偿责任,并不能由国家承担。另一方面,即使没有公务人员的过错,也可能引起国家赔偿责任。比如公务人员执行上级的错误命令,只要该错误不是非常明显的,公务人员的执行行为并不存在过错,但国家仍要向受害人承担赔偿责任。当然,公务人员的过错也可能引起公务过错,比如公务人员怠于履行职务,这就是公务人员的过错,也同时构成公务过错,但这并不能抹杀国家承担赔偿责任主要是认定公务过错的存在。笔者在这里借用公务过错的概念,并不是要承认国家赔偿实行过错责任,而是要强调国家赔偿的关键在于国家的自负其责,而与公务人员的过错无关。然而,这也并非说一点不需要追究公务人员的过错,否则将降低公务人员对工作注意的程度,不利于提高行政效率。因此有必要在行政机关内部对有过错的公务人员进行惩戒,但不管是让其承担物质上的财产损失,还是让其承担精神上的警告处分,均属于行政内部关系,与旨在

① 王名扬:《法国行政法》,中国政法大学出版社1988年版,第725~726页。

② [日]盐野宏:《行政法》,杨建顺译,法律出版社1999年版,第469~470页。

处理国家与公民之间关系的国家赔偿不同。

可见,违法性和公务人员的过错并非追究国家赔偿本身所需,而实在是民法思维在国家赔偿中的延续。所以,即使在发生违法性和公务人员的过错的内涵已经远远不同于其他法律的情况下,仍然固守这两条标准来认定国家赔偿责任的存在,也实在是没有认识到自己思维意识中这一潜在的误区。[①] 从《国家赔偿法》的趋势来看,应该是独立的公法,因为它所要实现的目标是单纯的私法所无法完成的,因为公法的关键是维护公共利益,更深一层的含义是调整公共利益与私人利益的关系。所以,《国家赔偿法》的意义主要在于判断公民在国家公务执行过程中的损失是否属于特别牺牲,如果属之,则要通过填补损失来强调保护私人利益;反之,则认定其为公民对国家应尽的牺牲义务,强调保护公共利益。这一趋势也适用于行政补偿法。

四、赔偿与补偿的界限对于《国家赔偿法》修改的意义

在2004年宪法第20、22修正案通过之前,行政补偿在我国只是一个普通法律上的制度,然而在此之后,行政补偿已经成为一项宪法上的制度。因此,有的学者提出是否要考虑制定一部统一的《行政补偿法》,与此相呼应,一些学者提出了两种制定该法的思路:一种思路是单独制定,另一种思路是在现有的《国家赔偿法》中增设一章作出规定即可。笔者并非在这里要支持某一种思路,而是认为,在行政赔偿与行政补偿的界限已经模糊的情况下,修改《国家赔偿法》还是制定单独的《行政补偿法》都是没有什么意义的。我

---

① 民法与国家赔偿法之间的关系虽然不是特别法与普通法的关系,但却存在互补的关系,这不仅在于国家在私法活动中的赔偿责任需要通过民法的规定解决,而且由于《国家赔偿法》中对赔偿责任的种种限制,往往容易导致一些赔偿的“盲点”和“空白”,这时如果能够透过民法的适用,使国家或公务人员对受害人的损失承担一部分的责任,势必有利于受害人的权利保障。所以,是不是因为《国家赔偿法》的颁布就完全否定民法中相关条款的效力,值得思考。比如我国《国家赔偿法》颁布之前,《民法通则》第121条就已经有国家机关或国家机关工作人员承担赔偿责任的规定,而且从侵害主体和侵害对象上来看,赔偿的范围都远远超过《国家赔偿法》,因此,在《国家赔偿法》与《民法通则》重合的部分,应当是适用作为“后法”的《国家赔偿法》,但在两者不重合的部分,应该适用有所规定的一方。而最高人民法院在1995年1月29日《关于〈中华人民共和国国家赔偿法〉溯及力和人民赔偿委员会受案范围问题的批复》中停止了《民法通则》中国家赔偿条款的效力,这显然是不利于受害人的权益保护的。况且,《宪法》第41条规定,国家工作人员在侵犯公民权利,有依照法律规定取得赔偿的权利,这里的“法律”应当不仅限于《国家赔偿法》,因此,最高人民法院的批复在处理《民法通则》与《国家赔偿法》的关系上显然是有问题的。

们是否需要跳出赔偿与补偿两分的模式,而重新考虑一种方法。实践证明,笔者的“多虑”并非没有道理。

首先,如果我们观察国外学者在其著作中对于行政赔偿和行政补偿的安排,就会发现一种不同于国内将两者单独分立的做法,德国学者毛雷尔在“国家赔偿法”一编下统摄“基本法第 34 条/民法典第 839 条规定的职务责任”和“财产损害赔偿”两章,其中的职务责任就是我们通常讲的行政赔偿,后者则包括我们讲的行政补偿以及具有德国法特色的准征收补偿、具有征收效果的补偿和应与补偿的财产全制约在内。对此,毛雷尔的解释是:国家赔偿法调整公民在国家活动侵害其权利时而提出的损害赔偿、公平补偿、恢复原状的请求。① 日本学者室井力的做法是在“国家补偿”一章下统摄“损失补偿”和“国家赔偿”两节。他的解释是:国家补偿,是指国家或地方公共团体的活动对国民造成的损害或损失所给予补偿的制度的总称,它基本上由损失补偿和国家赔偿制度构成。② 另一位日本学者和田英夫的做法也是在国家补偿一章下统摄国家赔偿和损失补偿两节,他认为,以往近代自由主义的法治国家的传统学说,根据造成损害发生的行为,划分出基于违法行为的损害赔偿和基于合法行为的损失补偿两种类型……但是,现代社会福利国家的行政机能的不断扩大和复杂化,消解了上述差别显著的二元方式,要求将填补被害者的损害置于社会公平负担的原则上,在包含结果责任和危险责任的一元的国家补偿体系下,以新的观点重建理论,并进一步实现立法统一化。③ 和田英夫教授的观点实际在室井力教授的著作中也有反映,他认为,国家赔偿制度是在现行宪法支配下形成的,进而人们将这种制度和损失补偿制度相结合,为探索国家补偿制度的体系化进行了有力的尝试。这种尝试的意义有如下两种:一是想从两者共有的损害补救理念角度统一把握两种制度,贯彻这一理念意味着贯彻对被害者的救济;二是尝试统一把握国家补偿,当然是为了突出原来不作为国家赔偿制度或损失补偿制度救济对

---

① [德]哈特穆特·毛雷尔:《行政法学总论》,高家伟译,法律出版社 1999 年版,第 615 页。

② [日]室井力主编:《日本现代行政法》,吴微译,中国政法大学出版社 1995 年版,第 190 页。

③ [日]和田英夫:《现代行政法》,倪建民、潘世圣译,中国广播电视出版社 1993 年版,第 282 ~ 283 页。据和田英夫自己说,他的该种观点最早由今村成和教授提出,并且得到了田中二郎教授的承认。参见该书第 283 页。

象的被害存在，从而有可能把基于结果责任的国家补偿制度的问题作为理论上的问题提出。[①] 然而，虽然室井力教授认识到了这一点，但他随后又肯定了国家赔偿和损失补偿存在不同。可见，他对这一融合的思想的贯彻是并不彻底的。但是，毕竟理论上已经出现了融合二者的呼声。

其次，现实中的国家赔偿和损失补偿体系的杂乱、无序、交叉、冲突促使建立统一的体系，从而更加有力地保障受害人的权益。毛雷尔教授承认，德国国家赔偿法已经成为"一堆多层次、遍布漏洞、难以提纲挈领的材料"。从德国国家赔偿法的体系来看，狭义的国家赔偿部分有基于违法过错的职务责任、无因管理中的赔偿请求权、行政法债务关系中的赔偿请求权、危险责任请求权、公法上的返还请求权、针对财产权损失的基于违法有过错的准征收补偿、[②]针对非财产损失的基于违法有过错的准牺牲侵害补偿，损失补偿部分有针对财产权损失的基于合法征收的征收补偿、针对非财产权损失的基于合法行为的牺牲请求权、针对非财产损失的基于违法但无过错的准牺牲侵害补偿、针对财产权损失的基于合法行为的应予补偿的财产全制约、针对财产权损失的基于合法行为的征收性侵害补偿、无因管理中的补偿请求权以及社会国家目的上的衡平补偿、计划保障给付请求权，另外还包括作为国家赔偿和损失补偿救济手段之外的后果清除请求权和社会法上的形成请求权。日本法上的国家补偿的体系包括国家赔偿（因公权力违法行为而造成的赔偿责任和公的营造物的设置或管理上的瑕疵所造成的赔偿责任）、损失补偿（针对财产权的损失补偿和针对非财产权的损失补偿）、基于结果责任的国家补偿（违法无过失行为的国家补偿、合法行为的结果责任的补偿、危险责任的补偿）。可想而知，面对如此复杂的救济途径和手段，对于没有受过专业法律训练的受害人来说，无疑是人为制造了救济的障碍。如果因为受害人对救济途径的选择错误而驳回其诉讼请求，显然是极不公平的。

最后，究竟是以国家赔偿来统摄，还是以国家补偿来统摄，是各国的习

---

① ［日］室井力主编：《日本现代行政法》，吴微译，中国政法大学出版社 1995 年版，第 190 页。

② 德国联邦普通法院在 BGHZ 7，296；13，88 等案之判决中，将准征收侵害的概念扩大，包括具有故意或过失，而不法直接侵害人民具有财产价值之权利而使其须忍受特别牺牲之公权力行为，因而使准征收侵害与因公务人员违法有责行为而生之国家赔偿，更不易区分。参见廖义男：《国家赔偿法》，台北，三民书局 1996 年版，第 17 页。

惯问题,甚至只是一个用语问题。[1] 关键的是探究由国家来承担责任的性质。国家承担责任先是因为国家的公务活动侵害了公民的合法权益,这里的侵害不仅包括合法的侵害,还包括违法的侵害;合法权益不仅包括财产权、人身权,也包括非财产、非人身的其他权利,不仅包括法律上所规定的权利,也保护应受法律保护的事实上的利益,总之,从结果上来看是国家的公务活动导致了公民的合法权益的无法正常行使的状态,也就是说,在国家的公务活动与这种状态之间有相当的因果关系。[2] 但是,从保障人权的角度来看,这种侵害并不被允许存在,因为公民先会以自己的合法权益对该种侵害在实施之前产生一个防御的请求权,即要求国家不作出该种侵害。这种不作为请求权就表现为行政诉讼上的撤销之诉,即以该行为不具有合法性为由要求国家及时放弃该行为,从而及时避免侵害的发生。但如果这种防御侵害发生的请求权不适用,或者是因为国家根据公共利益的要求公民对侵害暂时忍受,或者是因为在公民行使不作为请求权之前侵害已经发生,那么,对此,公民将产生后果清除的请求权,后果清除的请求权与防御请求权并不一样,防御请求权是请求国家不作为,不实施将导致侵害合法权益的行为,而后果清除请求权是要求国家作出一个积极的行为,来消除已经产生的侵害,从而将公民的合法权益恢复到侵害发生前的正常状态。如清除在私

---

① 《牛津法律大辞典》对赔偿(Indemnity)的解释是,对损失、损害或花费进行补偿的义务,对补偿(Compensation)的解释是,付给受损害影响的人的一笔钱。两者不仅相互解释,而且相互参照。由于我们经常把损害与赔偿相联系,把损失与补偿相联系,从《牛津法律大辞典》的解释来看,损害(Damage)是指一个人所遭受的被认为可提起法律诉讼的损失或伤害。损失(Loss)是指可能由一种或多种不同事由,特别是违约、侵权或其他违反法定义务事由,或纯粹意外事件所致的财政性损害。由此来看,也并没有什么区别。参见[英]戴维·M.沃克:《牛津法律大辞典》,李双元等译,法律出版社2003年版,第238、300、553、715页。

② 传统上认为必须有直接的因果关系,但从危险责任、公平负担的角度来看,由于受害人对公务活动作出过程的不了解、不熟悉,让受害人承担这种举证责任是非常困难的,因此只要从表面上看,公务活动与损失(损害)状态有联系即可。

有不动产上的违法建筑的设施,或者撤销一个损害名誉的声明等。① 如果后果清除请求权行使的不充分或者不能行使,那么,公民将产生一个赔偿或补偿的请求权,为了避免不必要的歧义,笔者将之称为补救请求权,它是针对只恢复了部分原状或者原状根本无法恢复的情况而言的,这时,就只能通过支付相当于不能恢复的原状价值的金钱的办法来弥补受害人的损失。注意,这里的损失仅指不能通过恢复原状的损失而言,并不是泛指整个侵害结果。所以,如果把防御请求权(不作为请求权)作为第一位的权利保护手段的话,那么,后果清除请求权将是第二位的权利保护手段,而一般以国家赔偿和补偿形态出现的补救请求权只是第三位的权利保护手段。② 但这是否意味,存在传统上权利保护手段的使用优位原则,即必须按顺序来行使权利保护手段,笔者认为,是不存在的。因为传统上的权利保护手段的使用优位,主要是考虑到将国家赔偿关系作为私法关系,而由普通法院管辖,同时,进行违法性判断的行政诉讼由行政法院管辖,那么,为了防止普通法院和行政法院在关于违法性的认定上作出不同的判决,因此,人为地规定权利保护手段行使的先后顺序,从而保证行政法院判断违法性,然后普通法院根据行政法院的违法性判断再判断赔偿数额。这在以违法性作为国家赔偿责任构成要件的情况下当然是可以理解的。但是,如果从受害人的角度来看,受害人提起行政诉讼的原因在于通过国家撤销,阻止侵害结果的发生。如果侵害结果已经产生,受害人此时显然最希望能够尽量恢复原状或者得到金钱上的补救。所以,受害人选择何种权利保护手段是根据其自己对形势和最符合自己利益的判断,而如果硬性的规定,受害人只能按照先后顺序采取权

---

① 一些学者认为,后果清除请求权是针对违法行为造成的侵害而言的,但是,笔者认为,后果清除请求权实际上是发源于民法损害赔偿上的恢复原状,有时类似于一种物上请求权,不仅违法行为,合法行为造成的侵害也有恢复原状的问题,只不过合法的行为会产生一个要求公民忍受的义务,但是在忍受结束后,公民仍然可以要求恢复原状。比如合法征用某人的财产,如果只是临时征用,在公共使用完之后,公民当然可以要求返还原物,重新恢复其对财产的控制权。当然如果这个忍受是永久的,比如征收公民的财产,公民将永远失去对财产的所有权,那么,对于该受害人来说,就只能提起赔偿或补偿请求权,对由于不能恢复原状所导致的损失获得金钱的弥补。但这时,只是后果清除请求权无法行使,并非不存在。

② 传统上认为,存在第一位的权利保护(撤销之诉)和第二位的权利保护(赔偿之诉),并没有后果清除请求权,后果清除请求权在"二战"后始由德国公法学泰斗 Otto Bachof 所开创,参见刘淑范:《公法上结果除去请求权之基本理论》,载《政大法学评论》第 72 期。

利保护手段,甚至不提起第一位权利保护,就不能直接提起后面的权利保护,既对公民权利的救济不利,也不符合司法效率的原则。

在这一点上,由于我们国家采取的行政诉讼和国家赔偿均由一个司法机构(法院行政庭)来审理的做法,故不存在第一位优先于第二位的问题,同时《国家赔偿法》第9条第2款规定了国家赔偿可以在提起行政诉讼的同时提出,这也是一个好的立法例。因为毕竟受害人对于侵害结果何时发生的时间是不好把握的,同时,关于后果清除请求权和补救请求权之间的关系,对于是否能够恢复原状最好还是由法院来判断,因为恢复原状有时会涉及公共利益的问题,比如有的违法建筑的拆除是可以的,但如果该建筑造价过高,一味地拆除将导致公共利益的巨大损失,在这种情况下,基于公共利益的考量,是不予恢复原状的,但这个判断只能由法院来斟酌,并在不能的情况下同时作出给予金钱弥补的判决,而不能因为当事人恢复原状的请求被驳回,就不再允许请求金钱补救或者要求当事人再次提起补救请求权。所以,将后果清除请求权和补救请求权作为同一位阶的权利保护手段也是可以的。

至此,国家赔偿和行政补偿的性质已经非常清楚,都属于公民对于国家公务活动带来的侵害结果的一种请求权,与撤销之诉的请求权属于不同阶段的权利保护手段,受害人可以根据侵害发生的阶段和最有利于自己权益救济的考量而选择使用。

五、我国《国家赔偿法》修改的方向

我国《国家赔偿法》的缺陷主要在于赔偿范围过于狭窄,对受害人的救济不够。同时,由于采取严格的法条主义,司法机关在适用《国家赔偿法》的过程中,对其中的一些要件进行狭义解释,从而限制了《国家赔偿法》发挥作用的领域。例如,现有的行政赔偿仅涉及侵害人身权、财产权的作为,对于侵害其他合法权益的作为以及不作为没有规定。立法赔偿和基于国家所有或管理的公共设施的瑕疵所产生的赔偿问题,《国家赔偿法》都没有涉及。但是无论从《宪法》第47条还是从《国家赔偿法》第2条中的"国家机关和国家机关工作人员"来看,显然应不限于行政机关和行使侦查、检察、审判、监狱管理职权的机关及其工作人员。作为立法机关的全国人大、作为元首的国家主席以及作为最高行政机关的国务院,都是在宪法第三章"国家机构"

下所列的机关,这些机构的侵权,也可以作为国家赔偿的范围。而且从现代国家赔偿法的发展趋势来看,立法赔偿和司法赔偿在一些国家都得到了程度不同的承认。所以,我国宪法上的国家赔偿的规定,实际上已经容纳了建立最广义的国家赔偿制度的发展空间,也使日后待国家客观环境成熟后,有逐步地推行范围更广义之国家赔偿制度的可能性。①

国家赔偿有扩张的需要,在行政补偿方面,我国普通法律中的补偿规定也早已突破了宪法第 20、22 修正案所规定的征用、征收补偿的范围,不仅存在应予补偿的财产全制约的规定,笔者总结了一下,大致分为以下六种类型:(1)对私人财产权使用或收益的禁止与限制。如《防沙治沙法》第 35 条、《国务院关于加强和完善文物工作的通知》第 2 条、《种子法》第 13 条、《石油天然气管道保护条例》第 13 条。(2)财产权的公益利用。如《广播电视设施保护条例》第 14 条、《电力供应与适用条例》第 16 条、《石油地震勘探损失补偿规定》第 4 条。(3)对私人财产权使用造成妨碍。如《乡镇煤矿管理条例》第 11 条。(4)对妨碍公益的私人财产权的除去。如《民用航空法》第 59 条、《电力设施保护条例》第 24 条、《城市房屋拆迁管理条例》第 2 条。(5)紧急避险对私人财产权的侵害。如《海洋倾废管理条例》第 36 条、《蓄滞洪区运用补偿暂行办法》第 9 条、《防洪法》第 7 条。(6)废止行政处分对公民的财产信赖利益造成损害。如《海域使用管理法》第 30 条、《国务院关于实施西部大开发若干政策措施的通告》第 3 条、《划拨土地使用权管理暂行办法》第 30 条、《矿产资源法》第 36 条。② 基于结果责任的征收性侵害补偿在我国立法上也有先例,如《人民警察使用警械和武器条例》第 15 条。甚至完全依靠公平负担的法理的衡平补偿,实际的立法中也多有反映,如《人口与计划生育法》第 26 条、《国务院关于进一步加强动物防疫工作的通知》第 2 条、《防沙治沙法》第 31 条、《劳动法》第 70 条、《水生野生动物保护实施条例》第 10 条、《陆生野生动物保护实施条例》第 10 条、《野生动物保护法》第 14 条、《消防法》第 37 条、《人民警察法》第 34 条。如此,建立统一的《行政补偿法》就

---

① 陈新民:《中国行政法学原理》,中国政法大学出版社 2002 年版,第 247 页。

② 这里的分类方法参考了我国台湾地区学者李建良的学说,参见翁岳生主编:《行政法》(下),中国法制出版社 2002 年版,第 1754 ~ 1762 页。

不可能不将这些现象都囊括在内。

在国家赔偿和行政补偿制度都急剧扩张的情况下,更容易产生其适用范围上的交叉和冲突,此时,如果再以僵硬的标准来刻意区分两种救济途径,无疑是对受害人的认识水平的一种过高的要求,甚至有以"诉讼形式"决定"诉讼实质"的嫌疑。须知,国家赔偿和行政补偿在本质上都不过是一种对公民合法权益的补救请求权(如从广义的角度看,后果清除请求权也可以包括在内),从受害人的角度来看,他之关心自己的不公正的"特别牺牲"如何得到救济和填补,而并非国家到底是采取赔偿或补偿的手段,所以,正如日本学者和田英夫所说,确立一个名曰"国家责任法"的统一法典也许是真正的需要。[①] 否则,无论是在《国家赔偿法》中增加"行政补偿"的内容,还是制定单独的《行政补偿法》,都仍然没有摆脱人为地划分国家赔偿和行政补偿各自领地的思维模式,对此,笔者认为,《国家责任法》将以补救请求权和后果清除请求权为核心而构建,它将取代传统国家赔偿责任和行政补偿责任的不一致,[②]将是一种自己责任、主要责任、直接责任、无过错责任。它的性质属于公法,与民法上作为私主体的国家在民事关系中承担损害赔偿责任不同,后者不受其调整,与其既非特别法与普通法的关系,也不是互补的关系,而是并行存在。

---

① [日]和田英夫:《现代行政法》,倪建民、潘世圣译,中国广播电视出版社1993年版,第284页。

② 传统的国家赔偿责任是代位责任、补充责任、间接责任、过错责任,而行政补偿责任是自己责任、主要责任、直接责任、无过错责任。

德国国家责任制度的基本特点*

刘　飞**

在诸多的法律领域中，德国都制定了颇为详尽的成文法典。但在对国家责任进行规范方面，却没有形成统一立法，相关规范内容散见于不同的法律规范、法院裁判以及习惯法之中。如果从1967年出台的《损害赔偿法修正和补充规范官方草案》①算起的话，制定统一立法的努力可谓持续了多年，直至1981年6月26日《国家责任法》的出台。然而该法出台一年多以后即被联邦宪法法院于1982年10月19日以“联邦无立法权”为由宣告为违宪，至此，试图建立统一立法的持续努力终结于失败。此后虽然偶尔也会有学者提出应当制定统一的国家责任法的设想，但都没有受到立法者的重视，甚至于即便是在学界，这也只是一种非常微弱的声音。

基于这一背景，同时也相比较于我国国家赔偿制度来说，德国国家责任制度主要有如下基本特点：

一、纳入责任范围的领域广泛

德国国家责任法不同于中国国家赔偿法的一个基本区别，在于纳入赔偿范围的不仅仅包含“国家的不法”（hoheitliches Unrecht oder staatliches Unrecht）行为在内，而且还包括国家合法的公法行为在内。相应地，包含于“国家责任法”中的请求权，不仅可以针对国家的违法行为提出，而且还可以针

* 本文原载于《中国审判》2015年第2期。

** 中国政法大学教授。

① Referentenentwurf eines Gesetzes zur Änderung und Ergänyung schadensersatzrechtlicher Vorschriften.

对国家的合法行为提出。后一部分内容主要包括公民对国家的合法行为提出的补偿请求(如对征收行为提出的补偿请求),以及对于恢复原状的请求。对此,学术界的意见已经趋于一致。[①] 当然,由于德国国家责任法远没有形成完整体系,对于有些与其相关的法律领域是否应列入国家责任法体系的问题,则不同的学者见解各有不同。这些领域主要有:公民针对国家提出的不得作为请求、国家针对公民提出的赔偿请求、行政主体相互之间提出的赔偿请求、公权力主体在私法活动中的责任、依据社会福利方面的理由提出的补偿请求等。对此,有学者虽然将其列入国家责任法体系,但同时却指出其不过是"与国家责任法紧密相关的问题领域"[②]。但不可否认的是,在例外的情况下,如在行政机关虽然作出的是私法性的行为,但却是基于其垄断性地位(Monopolstellung)而作出的情况下,仍然可以构成公法上的责任。[③]

二、责任类型的多样性

由于没有完整的成文法体系,对于国家责任制度作出分类是困难的,主要的分类方法有以下四种:

其一,根据请求权所指向的对象来划分,可以分为针对国内公法人的请求权、针对外国公法人的请求权和针对国际组织的请求权;

其二,根据国家责任请求权所针对的国家行为分类,可以分为针对国家的不法行为(Hoheitliches Unrecht)的请求权和针对国家的合法的干涉行为(rechtmäßigenhoheitlicher Eingriff)的请求权[④];

其三,根据形成国家责任的理由不同,可以分为过错责任以及危险责任(Verschuldenshaftung und Gefährdungshaftung)、不法责任(Unrechtshaftung)、牺牲责任(Aufopferungshaftung);

其四,根据国家承担责任的方式(法律后果)的不同,可以分为赔偿责任和补偿责任。

---

① 奥森比尔教授的观点始终如此。Vgl. Ossenbühl, Staatshaftungsrecht, S. 3 ff. Ferner Windthorst, in: Detterbeck/Windthorst/Sproll, Staatshaftungsrecht, § 1 Rn. 15. Schmalz, Staatshaftungsrecht - Fälle und Lösungen, S. 5 (Vorwort).

② Schmalz, Staatshaftungsrecht - Fälle und Lösungen, S. 5 (Vorwort).

③ Baldus/Grzeszick/Wienhues, Staatshaftungsrecht. Das Recht der öffentlichen Ersatzleistungen, Heidelberg 2005, Rn. 6. Ferner OLG Nürnberg NJW 1994, 2032 - Postdienst.

④ Ossenbühl, Staatshaftungsrecht, S. 1 ff.

值得注意的是,此处的赔偿责任与补偿责任之间的区分,与形成责任的国家行为是合法行为还是违法行为无关。

此外,可能的分类方法还很多,例如还有直接的国家责任和间接的国家责任(unmittelbare und mittelbare Staatshaftung)、完全的国家责任和累积的国家责任(ausschlißliche und kumulative Staatshaftung)、原始的国家责任和派生的国家责任(primäre und subsidiäre Staatshaftung)等的分类方式。[①] 从不同的分类方式出发,学界形成的观点各有不同,相互之间含混不清乃至于自相矛盾的看法也不少见。

三、承担责任的方式多样

从承担责任的方式来说,国家责任制度中包含了多种多样的方式。在此,“国家赔偿法”(das Recht der staatlichen Ersatzleistungen)可以作为总括性的概念,作为囊括“赔偿”“补偿”等各种责任形式在内的上位概念。[②] 而其中所用的“Ersatzleistungen”一词主要含义为两层,其原意为“替代”,引申含义为“赔偿”,不仅切合国家赔偿中所谓的“赔偿”,而且也暗合于最初承认国家责任时期所谓“代位责任”之内涵,因此“das Recht derstaatlichen Ersatzleistungen”应是最为妥贴的概念。至于“对行政的控制和对行政活动后果的补救”之提法,则尽管可以明确凸显国家责任制度之核心内容无疑为“行政责任”,但同时也由于其范围所限而不宜引以为“国家责任”之核心概念。

基于上述原因,国家责任法的内容是非常不具有系统性的,欲一窥国家责任制度之脉络决非一蹴而就之事。实际上即便是对于德国的法科高年级学生而言,要掌握国家责任法的内容和体系也是非常困难的。国家责任法的主体内容实质上是一个由不同法律部门的相关材料组成的一个复杂组合体,其主体内容涵盖了宪法、民法、普通行政法、特别行政法以及国际法(尤其是欧共体法)的相关内容。对此,奥森比尔教授称之为“日益增长的混乱”

---

① Ausführlich dazu Windthorst, in: Detterbeck/Windthorst/Sproll, Staatshaftungsrecht, § 1 Rn. 11 ff.

② Vgl. v. a. Wolff, Verwaltungsrecht I, 8 Aufl. 1971, S. 449 ff.; Achterberg, Allgemeines Verwaltungsrecht, 2. Aufl. 1986, S. 723 ff.

(gewachsenes Chaos des Staatahaftungsrecht)[①]。

四、法官造法弥补责任漏洞

由于不存在统一的成文法典，国家责任的“责任漏洞”(Haftungslücken)主要由法官造法来填补。[②] 除基本法第14条第3款第4句和第34条分别作为征收补偿(Entschaedigung bei Enteignung)和基于职务义务的违反所形成的损害赔偿(Schadensersatz bei Amtspflichtverlctzung)的规范依据之外，经过多年的发展，国家责任法到现在已经成为了由不同的法律观念和法院裁判所组成的“判例法”。[③] 这或许是如同其他领域的侵权法(Haftungsrecht)一样，由于侵权样态之千姿百态而不得不使判例法占据非常重要的地位，但是统一的基础性规范的缺位同样也是形成现状的基本原因之一。有人明确提出，德国国家责任法并无一个完整统一的体系，其主体内容是由司法判例所确定的。[④] 也有人认为，国家责任法“相比其他任何地方而言都多得多地”是由判例所创造和发展起来的。[⑤] 而经过判例所发展起来的规则往往又是法官在下面两个极端之间作出选择和权衡的结果：一方面，是主要针对个案的、基于合理性考虑的要求国家负责任的必要性；另一方面，是在支持国家责任请求权之后对于国家财政负担能力的顾虑。[⑥] 或许也就是出于这些原因，即使经过多年的判例法的发展之后，也仅有极少的、零碎的领域被成文法化了。国家责任法领域程度过深的司法化曾一度被学界大加诟病，同时也是促成当年制定成文的《国家责任法》的主要理由之一。

五、结论

德国国家责任制度的体系庞杂，实践中却并不见得会影响国家对相关责任的承担以及对公民公法权利的保护。国家责任制度的根本出发点是平

---

① Ossenbühl, Staatshaftungsrecht, S. 2 f. 在该书中，奥森比尔教授放弃了对国家责任法进行体系化归纳的努力，而是直接针对各个具体的国家责任的历史和发展进行论述。他认为这样安排使得读者更易于理解国家责任法，因为目前对于国家责任法的现状只能作出一种“大致的描述”(eine ungefähre Beschreibung)。奥森比尔教授的这一做法在德国学界而言是比较少见的，但对于国家责任法体系而言是非常具有启发性的。

② Ipsen, AllgVerwR, Rn. 1242.

③ Ipsen, AllgVerwR, Rn. 1242.

④ Rüfner, in: Erichsen/Ehlers (Hrsg.), AllgVerwR, §46 Rn. 1.

⑤ Ossenbühl, Staatshaftungsrecht, S. 3.

⑥ Baldus/Grzeszick/Wienhues, Staatshaftungsrecht, S. 1.

等原则与负担公平原则(Lastengleichheit)。当公权力对于某些公民造成了超出其平等负担的损害时,应该对之作出赔偿或补偿;当公权力从某些公民手中得到超出其基于平等原则应负担的利益时,必须返还这种利益或恢复原状。至于公权力行为是否合法、系在何领域活动而形成的责任、应以何种方式承担责任等,并非国家设定责任制度的核心问题,核心的问题仍然在于公民的负担是否平等。

国家责任的变迁:刑事赔偿与刑事补偿之区分*

张 红**

一、中国刑事赔偿制度的确立

国家机关行使公权力,无论合法或不合法,均有可能给公民的自由权利造成损害。中国台湾地区有如下理论主张,认为在法治国家中,对人民因此所受之不利益,皆产生应如何以财产给付予以弥补之问题。因公权力不合法之行使,致个别人民受有不利益,而由国家以财产给付所为之弥补措施,为国家赔偿。反之,因公权力合法之行使,使个别人民受有特别之不利益,而由国家以财产给付所为之弥补措施,则为国家补偿①。在 20 世纪,许多国家和地区纷纷以立法的形式确立了国家赔偿制度和国家补偿制度。

《国家赔偿法》自 1995 年 1 月 1 日起施行。该法建立了中国的国家赔偿制度。2012 年 10 月 26 日,第十一届全国人大常委会第二十九次会议通过了《全国人民代表大会常务委员会关于修改〈中华人民共和国国家赔偿法〉的决定》。《国家赔偿法》采用了行政赔偿和刑事赔偿统一立法的模式,正式确立了中国的行政赔偿制度和刑事赔偿制度。根据《国家赔偿法》的规定,行使侦查、检察、审判、监狱管理职权的机关及其工作人员在行使职权时有国家赔偿法规定的侵犯人身权和财产权的情形,国家承担赔偿责任。至于刑事诉讼中的错拘、错捕、错判等行为,国家为何承担的是赔偿责任,而不

---

* 本文原载于《学习与探索》2015 年第 11 期。

** 北京师范大学副教授、法学博士,从事行政法研究。

① 李锡栋:《刑事补偿法制之研究——以刑事被告为中心》,台北,元照出版有限公司 2010 年版,第 35 页。

是像日本、我国台湾地区区分不同的情况而承担赔偿责任或者补偿责任，我们从胡康生1993年10月22日在第八届全国人民代表大会常务委员会第四次会议上所作《关于〈中华人民共和国国家赔偿法(草案)〉的说明》中找不到答案。该说明只提到“刑事赔偿是指公安机关、国家安全机关、检察机关、审判机关在刑事诉讼中，侵犯当事人人身权、财产权造成损害而给予的赔偿。刑事赔偿是国家赔偿的一个重要方面，过去对此没有具体的法律规定，草案对刑事赔偿作出具体规定，对于进一步促进公安机关、国家安全机关、检察机关、审判机关在刑事诉讼中，以事实为根据、以法律为准绳，依法行使职权，健全司法制度，有重要意义”。

立法既是社会客观现实的写照，也会受制于当时该领域内的理论研究水平。既然从立法文件中找不到有关的说明，我们可以尝试从理论的角度来回答这个问题。在《国家赔偿法》制定之前的几年间，学界不乏探讨国家赔偿责任、国家赔偿立法的文章。当时的主流观点认为刑事赔偿从性质上而言应当归入国家赔偿的范畴，与行政赔偿一样，是国家赔偿的一个重要方面。“每一个建立了国家赔偿制度的国家，不论是普通法系国家还是大陆法系国家，他们都承认，公务员在执法(或执行公务、执行职务)中会不可避免地侵害人民的合法利益，这种行为就视为国家的侵权行为，国家因此要承担赔偿责任。”①“国家机关及其工作人员执行职务违法行为造成公民、法人合法权益损害的，国家应当负责赔偿，合法行为造成损害的应负责补偿。”②不过，也有个别学者在20世纪80年代即提出“刑事补偿，简单地说，就是在不起诉或无罪判决前及依二审或审判监督程序判决无罪前，遭受羁押或刑罚的受害人，可以向国家请求损害补偿的法律制度”。同时，还主张根据中国的具体情况，尽快地制定出具有中国特色的《刑事补偿法》③。然而，这种观点在当时并没有引起理论界与立法部门的注意。

世界上许多国家通过立法承认对国家刑事诉讼中的措施给公民造成的损害承担赔偿责任，其最基本的考虑是：国家虽是公法人，但在私法上，其地

---

① 肖峋：《论国家赔偿法的理论基础》，载《行政法学研究》1993年第2期。

② 应松年、马怀德：《国家赔偿立法探索》，载《中国法学》1991年第5期。

③ 何永龄、朱泉鹰：《试论刑事补偿制度》，载《厦门大学学报》(哲学社会科学版)1986年第3期。

位无异于私法人或自然人。私法人或自然人如果侵害了他人的权利，便构成侵权行为，由此发生损害赔偿责任。因此，司法机关实施侵权行为给公民造成损害的，应当承担赔偿责任。中国国家赔偿法立法当时的法学理论界主流观点认为，国家机关及其工作人员在执行职务过程中给公民权益造成损害的，应当由国家承担赔偿责任。“各国国家赔偿制度初创时期都不同程度地以民法的一些基本原则为理论根据。”[①]根据民事侵权损害赔偿理论，国家侵权行为的法律后果自然就是国家赔偿责任。而刑事司法机关在刑事诉讼过程中的错拘、错捕及错判等给公民权益造成损害的，也应当由国家承担刑事赔偿责任。

中国国家赔偿法未对司法机关工作人员的侵权行为本身违法与否进行区分，不论其行为合法还是违法，均由国家承担赔偿责任。但是，这种单一刑事赔偿责任的模式已经显露出明显的弊端。

其一，混淆了刑事赔偿与刑事补偿两种责任的性质。在传统大陆法系公法理论中，国家责任体系有国家赔偿责任与国家补偿责任之分。国家机关合法的职权行为若对公民造成损害，国家承担补偿责任；国家机关的职权行为由于违法或者存在过错造成损害的，国家承担赔偿责任。由于赔偿责任与补偿责任各有不同的适用范围、赔偿标准和方式，因此一种法律责任究竟属于赔偿责任还是补偿责任，将直接关系遭受损害的公民、法人或者其他组织会得到何种类型及何种程度的法律救济。

其二，客观上影响责任的承担。不区分刑事领域的补偿责任和赔偿责任，统一用赔偿责任加以涵盖，在实践中已经影响赔偿责任或者补偿责任的实现。在一些情况下，公安机关工作人员、检察院工作人员以及法官认为自己并没有实施违法行为，却由于犯罪嫌疑人最终被认定无罪后要承担刑事赔偿责任，进而在实践中推卸责任或者逃避责任，这在很大程度上影响了受害人获得赔偿。还有的情况下，由于国家机关及其工作人员以及社会公众对国家赔偿存在一些错误观念与认识，特别是对于国家赔偿责任的性质、国家赔偿责任与国家补偿责任的认识存在误区，加之错案追究制的存在，使得许多机关也不愿承认自己的行为违法，当然也就会想方设法逃避赔偿责任，

① 马怀德：《国家赔偿立法的模式》，载《法律科学》1994年第3期。

使得受害人获赔难上加难。

其三,司法实践中存在通过补偿救助等方式掩盖国家赔偿案件的情况。法院系统的统计数据显示,人民法院作为赔偿义务机关的案件占绝对多数,公安、检察、监狱等机关作为赔偿义务机关的案件偏少。2009~2011年,贵州省受理赔偿案件120件,其中赔偿义务机关为公安机关的20件,占16.7%;检察机关的15件,占12.5%;监狱的1件,占0.8%。一些地方的公安、监狱赔偿案件以及一部分法院、检察院赔偿案件,通过协商补偿、信访补偿等方式进行解决,未正式进入国家赔偿程序之中。事实上,在许多司法赔偿案件中,受害人除了从国家获得赔偿外,往往还会因为生活困难而要求额外的生活补助或者救助款,甚至包括养老、住房、社会保险等方面。各地司法机关基于多种考虑,也会在坚持法定赔偿原则的基础上探索依法赔偿之外的合理补偿来填补受害人的实际损失。在著名的"张氏叔侄强奸案"中,张氏叔侄在递交国家赔偿申请的同时,也递交了补偿补助申请,最后获得了适当的补偿。[①] 因此,应当确定某些情况下国家的刑事补偿责任,其可以避免某些司法机关及其工作人员担心承担赔偿责任之后被追究责任而拒不进行赔偿的情况,也可以将现实中存在的法外补助金予以法定化。

二、刑事赔偿与刑事补偿的分野:二元立法模式的借鉴

许多国家和地区将法官、检察官违法审判或者追诉犯罪的情形与刑事诉讼过程中采取的刑事强制措施或者错误执行刑罚造成损害的情形区别对待,两者根据不同的法律依据承担不同的赔偿责任[②]。采用这种二元规定模式的有德国、日本以及我国台湾地区等。

在德国,司法赔偿责任区分为赔偿责任和补偿责任两种情况。其一,国家依据德国《基本法》第34条[③]、《民法典》第839条的规定承担赔偿责任,某

---

① 《叔侄涉"强奸案"服刑,坐10年冤狱后改判无罪》,载http://news.qq.com/a/20130327/000129.htm,最后访问日期:2015年9月17日。

② 张红:《司法赔偿研究》,北京大学出版社2007年版,第56页。

③ 德国《基本法》第34条规定:"任何人执行交付担任之公职职务,如违反对第三者应负之职务上之义务时,原则上其责任应由国家或其任职机关负之。遇有故意或重大过失,应保留补偿请求权。关于损害赔偿及补偿请求,得向普通法院提起诉讼。"

些情况下也依据《欧洲人权公约》第5条第6款[①]的规定承担赔偿责任。具体又包括两种情况：一种情况是违法的刑事追诉措施，即刑事追诉措施违反了刑事诉讼法典规定之情形；另一种情况是违法错误的司法判决。德国《民法典》第839条第2款第1项规定，公务员在判决诉讼事件时违反其职务上义务的，只有在义务的违反属犯罪行为时，才对此发生的损害负有责任。此处的公务员就指法官。其二，国家依据《刑事追诉措施补偿法》(1971年)承担补偿责任，该法适用于合法但却造成损害的刑事追诉措施。[②] 根据该法，刑事追诉措施补偿责任适用的范围包括四项：(1)根据《刑事追诉措施补偿法》第1条的规定，对于因一项刑事法庭判决遭受损失者，如其判决在再审程序的刑事诉讼中被取消或被减轻，或者在能使该判决有效的其他刑事诉讼中被取消或被减轻时，由国库予以补偿。(2)根据该法第2条第1款的规定，当事人已被释放，或者针对他的刑事追诉措施已经终止，或者法院拒绝对他开始主审程序，当事人由于受待审羁押或其他刑事追诉措施而遭受的损失，由国库予以补偿。[③] (3)根该法第2条第2款的规定，采取其他刑事追诉措施后给予的补偿，包括暂时留置或监视留置；在其他法律没有规定补偿的情况下，依据《刑事诉讼法》第111A条规定的诉讼保全、没收、扣押以及搜查；暂时吊销驾驶执照；暂时职业禁止等。(4)根据该法第3条的规定，当法院没有判刑或者刑事追诉措施的结果是大于刑事法庭判决的结果时，只要符合公平合理的情况，即可以对刑事追诉措施进行补偿。

在日本，司法赔偿制度同样包括刑事赔偿制度和刑事补偿制度。刑事赔偿制度属于国家赔偿制度的组成部分之一，受《国家赔偿法》的调整。日本1947年《国家赔偿法》第1条规定："行使国家或者公共团体的公权力的公务员，在其履行职务之际，因故意或者过失违法对他人造成损害的，国家或者公共团体负责赔偿。"在刑事诉讼过程中，检察官、法官执行其公权力，故意或过失违法对他人造成损害的，国家承担赔偿责任。刑事补偿制度则

---

① 《欧洲人权公约》第5条第6款规定："任何受到违反本条规定而实施的逮捕或者拘留的受害人有权获得赔偿。"

② 张红：《司法赔偿研究》，北京大学出版社2007年版，第6页。

③ 根据德国《刑事诉讼法》第114条的规定，这些措施属对自由权的剥夺，因此原则上只赋予行使独立审判权的法官。

规定于1950年《刑事补偿法》中。该法主要针对刑事诉讼过程中获得无罪判决者在判决前受到的羁押、拘禁、留置，或者已经执行的刑罚。刑事补偿是基于结果责任的国家补偿制度。如果裁判的结果是犯罪嫌疑人获得无罪判决，即使采取的羁押或拘禁、留置措施是合法的，受害人也可以要求刑事损害补偿。可见，刑事补偿须具备两个要件：一个是受害人已经受到羁押、拘押、留置刑罚，受害人的人身权受到侵害；另一个是必须获得无罪判决，无罪判决可以是在普通刑事诉讼程序中获得，亦可是在上诉程序中获得。

我国台湾地区的司法赔偿制度在立法时主要借鉴了德国和日本的规定。有关司法赔偿制度的法律规定有1981年“国家赔偿法”和2011年“刑事补偿法”。“国家赔偿法”第13条规定，有审判或追诉职务之公务员，因执行职务侵害人民自由或权利，就其参与审判或追诉案件犯职务上之罪，经判决有罪确定者，由“国家”承担赔偿责任。“国家赔偿法”第13条不仅及于职司审判职能的法官，也包括职掌侦查及起诉的检察官。“刑事补偿法”的前身为“冤狱赔偿法”，制定于1959年。2011年7月6日，我国台湾地区将“冤狱赔偿法”更名为“刑事补偿法”，并将内容进行全盘修订。依“刑事补偿法”第1条及第2条规定，得请求补偿之事由，有下列五种情形：(1)检察官处分或法院裁判证明无追诉处罚或保安处分之原因者；(2)受害人证明无追诉、处罚或保护处分之原因者；(3)人身自由受拘束之期间，逾确定终局裁判所定刑罚或保安处分期间者；(4)违反一事不两罚之重复追诉，而未折抵前案裁判所定刑罚者；(5)非依法律受羁押、鉴定留置、收容、刑罚或拘束人身自由保安处分之执行。

三、区分刑事赔偿与刑事补偿

（一）刑事诉讼活动的特殊性

之所以主张区分刑事赔偿责任与刑事补偿责任，皆因为刑事诉讼活动本身的特殊性。刑事诉讼活动中侵犯相对人权益并造成损害的行为，事实上包括两种情形：其一，刑事司法机关工作人员执行职务过程中侵犯了公民的合法权益，客观上违反了法律规定，主观上也存在故意或者重大过失。如公安机关明知某甲不是刑事案件的犯罪嫌疑人，却故意将其列为犯罪嫌疑人并对其进行拘留。在此情形下，除了侵权行为主体是刑事司法机关及其工作人员外，与一般的行政侵权行为并无区别。其二，刑事司法机关在刑事诉讼过程中采取的刑事强制措施或者其他强制性措施符合法律规定的条件和程序,但随着刑事诉讼程序的推进,刑事司法机关可能会终止对犯罪的追究,或者法院经审理做出无罪判决。第二种情形与行政机关及其工作人员实施的行政侵权行为存在很大的区别,这是由刑事诉讼活动(尤其是刑事公诉活动)本身的特殊性决定的。

刑事案件是已经发生的事实,对于许多刑事案件而言,查明犯罪事实真相是一个相当复杂甚至漫长的过程。特别是随着科技的发展,犯罪手段日益多样、隐蔽,许多犯罪分子善于运用专业知识,这就更加大了侦破犯罪的难度。

根据我国《刑事诉讼法》的规定,刑事诉讼活动按照程序区分为立案、侦查、提起公诉与审判等几个阶段。各阶段的任务不同:首先,公安机关或者人民检察院发现犯罪事实或者犯罪嫌疑人,应当按照管辖范围,立案侦查。其次,公安机关对已经立案的刑事案件,应当进行侦查。侦查阶段的直接任务是收集、调取犯罪嫌疑人有罪或者无罪、罪轻或者罪重的证据材料。再次,公安机关侦查终结的案件,应当做到犯罪事实清楚,证据确实、充分,并且写出起诉意见书,连同案卷材料、证据一并移送同级人民检察院审查决定。又次,人民检察院认为犯罪嫌疑人的犯罪事实已经查清,证据确实、充分,依法应当追究刑事责任的,应当做出起诉决定,按照审判管辖的规定,向人民法院提起公诉,并将案卷材料、证据移送人民法院。最后,人民法院对案件进行审理并做出判决。可以看到,刑事诉讼的整个过程就是一个不断发现和认识犯罪事实的过程。但由于犯罪活动发生在过去,由于时间的单向性,犯罪事实将无法再现,而只能借助间接的手段在人的思维中予以重构,并试图无限接近案件事实。事实上,由于刑事司法机关对案件事实的认识一步步递进,《刑事诉讼法》为刑事诉讼过程中的不同阶段规定了不同的证明标准。因此,很有可能刑事侦查机关对某一犯罪嫌疑人实施拘留后,随着侦查工作的展开,却发现犯罪嫌疑人并未实施犯罪活动;或者是刑事司法机关对某犯罪嫌疑人进行拘留、逮捕并提起公诉,但法院经审理认为证据不足,判决被告人无罪等。这些情况充分体现了刑事诉讼活动的特征:一个对犯罪事实的认识不断深化的过程。

正是由于刑事诉讼过程本身的特殊性,决定了我们不能一味地将刑事司法机关及其工作人员行使职权给相对人造成损害的行为责任归于刑事赔偿责任，而应结合具体情况区分赔偿责任和补偿责任。

（二）刑事补偿：基于司法风险的特别牺牲补偿

国家司法机关及其工作人员实施侵权行为导致公民合法权益损害，国家应当承担的是赔偿责任还是补偿责任？之所以会有此问题，是因为在中国国家责任体系中有国家赔偿责任与国家补偿责任之分，而且这种划分直接关系遭受损害的公民将得到何种类型及何种程度的法律救济。

具体到刑事赔偿领域，对于司法机关及其工作人员在行使职权过程中违反法律规定实施某些行为，侵犯公民、法人或者其他组织合法权益并造成损害的，应当由国家承担赔偿责任，在这一点上并没有分歧。关于补偿责任与赔偿责任之争，主要集中于刑事诉讼过程中刑事司法机关采取拘留、逮捕等刑事强制措施或者对财产采取查封、扣押、冻结等措施，这些措施在当时符合法律规定的条件和程序，但最终司法机关可能会决定撤销案件、不起诉或者判决宣告无罪，终止追究刑事责任，从而给公民造成损害。刑事司法机关采取上述措施的目的主要是保障刑事诉讼程序的顺利进行，以便于能够及时侦破犯罪、惩罚犯罪，稳定社会秩序。正如贝卡里亚早在18世纪时就已指出的，“惩罚犯罪的刑罚越是迅速和及时，就越是公正和有益的”①。对于这种符合法律规定的刑事强制措施，最终犯罪嫌疑人被终止追究刑事责任的，国家应当承担何种性质的责任，学界尚存有分歧。有专家指出，目前对于司法机关的错拘、错捕、错判采取的是司法赔偿制度，而这往往会导致对司法行为的定性错误，混淆了国家补偿和国家赔偿的区别。在司法机关行为合法但结果违法的情况下，应当适用国家补偿制度。② 持此观点的学者认为，应当将国家赔偿与国家补偿区分开，实践中让司法机关承担补偿责任，便于司法机关接受，可以减少受害人获得赔偿的难度。

那么，刑事补偿的理论基础何在？笔者认为，其是一种基于司法风险的

---

① ［意］贝卡里亚：《论犯罪与刑罚》，黄风译，中国大百科全书出版社1993年版，第70页。

② 袁定波：《专家建议设国家补偿，错拘错捕错判不宜国家赔偿》，载《法制日报》2005年11月14日。

特别牺牲补偿。[①]

现实中存在诸如犯罪等破坏社会秩序的情况,这种情况可被视为公共社会秩序正处于一种危险状态,所以,国家基于维护社会秩序以防卫此危险状态。如此,当国家因不可避免的认识错误而挥动司法之利剑时,如果被冤枉者因此而受伤害,那么该被冤枉者也有不被侵害之正当利益。于此情形下,法律一方面必须承认国家之侵害权能,另一方面则必须同时使国家负担因行使权能所生的损害之填补义务,以调和此冲突之利益。当国家挥动司法利剑时,因国家认知错误所生之侵害应当如何评价?撇开因公务员故意或过失的违法行为不谈,当刑事程序的进行完全是无故意或过失之合法行为时,事后却发现当初的认知错误,误将实际上没有犯罪之人羁押或者判刑,这种司法失误通常是由于人类理性之不完全性及“法官所处理之证据”的自然的、宿命的不充分性。因此,司法失误应当被视为内在于司法运作上的风险。正因如此,司法失误在一定程度上应当是被容忍的。但由于国家的司法失误,导致实际上没有犯罪之人被羁押或者判刑的,我们可以认为是这一公民承担了国家为维护社会秩序和公共利益而带来的风险。

我们应当把犯罪嫌疑人、被告人在刑事诉讼过程中因合法的强制性措施而遭受的权利损害看作一种为了刑事诉讼程序顺利进行、维护社会稳定和公共利益而做出的特别牺牲。而一个法治国家并不能要求特定的个人为了整个社会的秩序或者公共利益而忍受特定的牺牲或者损害。国家对于这种因运用司法而生危险之填补,是基于“公共负担平等”原则之下的补偿。基于这一原则,国家不得对特定个人课以特别的牺牲或者课以比其他人更大的牺牲。因此,刑事补偿是对司法风险之特别牺牲所为的一种调节性补偿。我国台湾地区是这样解释“冤狱赔偿法”的法律名称为何要修正为“刑事补偿法”的:“本‘法’所定国家责任,系国家因实现刑罚权或为实施教化、矫治之公共利益,对特定人民为羁押、收容、留置、刑或保安处分之执行,致其宪法保障之自由权利,受有超越一般应容忍程度之限制,构成其个人之特别牺牲时,依‘法律’之规定,以金钱予以填补之‘刑事补偿’,因此,并非以行

① 李锡栋:《刑事补偿法制之研究——以刑事被告为中心》,台北,元照出版有限公司2010年版,第163~170页。

使公权力执行职务之公务员有故意或过失之不法侵害行为为要件之意旨。而原有‘冤狱’一词易使人误解本‘法’所定补偿系以公务员有故意或过失所致者要件，并斟酌本‘法’所规范者，系依‘刑事诉讼法’、‘军事审判法’或‘少年事件处理法’受理之案件，且少年触犯刑罚‘法律’或有触犯刑罚‘法律’之虞犯情形时，依‘少年事件处理法’处理，系属最广义之刑事暨保安程序之一环，爰修正‘法律’名称为‘刑事补偿法’。”①

综上所述，应当借鉴刑事赔偿与刑事补偿二元立法的模式，区分刑事赔偿责任与刑事补偿责任。司法机关及其工作人员违法行使职权侵犯公民、法人和其他组织合法权益，造成损害的，国家承担刑事赔偿责任；刑事诉讼过程中采取的合法的刑事强制措施，其后决定撤销案件、不起诉或者判决宣告无罪终止追究刑事责任的，或者依照审判监督程序再审改判无罪，原判刑罚已经执行的，国家承担补偿责任。实现从刑事赔偿责任到刑事补偿责任的转化，既是理论上厘清两种责任性质的需要，也是解决现实中存在问题的需要。

① 参见我国台湾地区“司法院释字第670号解释”。

国家责任体系构想

宋 玉*

社会的变革与发展不可能始终平衡,基数庞大的公务行为不会永远正确,犯罪不可能消失,自然灾害总在我们最没有防备的时候发生,我们偶尔需要少数人为了公共利益做出特别牺牲,这些超出一般容忍义务的特别牺牲需要国家通过二次分配来进行衡平,由国家代替全体公民承担责任,是为国家责任。我国现行的国家赔偿法、国家补偿的相关条文、司法救助的各种制度都是国家责任的体现,国家赔偿制度相对比较成熟,国家补偿与司法救助制度依然存在体系不完整,制度"碎片化"等问题,本文试图从国家责任的角度来论述国家赔偿、国家补偿、司法救助中的国家责任,理顺三者各自所规制的范围以及相互之间的关系,为构建完善的国家责任体系提供微薄的助力。文章分为四部分,第一部分概述国家赔偿责任;第二部分介绍了我国的国家赔偿、国家补偿及国家救助制度中的司法救助制度;第三部分论述了国家责任体系的理论根据,公共负担平等说和国家责任说为国家责任体系提供了正当性基础;第四部分阐述了国家责任体系的构建及相关建议。

一、国家责任概述

"国家责任"原为国际法上之概念,是指国家因违反国际义务而承担的法律责任,传统上国家责任仅指国家对其国际不法行为所应负担的国际法律责任。① 然而,随着人权思想的发展,主权免责思想的逐渐没落,"国家责

---

* 作者单位:山东省高级人民法院。

① 石文龙:《国家责任——中国宪法学新的理论支点》,载《上海师范大学学报》2008年7月,第34卷第4期。

任”这一概念逐步进入国内法领域，有学者将国内法意义上的国家责任定义为国家对其违背了人民的公意并使得人民的权利受到了损害的行为而形成的责任，[①]该定义恰到好处地界定了国家责任，因为“公意”不等同于法律，“公意”包含了人民对共同生存的要求和公共幸福的期望，所以国家责任的范围远大于国家违法责任的范围。

国家责任还应包含国家合法行为之损害责任以及国家基于维护社会秩序和保障人权而承担的救助责任。

二、我国国家责任立法情况及实践

《宪法》第41、13、14、45条分别对于国家侵犯公民合法权益的赔偿、征收征用公民私有财产的补偿以及社会保障、社会救济制度有所规定，1995年实施的《国家赔偿法》系统地规定了国家赔偿制度，2010年《国家赔偿法》进行修订，取消了确认前置程序，将单一的违法归责原则修改为以违法归责原则为主，结果归责原则和过错归责原则为辅的多元化归责原则，笔者认为，这一修改实质上在《国家赔偿法》中加入了国家补偿的内容。在2010年4月29日修订通过的《国家赔偿法》中，最终未对国家补偿责任予以明确规定，而是通过采纳多元化的归责原则的方式，将国外一些属于国家补偿责任的内容规定在国家赔偿法中。[②] 国家补偿与国家救助至今仍没有成文法典，相关制度散见于其他法律条文中。

（一）国家赔偿

国家赔偿，是指国家机关及其工作人员行使职权，侵犯公民、法人或其他组织的合法权益并造成损害，由国家承担赔偿责任的制度。[③]《国家赔偿法》中区分了行政赔偿、刑事赔偿和非刑事司法赔偿，行政赔偿采取违法归责原则，实践中亦多运用过错归责原则；刑事赔偿中部分采取违法归责原则，部分采取结果归责原则；非刑事司法赔偿中除错误执行采取过错归责原则外，其他均采取违法归责原则。笔者认为，行政赔偿与非刑事司法赔偿均

---

① 石文龙：《国家责任——中国宪法学新的理论支点》，载《上海师范大学学报》2008年7月，第34卷第4期。

② 江必新、梁凤云、梁清：《国家赔偿法理论与实务》，中国社会科学出版社2010年版，第164页。

③ 薛刚凌：《国家赔偿法》，中国政法大学出版社2011年版，第1页。

以违法或过错为前提,国家承担的是赔偿责任,刑事赔偿中采取违法归责原则的部分,国家承担的是赔偿责任,采取结果归责原则的部分,国家实质承担的是补偿责任,类似于国外的冤狱补偿。

(二)国家补偿

国家补偿责任,是指因国家机关及其工作人员合法行使职权行为或因其他法定的特别事由,致使公民、法人或其他组织的合法权益遭受特别损失的,应由国家承担适当的补偿义务。[①] 目前,我国国家补偿制度的原则、范围、标准、程序等尚无统一规定,相关规定散见于不同层级、不同领域的法律法规中,如《宪法》第13条第3款规定,国家为了公共利益的需要,可以依照法律规定对公民的私有财产实行征收或者征用并给予补偿。《农业法》第71条规定,国家依法征收农民集体所有的土地,应当保护农民和农村集体经济组织的合法权益,依法给予农民和农村集体经济组织征地补偿。《国有土地上房屋征收与补偿条例》对国有土地上房屋征收与补偿的系统规定等。其责任类型概括起来主要可以分为征收补偿责任、征用补偿责任、权利限制补偿责任、信赖保护补偿责任、衡平补偿责任、刑事补偿责任等几类。

(三)国家救助(司法救助)

国家救助,是指国家对依靠自身努力难以满足其生存基本需求的公民给予的物质帮助和服务。2008年8月,中国政府网发布关于《中华人民共和国社会救助法(征求意见稿)》公开征求意见,但至今没有施行。我国现行的国家救助性质的法律规范有1999年10月1日起施行的《城市居民最低生活保障条例》、2010年9月1日起施行的《自然灾害救助条例》,2014年1月中共中央政法委员会、财政部、最高人民法院、最高人民检察院、公安部、司法部《关于建立完善国家司法救助制度的意见(试行)》[以下简称《司法救助制度的意见(试行)》]等,国家救助以保障民生为内容,涉及面非常宽泛,其中,司法救助是国家救助的重要组成部分,当下实践中所指的国家司法救助,侧重的是对受到侵害但无法获得有效赔偿的当事人,由国家给予适当经

① 江必新、梁凤云、梁清:《国家赔偿法理论与实务》,中国社会科学出版社2010年版,第149页。

济资助，帮助他们摆脱生活困境的一项司法行政活动。[①] 司法救助与其他国家救助相比，国家责任的性质更加明显，与司法活动的联系更为密切，本文将侧重论述司法救助制度，理顺国家赔偿、国家补偿与司法救助的范围与关系，以期能从司法的视角来构建国家责任体系。

我国现有的司法救助大致有以下几类：

1. 诉讼费用的缓交、减交、免交。1999 年 6 月 19 日最高人民法院《〈人民法院诉讼收费办法〉补充规定》第一次提出司法救助的概念，救助的方式为缓交、减交、免交诉讼费用。2007 年 4 月 1 日起施行的《诉讼费用交纳办法》第 4 条规定：国家对交纳诉讼费用确有困难的当事人提供司法救助，保障其依法行使诉讼权利，维护其合法权益。

2. 刑事被害人救助。2004 年，山东省淄博市率先开展刑事被害人救助，对于遭受伤害的刑事案件被害人，不能从加害人或者其他方面获得经济补偿，生活特别困难的给予救助。2009 年，中央政法委、最高人民法院等联合出台《关于开展刑事被害人救助工作的若干意见》，对开展刑事被害人救助工作进行了系统规定。

3. 执行救助。2005 年，中央政法委《关于切实解决人民法院执行难问题的通知》明确要求各地积极探索建立特困群体案件执行的救助基金，对于双方当事人均为特困群体的案件，如被执行人无履行能力时，按一定程序给予申请执行人适当救助，解决其生活困难。

4. 涉法涉诉信访救助。信访救助制度在《信访条例》等规定中并未提及，各省、市、自治区以及县市为加强信访救助基金使用管理、妥善解决信访稳定工作中的突出问题，快捷高效地处理群众反映的信访事项，积极探索建立适合本地发展的信访救助基金制度，先后制定了加强新时期信访工作的规范性文件，印发了关于信访救助基金管理办法的通知。[②] 如《山东省省级涉法涉诉救助资金暂行管理办法》等。2014 年 1 月《司法救助制度的意见（试行）》规定：涉法涉诉信访人，其诉求具有一定合理性，但通过法律途径难以解决，且生活困难，愿意接受国家司法救助后息诉息访的，可参照执行。

---

① 赵国玲、徐然：《司法救助及其中国模式》，载《政法论丛》2014 年第 5 期。

② 周欢、范梦星：《我国信访救助基金制度的发展》，载《湖北警官学院学报》2014 年第 6 期。

5. 法律援助。法律援助,是指国家为经济困难的公民或特殊案件的当事人予以减免费用提供法律帮助以保障其合法权益实现的一项制度。该项制度最早见于1997年《刑事诉讼法》第34条,2003年9月1日实施的《法律援助条例》对此做出具体规定,保障对经济困难的公民获得必要的法律服务。法律援助的内容主要包括法律咨询、代理、刑事辩护等无偿法律服务。

6. 司法活动中的其他救助。司法救助还包括民事、行政诉讼及国家赔偿程序中所涉及的由司法机关为保障当事人诉讼权益或基本生活而提供的物质帮助或服务,以及在整个司法活动中由司法机关提供的救助,例如个别案件鉴定费用的救助[①]等。

三、国家责任体系的理论根据

国家赔偿、国家补偿及国家救助均有其历史沿革和理论根据,总体来说都是国家责任从无到有,范围从小到大的过程,就其共性的理论根据,笔者认为有以下几方面:

(一)社会公共负担平等说

社会公共负担平等学说始于法国《人权宣言》第13条"个人公共负担平等"。该说认为,国家公务活动的目的是公民的公共利益,人民同等享受公务活动的利益结果,同时应由全体成员平等地分担费用。[②] 国家赔偿最为重要的价值基础是公共负担平等。[③] 在国家赔偿和国家补偿中,国家的公权力活动对受害人造成的损害超出了一般纳税负担,超出的部分应视为受害人为了公共利益做出的特别牺牲,该部分是社会全体成员的公共负担,应由国家代表社会全体成员共同承担,这种国家责任不以公权力致害行为存在过错为前提,若存在过错,为国家赔偿责任,若不存在过错,为国家补偿责任。国家救助是对当前社会分配的二次分配,目的是纠正因缺乏制度保障或制度支持的制度匮乏以及不合理制度而导致的贫困现象[④],或者因特殊事由如

---

① 在(2014)鲁法委赔提字第1号,马茂臣申请临沂市兰山区人民检察院刑事违法扣押赔偿一案中,马茂臣主张抵债转让字据签字是伪造的,由于马茂臣无固定收入,生活困难,山东省高级人民法院赔偿委员会研究同意对字迹鉴定的费用予以司法救助。

② 江必新、梁凤云、梁清:《国家赔偿法理论与实务》,中国社会科学出版社2010年版,第112页。

③ 杨临萍:《切实尊重和保障人权》,载《国家赔偿办案指南》2013年第1期。

④ 肖艳辉:《社会救助国家责任模式比较研究》,湖南大学出版社2012年版。

自然灾害造成的暂时性贫困。这种救助制度是矫正正义的体现,把社会发展和人类生存的风险经由国家救助制度分散到全体公民,这一点在被害人救助制度中体现尤为明显。每一个社会成员只要生活在此社会中便担负着遭受犯罪侵害的风险,个人所遭到的犯罪侵害是社会进步副作用下的牺牲品,与其他没有受到犯罪侵害的人相比较,对于犯罪被害人的牺牲,社会无理由不予弥补。[①]

(二)国家责任说

卢梭在《社会契约论》中提出,主权是绝对权威的,至高无上的,不可侵犯的,但主权归属于人民,人民是国家的主人,国家必须执行和尊重人民制定的法律并接受法律制约。这一学说打破了国家无责任论的地位,为国家承担赔偿、补偿、救助责任提供了理论基础,认可了国家责任的存在。关于国家责任的性质,有自己责任和代位责任两种学说。自己责任说认为国家是承担责任的直接主体,在国家赔偿责任与国家补偿责任中,公权力行使的后果归于国家,承担责任的不是实施公务行为的国家机关或工作人员,而是由国家直接承担责任。国家授予公务人员执行公务的权限,本身就包含着被公务人员违法执行的可能,也就是说,权限本身已带来危险,所以国家自己应当负担危险责任,而与公务人员个人是否对加害行为有无故意或过失以及应否承担责任无关。[②] 现代社会救助天然是国家责任,正如洛克认为,人们将自然状态中享有的权利让渡给国家是为了更好地保护自己,而国家的存在只能是为了实现民众的和平、安全和公共福利。[③] 代位责任说否认国家的直接责任,认为本应由导致损害产生的直接主体或者因该损害而受益的直接受益人来承担责任,然而某些加害主体无承担损失的经济能力或者受益主体无法确定,从保障公平和提高行政效率的角度考虑,由国家代为承担责任,之后进行追偿。英、美国家赔偿法采用的“法律拟制说”即采用代位责任说,该说认为国家对公务行为承担赔偿责任主要是基于雇主的雇佣责任。在刑事被害人救助制度与执行救助制度中,有学者认为国家是代加害

---

① 韩东:《人文关怀视野中的刑事被害人救助制度》,载《南方论刊》2008 年第 4 期。

② 江必新、梁凤云、梁清:《国家赔偿法理论与实务》,中国社会科学出版社 2010 年版,第 32 页。

③ 蒋悟真:《我国社会救助立法理念及其维度》,载《法学家》2013 年第 6 期。

人、被执行人承担责任。当国民受到不法侵害时，国家作为人民权利的委托人，就有责任通过诉讼程序向加害人追索赔偿，当赔偿无法实现时，则有义务通过补偿而使其损害得到恢复。国家正是借由这种委托代理关系，而成为了清偿代位中具有利害关系的第三人。更进一步说，国家由于保护失败、追诉或者执行不力而承担代位责任。①

笔者认为，国家责任以国家作为责任承担主体，不论是国家赔偿制度、国家补偿制度还是国家救助制度，其责任主体都是国家，都是由国库资金来保障制度的实施。这是国家由消极的"守夜人"向积极的全能政府转变导致的必然结果，也是尊重和保障人权的必然要求。社会公共负担平等说为国家责任的存在提供了正当性基础。社会的变革与发展不可能始终平衡，基数庞大的公务行为不会永远正确，犯罪不可能消失，自然灾害总在我们最没有防备的时候发生，我们偶尔需要少数人为了公共利益做出特别牺牲，这些超出一般容忍义务的特别牺牲需要国家通过二次分配来进行衡平，由国家代替全体公民承担责任，是为国家责任。国家责任是自己责任而非代位责任，国家责任是替全体公民承担，而非替公务人员、加害人、被执行人承担。国家承担责任的目的是弥补公民做出的特别牺牲而非替其他主体偿还债务，这也解释了为什么国家赔偿、国家补偿是有限的，国家救助更是仅以生存照顾为限。代位责任说看似能够更好地解释国家承担责任后进行的追偿与追责，但其无法解释在承担代位责任的前提下，为什么国家不承担全部损失，且即便不承认代位责任，我们仍然可以基于不当得利等向因国家承担责任而受益的主体进行追偿，也可以依据法律法规追究存在违法或过错责任人员的责任。

四、国家责任体系构建

国家责任体系的构建应当以现有国家赔偿立法为基础，梳理赔偿与补偿关系，建立独立的国家补偿责任体系，整合现有的刑事被害人救助、执行救助、涉诉涉法信访救助等救助制度，明确司法救助与社会救助的衔接，建立完善的司法救助制度。

---

① 赵国玲、徐然：《司法救助及其中国模式》，载《政法论丛》2014年第5期。

（一）区分国家赔偿与国家补偿，完善国家赔偿制度，建立独立的国家补偿责任体系

1. 区分国家赔偿与国家补偿之必要性。学界普遍认为“赔偿”与“补偿”的区别在于公权力行为是否违法或存在过错，但大多数国家在立法时并未严格区分“赔偿”与“补偿”。笔者认为区分国家赔偿与国家补偿十分必要，原因有以下几方面：(1)两者在发生前提、归责原则、形成时间、责任来源等方面均有较大差别，相较之下，国家赔偿只包含了部分公权力致害的情形，我国现有立法模式下，没有完善的国家补偿立法，只列举了特定情形下的补偿，这让部分合法公务行为导致的损害失去了弥补的可能性。意味着把大量的虽属合法，但与国家违法行为给对方造成并无二致损害的情形，毫无道理的继续排除于法律的保障、社会公平与正义的维护之外。[①] 典型的如无罪被合法刑事拘留不予赔偿，2010 年《国家赔偿法》修订后，将合法的刑事拘留行为排除在国家赔偿范围之外，但并未规定对该行为给相对人造成的损害应该如何弥补，当然地认为该种损害是相对人所应当容忍的。根据公共负担平等理论，即便拘留行为合法，相对人所遭受的损失仍在一般容忍义务之上，应当弥补。笔者同样认为这种损害不属于赔偿范围，但应立法予以补偿。(2)区分“赔偿”和“补偿”可以给补偿行为以法律上的正当性。“庆安火车站枪击事件”一度引起诸多争论，该事件的后续处理中出现了让人啼笑皆非的一幕，在确认开枪行的合法性后，有关部门给予死者家属 20 万元补偿款，当即便有舆论认为有关部门给补偿款的行为是“心虚”，由此推定开枪不合法。事实上根据《人民警察使用警械和武器条例》第 15 条[②]的规定，合法使用武器致害的补偿是非常明确的。此外，实践中还有大量因合法行为致害的案件，公权力机关都不愿意调解，究其原因就是在没有明确法律规定应予补偿的前提下，一旦同意给予补偿，当事人和社会舆论就倾向于认定公权力机关违法或存在过错，十分不利于矛盾的化解。(3)区分“赔偿”和“补偿”有利于责任追究。按照“赔偿”与“补偿”的区分标准，显然“补偿”是合

① 崔卓兰：《国家补偿理论与法律制度》，载《社会科学战线》1996 年第 4 期。

② 《人民警察使用警械和武器条例》第 15 条规定，人民警察依法使用警械、武器，造成无辜人员伤亡或者财产损失的，由该人民警察所属机关参照《国家赔偿法》的有关规定给予补偿。

法的,并不具有可谴责性,因此对国家补偿行为不存在追偿追责的问题。近年来由于“赔偿”“补偿”不分,因“补偿”数额较大而引起检察机关介入的情形时有发生,既是对司法资源的浪费,也严重影响了国家赔偿案件的审理。

2. 公有公共设施致害赔偿应纳入国家赔偿范围。公有公共设施致害是指由于公有公共设施在设置,如设计、建造、安装等,或管理,如维护、修缮、保管、巡查等方面存在瑕疵,缺乏通常应具有的安全性,致使使用者、利用者的人身和财产受到损害。[①] 在各国立法例上,公有公共设施致害赔偿普遍纳入国家赔偿范围,我国在制定《国家赔偿法》时认为:关于邮电、医院等国有企业、事业单位,桥梁、道路等国有公共设施,因设置、管理欠缺发生的赔偿问题,不属于违法行使职权的问题,不纳入国家赔偿的范围。受害人可以依照民法通则等有关规定,向负责管理的企业、事业单位请求赔偿。[②] 2010年修订《国家赔偿法》时,仍未将公有公共设施致害纳入国家赔偿范围。可见我国未将公有公共设施致害纳入国家赔偿的根本原因是“不属于违法行使职权的问题”,笔者认为国家赔偿法发展至今,这一原因很难再成立,理由如下:(1)公有公共设施的所有者是国家,设立的目的是供全体公民使用,负责管理的企业、事业单位仅代替国家承担管理、维护等责任,从法律关系相对性上来讲,公有公共设施致害赔偿无疑应是国家责任。(2)公有公共设施致害是瑕疵致害赔偿,导致这种瑕疵的原因通常是国家授权的设计、建设、管理单位及其工作人员的过失或不作为导致,现在对于不作为的致害应纳入国家赔偿已经成为共识,认为公有公共设施致害不属于违法行使职权理由亦不充分。(3)从国家赔偿法的发展来看,国家赔偿制度越来越倾向于保护人权而非惩戒违法。国家赔偿责任性质首先定位于权利救济,而非单纯地惩戒。[③] 将公有公共设施致害纳入国家赔偿有利于充分救济受害人。我国现行的民事法律规定的范围不足以涵盖所有公有公共设施致害的情形。民事诉讼程序中采取的是过错推定原则,被告仍可以主张无过错而免除赔偿责任。且管理公有公共设施的企业、事业单位并非都是盈利的,即便受害人

---

① 马怀德、喻文光:《公有公共设施致害的国家赔偿》,载《法学研究》2000年第2期。

② 摘自1993年10月22日第八届全国人民代表大会常务委员会第四次会议,全国人大常务委员会法制工作委员会副主任胡康生《关于〈中华人民共和国国家赔偿法(草案)〉的说明》。

③ 杨临萍:《切实尊重和保障人权》,载《国家赔偿办案指南》2013年第1辑。

胜诉,也不一定能保证其权益的实现。(4)此外,不将公有公共设施纳入国家赔偿范围的另一原因是考虑国家财政的承受能力,笔者认为该理由同样无法成立,国家承担赔偿责任后,可以向有过错的一方追偿,这样既保证了国家财政的支付能力,又将风险从受害者个人转到全体公民,从而实现实质的公平。综上,笔者认为,公有公共设施致害是国家责任,公有公共设施的设立是为了公共利益,具有公益性,其所致损害也应该由全体受益者来共同分担,将公有公共设施致害纳入国家赔偿已经具备理论基础和现实可能性,应当尽早规定。

3. 国家补偿的立法选择。关于国家补偿的立法选择,学界现在有两种观点:一种观点是在《国家赔偿法》中单章规定国家补偿,北京大学法学院教授姜明安认为,应当在修改《国家赔偿法》时将国家补偿的基本问题,如国家补偿的原则、范围、标准等附带规定在《国家赔偿法》篇幅内。[①] 中国政法大学教授马怀德表示,国家赔偿和国家补偿均作为国家责任的有机组成部分,将两者进行一同规定在逻辑上是周延的,无论从国外经验借鉴,还是从现实土壤出发,将国家补偿作为专章规定在新《国家赔偿法》中立法难度更小,更具有可行性。[②] 另一种观点认为应该制定一部独立的《国家补偿法》,对补偿主体、对象、范围、原则、程序等在该专门法中统一规定。薛刚凌教授支持这一观点,认为由于国家补偿制度和国家赔偿制度存在诸多方面的不同,所以应该制定一部单独的《国家补偿法》,用来明确国家补偿的类型、原则、程序以及标准,并最终构建起相对完善的国家补偿制度体系。[③] 上述两种观点分别从各国立法经验、国家赔偿与国家补偿的一致性、区别性以及单独立法的现实可能性来考虑。笔者认为,无论是单独制定《国家补偿法》还是与《国家赔偿法》合并立法,当务之急是架构完整的国家补偿体系,包括补偿主体、补偿对象、补偿原则、补偿范围、免于补偿的情形、补偿程序等,这种立法应该是"总则"性质的,其他各领域中需要进行国家补偿的情形可在其各自领域立法中进行规定,作为国家补偿法的"特别法"来对待。可以采取一种综合

---

① 姜明安:《行政补偿制度研究》,载《法学杂志》2001 年第 5 期。

② 马怀德:《完善国家赔偿立法基本问题研究》,北京大学出版社 2008 年版,第 361、477、479 页。

③ 袁定波:《专家建议制定国家补偿法》,载《法制日报》2015 年 11 月 14 日。

立法的模式来构建中国"国家补偿法"的制度框架,即一方面制定一部总纲性的《国家补偿法》,只就一般性的、普遍适用的问题进行规定,定位为法律体系中的"一般法";另一方面应针对不同的补偿事由分别制定单行法律,就基于不同事由发生的补偿问题进行特别规定,定位为法律体系中的"特别法"。[①] 制定单独的《国家补偿法》是发展的趋势,但限于单独立法的难度较大,现阶段可在《国家赔偿法》中单独规定,待条件成熟后应单独立法。

(二)整合现有司法救助制度,完善国家司法救助立法

我国现行司法救助制度从无到有,从最初的诉讼救济到现在的人权保障,司法救助的功能从诉权保障嬗变为损害弥补,适用的阶段从诉讼过程嬗变为执行过程。[②] 十八届三中全会通过的《关于全面深化改革若干重大问题的决定》要求完善人权司法保障制度,健全国家司法救助体系,2014年1月,《司法救助制度的意见(试行)》的施行拉开了我国司法救助立法的序幕。下面,笔者将从我国现行司法救助制度存在的问题、司法救助的目的、原则、范围和程序保障几方面来阐述对司法救助立法的看法。

1. 我国现行司法救助制度存在的问题。我国司法救助制度从诞生至今,为保障诉讼和保障人权做出了巨大贡献,然而这项制度在运行过程中也暴露出越来越多的问题,比较突出的有以下几方面:(1)主体、规范的多样性带来的程序烦琐和标准的不统一。现有参与国家司法救助的主体有各级政法委、法院、检察院、公安机关、财政部门等,各级别、各系统均有相关的制度规定。司法救助的程序在各级各部门之间流转,层层审批才能拿到司法救助款,程序烦琐的同时也容易对被救助人造成二次伤害。此外,不同地区之间的规定也存在较大差异,救助的标准因为地区间经济状况、重视程度的不同而各不相同。(2)救助资金无法保障。随着司法救助范围的不断扩大,需要司法救助的人数逐年递增,司法救助资金的规模制约着司法救助的人数和力度。现有司法救助资金的来源主要是司法救助专项资金、本级政府财政拨款、司法机关自筹以及少量的民政或社会资助以及追偿资金,上述方式

---

① 黄晟:《中国国家补偿制度立法模式的构想》,载《湖南农业大学学报》2014年12月,第15卷第6期。

② 赵国玲、徐然:《司法救助及其中国模式》,载《政法论丛》2014年第5期。

筹集的救助资金与现实需求之间仍有较大缺口。(3)救助目的的异化。司法救助的主要目的是保障诉讼以及对受到侵害而无法获得有效赔偿的当事人进行生存照顾,事实上由于信访压力及维稳需要,部分救助资金没有给最需要救助的受害人,而是出于息诉罢访的需要给了其他当事人。① 这种救助目的的异化,使救助资金的缺口进一步加大,也使本来能够得到救助的受害人无法得到救助,进一步激化社会矛盾。(4)监督的缺位。对于司法救助监督的缺位主要表现在两个方面:一是司法救助程序不公开,使得监督没有可能性;二是对于监督主体、监督程序没有规定,使得监督没有可操作性。(5)缺乏救助资金追偿制度。部分司法救助案件,尤其是刑事被害人救助和执行救助,不对救助资金进行追偿,相当于变相豁免了义务人的赔偿责任,使国家为义务人的错误埋单。

2. 司法救助目的。我国的司法救助制度设计应当以保障诉权、照顾生存为主要目的,以息诉息访、维护社会稳定为附属目的。有学者认为,从《司法救助制度的意见(试行)》规定可以看出,我国的司法救助制度的功利主义根基。从反面来看,由于司法救助制度缺失或不完善,则刑事和民事案件中的受害人及其近亲属往往因为得不到有效赔偿,而“引发当事人反复申诉上访甚至酿成极端事件,损害当事人合法权益,损害司法权威,影响社会和谐稳定”。从正面来看,实现司法救助工作的制度化,在帮助当事人摆脱生活困境的同时,“既彰显党和政府的民生关怀,又有利于实现社会公平正义,促进社会和谐稳定,维护司法的权威和公信”。② 笔者认为,这种“功利主义”仅是国家进行司法救助的动机和目的之一,可能因此推动了司法救助制度的发展,但并非决定性的。从司法救助制度的产生和发展来看,最初是为了保障公民诉讼的基本权利,后来随着社会保障制度的进一步发展,国家对司法程序中一些因得不到有效赔偿的而陷入生活困境的当事人进行救助,逐渐形成现行的司法救助制度。所以,保障诉讼和生存照顾才是司法救助的原

---

① 在《人民法院司法救助调研报告(2009~2013年)》中提到,有些法院对救助日的缺乏认识,把司法救助作为息诉息访的主要手段,对于虽不符合救助标准,但通过司法救助能缓和矛盾、促进案件顺利审结或执结的,也予以发放司法救助金,存在“救助解决一切”的错误认识和“花钱买平安”的倾向。

② 赵国玲、徐然:《司法救助及其中国模式》,载《政法论丛》2014年第5期。

因,息诉息访、维护社会稳定是司法救助结果,不能因果倒置。

3. 司法救助原则。建立司法救助制度应当遵循以下原则:(1)生存照顾原则。司法救助不是国家替原义务人承担责任,不论是刑事被害人救助、执行救助还是其他司法救助,只是导致救助的起因不同,根本原因都是被救助人陷入生活困境,其与一般社会救助的区别在于导致生活困难的原因与司法活动有一定关联,所以司法救助的力度应与社会救助持平,以生存照顾为限。(2)及时救助原则。"迟来的正义非正义。"而迟来的救助也就丧失了惠民的意义。[①] 救助不及时是现行司法救助制度的一大诟病,在司法救助立法中,应当注意适当简化申请及审批环节,加快程序运转,充分发挥司法救助救急救难的价值。(3)一次性救助原则。司法救助的特点是其与司法活动的关联性,这就决定了司法救助是暂时的而非长期过程,当被救助人不再与司法活动有关联时再启动司法救助无疑是不合适的,这时应当采取社会救助。(4)司法救助公开原则。公开是公平公正的最大保障,可以有效防止救助资金滥用、安抚被救助人情绪。司法救助作为一项司法行政活动应当全程向社会公开,公开的内容应当包括但不限于申请条件、申请进度、申请结果,救助标准,救助资金来源及使用情况,救助资金追偿情况等。(5)接近诉讼原则。有权利即有救济,在特定条件下获得司法救助是公民的权利,当这种权利受到侵害时,应当有正当程序来保障权利的实现。

4. 司法救助范围。司法活动的多样化决定了需要救助情形的复杂化,对司法救助范围的规定应当采取概括与列举结合的方式,对于已经经过实践的内容可以进行列举,但不限于列举的内容,还应以兜底的方式原则性规定应该当进行司法救助的条件,以适应复杂多样的现实情况。如前文提到的对当事人司法鉴定的救助。

5. 司法救助程序。最高人民法院在《加强和规范人民法院司法救助工作的意见(征求意见稿)》[②]中对司法救助采取了类似诉讼的决定程序,由当事人向立案部门提出司法救助立案申请后交由司法救助工作机构审查,审

---

① 吴波:《试论我国的司法救助制度》,载《法制与社会》2012年第7期。

② 本处所指的是2015年6月9日的征求意见稿,是比较初期的版本,与最终生效的版本可能有较大差距,这里仅作为一种意见来讨论。

查由一名审判员负责，经三名以上审判人员讨论后作出决定。笔者认为这种方式的优点在于确定的程序可以保障司法救助流程的正规性，进而保障司法救助的公平公正，缺点在于实现的难度较大，且负责审查的审判人员对原因案件不了解，加大了工作量。建议由当事人直接向审判、执行法官提出申请，审判、执行法官提出初步意见后移送立案并转交司法救助工作机构，若审判、执行法官不同意申请，当事人可以直接要求立案。此外，在司法改革的现状下，成立独立的司法救助工作机构现实可能性较小，可以暂时挂靠在业务量较小的部门。涉及司法救助的其他司法机关，如公安机关、检察院等也可以采取类似的决定程序。

（三）实现国家责任的内外衔接，保障国家责任制度有效实施

任何事物都是互相联系的，国家责任也不例外。正确把握好国家责任内部分工与外部衔接可以发挥超出制度本身的价值：

1. 国家责任的内部分工。从国家赔偿到国家补偿，再到司法救助，国家责任承担的力度再不断加大，当国家责任的承担从违法侵权走向保护生活，体现的是国家实力的不断发展，人权思想的不断进步。在司法实践中，国家赔偿无疑是对相对人利益侵害最严重的，然而现有的国家赔偿制度是严格的法定赔偿，范围及标准都有其滞后性，无法对被侵害人进行有效弥补，这种情况下，国家补偿、司法救助的存可以作为国家赔偿的补充，在弥补损失的同时可以为国家赔偿制度的进一步发展积累经验。国家赔偿以违法侵权为前提，无法涵盖所有因公务行为造成损失的情况，国家补偿可以保障这部分相对人的合法权益。此外，国家赔偿、国家补偿的发生往往伴随着相对人生活陷入困境，而赔偿、补偿到位需要时间，司法救助先行介入可以有效缓解当事人的生活困难，保障当事人生活的同时防止矛盾激化。

2. 国家责任的外部衔接。虽然国家作为责任主体是实现权利的有效保障，却也并不能尽善尽美。国家承担责任的主要方式为资金的支付，但受到侵害需要弥补的显然不可能只是金钱上的损失，况且资金的保障并不尽如人意，这就决定了国家责任的实现需要外部协助。（1）加强与各级政府、民政、劳动与社会保障等部门的联系，共同配合处理国家赔偿、国家补偿工作的善后工作。（2）统筹协调政法委、法院、检察院、公安、司法行政机关的关系，确保国家责任各项制度在实施中的协调性和一致性。（3）理顺与各级财

政部门的关系,保障国家责任各项制度资金的使用。(4)整合社会资源,借助各方面社会力量。如北京对未成年人案件的救助资金来自社会捐助,浙江丽水地区设立残疾人司法救助基金等,这些引入社会力量的做法值得借鉴和推广。

结　语

国家责任体系的构建和发展是人民民主、国家强盛的重要体现,是保障人权、维护社会稳定的必要制度。国家责任体系的构建和完善是一项长期任务,本文仅论述了最为基本的内容,希望能起到抛砖引玉的作用。

【实务研讨】

整合司法资源　重树司法权威

——基层人民法院自赔案件集中管辖机制探索

天津市高级人民法院赔偿办课题组*

引　言

现行《国家赔偿法》规定的人民法院为赔偿义务机关的国家赔偿程序包括赔偿义务机关先行处理程序和人民法院赔偿委员会决定程序两部分。赔偿义务机关先行处理程序也称为自赔案件①办理程序,在审判实践中往往出现立案难、赔偿难的现象,很大程度上影响了对赔偿请求人权利的保护。为落实中央司法改革精神,加大人权保障力度,探索与行政区划分离的案件管辖制度,整合审判资源,提高审判质量与效率,推进国家赔偿程序的诉讼化,本文拟从司法实践的角度,通过对基层人民法院自赔案件的分布结构和存在问题进行分析,找出自赔案件立案难、"逾期"多②的原因,提出了基层人民法院自赔案件集中管辖制度的设想及建议,以期推动我国国家赔偿审判制度的改革进程。

---

* 课题主持人:张勉;课题组成员:王友莉、张莉、田大勇、袁敏、孙灼。

① 《最高人民法院关于人民法院办理自赔案件程序的规定》第 1 条规定,"自赔案件"是指人民法院办理的本院作为赔偿义务机关的国家赔偿案件。

② 根据《国家赔偿法》第 24 条的规定,"逾期"是指"赔偿义务机关在规定期限内未作出是否赔偿的决定"。

一、基层人民法院自赔案件的现状、问题及原因分析

(一)自赔案件的现状及问题

现行《国家赔偿法》规定,基层人民法院自赔案件均由本院自行办理。经调研分析,在现有模式下,我国基层人民法院自赔案件存在案件数量偏少且分布不均,立案难、"逾期"现象突出,息诉服判率低,发回、改判率高的现状及问题。

1. 案件数量少,分布不均

一是案件数量少。统计数据显示,全国法院2011~2013年共审结国家赔偿案件6145件(分别为2035件、2065件、2045件[①]),其中基层人民法院2011~2013年审结自赔案件数共972件(分别为360件、281件、331件),对比同期三大诉讼程序中案件数较少的全国法院一审行政案件共385661万件(分别为136361件[②]、128625件[③]、120675件[④])明显偏少(如表1所示)。自赔案件按全国3115个基层人民法院[⑤]计算,平均每个法院每年审理0.1件自赔案件,即每10个基层人民法院一年才会办理1件自赔案件。二是案件分布不均。通过对北京市、天津市、重庆市三个直辖市法院的自赔案件数据分析发现,基层人民法院自赔案件均呈现分布不均的现象,部分法院多年没有国家赔偿案件,案件向少数几个法院集中。如北京市共有16个基层人民法院,2011~2013年全市基层人民法院共审结自赔案件35件,其中2个基层人民法院三年共审结自赔案件18件,占全部案件的51.4%,有6个基层人民法院连续三年没有案件。天津市共有16个基层人民法院,2011年至2013年共审结自赔案件48件,其中2个基层人民法院审结19件,占全部案件的39.6%,有8个基层人民法院连续三年没有案件。重庆市共有38个基层人民法院,2011年至2013年共审结自赔案件206件,有2个基层人民法院审结56件案件,占全部案件的27.2%,有6个基层人民法院连续三年没有案件(如图1所示)。

---

① 数据源自《最高人民法院办公厅印发〈关于国家赔偿法修改后人民法院国家赔偿工作的调研报告〉的通知》。

② 数据源自最高人民法院网站《司法数据》栏目《二〇一一年全国法院审理各类案件情况》。

③ 数据源自最高人民法院网站《司法数据》栏目《二〇一二年人民法院审理一审案件情况》。

④ 数据源自中国人大网《2013年人民法院工作基本情况》。

⑤ 数据源自中国人大网《最高人民法院关于人民法院加强基层建设促进司法公正工作情况的报告》。

表 1　全国法院自赔案件、一审行政案件对比（单位：件）

审结案件	2011 年	2012 年	2013 年
自赔案件	360	281	331
一审行政案件	136361	128625	120675

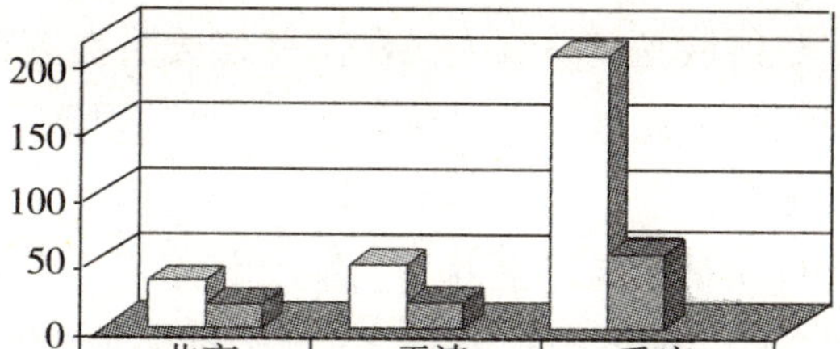

	北京	天津	重庆
三年案件总数	35	48	206
案件最集中的2个法院案件总数	18	19	56

图 1　三直辖市基层人民法院自赔案件分布情况（单位：件）

2. 立案难，“逾期”现象突出

一是立案难问题突出。据统计，2011 ~ 2013 年，天津市基层人民法院国家赔偿案件应予受理而未予受理最终被上级法院赔偿委员会指令受理的案件 7 件，占基层人民法院已结案件的 14.6%；而同期高、中级人民法院没有被上级法院赔偿委员会指令受理的案件。二是“逾期”现象突出。2011 ~ 2013 年天津市基层人民法院“逾期”案件 12 件，占基层人民法院已结案件的 25%；中级人民法院“逾期”案件 2 件，占中级人民法院已结案件的 4.5%（如

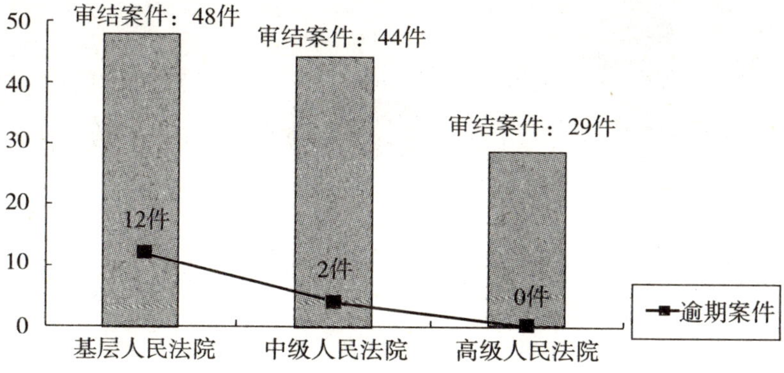

图 2　天津市法院“逾期”案件情况

图2所示),高级人民法院无一件"逾期"案件。立案难和"逾期"多发的现象严重侵犯了赔偿请求人的诉权,影响了人民法院的司法公信力。如陈某因错误执行诉某基层人民法院国家赔偿一案,其多次向作为赔偿义务机关的基层人民法院提出国家赔偿申请,该法院均未受理。为此陈某情绪激烈,多次信访。最终该案经高级人民法院赔偿委员会多次协调,由中级人民法院赔偿委员会指令该基层人民法院受理,此时距陈某初次提出国家赔偿申请已有三年之久。

3. 案件质量不高,"上诉率"、发改率高

一是"上诉率"[①]相对较高。统计数据显示,2011~2013年,北京市基层人民法院案件"上诉率"为60%,中级人民法院"上诉率"为32.8%;天津市基层人民法院"上诉率"为60.4%,中级人民法院"上诉率"为29.5%,高级人民法院"上诉率"为20.7%。上述统计数据在一定程度上反映出赔偿请求人对基层人民法院办理自赔案件结果的不信任。二是发回、改判率相对较高。统计数据显示,2011~2013年,天津市基层人民法院被上一级人民法院赔偿委员会发回和改判的案件10件,占基层人民法院已结案件的20.8%;而中级人民法院被上一级人民法院赔偿委员会发回和改判的案件4件,占中级人民法院已结案件的9.1%;高级人民法院被上一级人民法院赔偿委员会发回和改判的案件0件(如图3所示)。有的案件基层人民法院明知应当赔

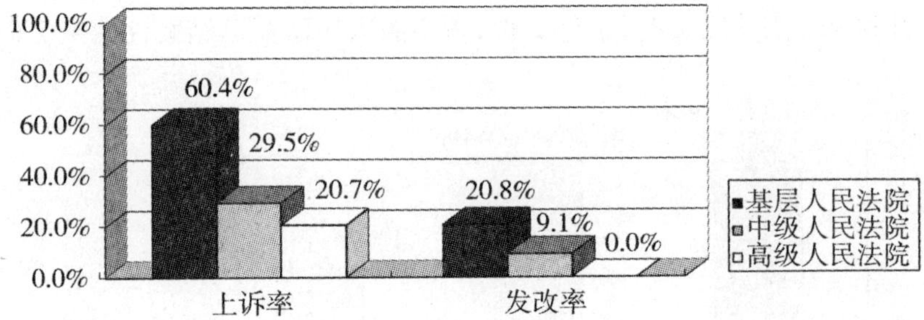

图3 天津市法院国家赔偿案件上诉率、发改率情况

① "上诉率"此处借指国家赔偿案件中,赔偿请求人向上一级人民法院赔偿委员会申请的案件占全部案件的比例。

偿,也往往由于法院内部或外部的压力,作出了不予赔偿的决定,因此,基层人民法院自赔案件的正确率还有待提高。

(二)原因分析

1. 各级法院对于国家赔偿工作的认识不到位

《国家赔偿法》自1995年实施以来,在一定程度上加强了人权保障力度,有效保护了公民合法权益。但长期以来,由于受到"赔偿义务机关受理或者作出赔偿决定就意味着自我否定"等错误国家赔偿观念影响,许多赔偿义务机关即使明知应当决定赔偿也采取"能不立就不立,能拖就拖,能不赔就不赔"的办法,加之国家赔偿案件作为绩效考核的减分项等因素,从而导致自赔案件出现立案难、"逾期多"等问题。

2. 自赔案件办理程序设置本身带来的弊端

自赔案件由赔偿义务机关自行办理的规定难以避免以下弊端:一是"既当运动员又当裁判员"的裁判模式,导致一些赔偿义务机关对于自身存在的问题难以正视,即使认识到了问题也难以自行改正;同时这种模式容易让赔偿请求人产生合理性怀疑,从而进一步质疑人民法院的司法公信力,导致自赔案件"上诉率"居高不下。二是《国家赔偿法》关于"逾期"的规定,成为了某些法院规避国家赔偿责任的借口。部分赔偿义务机关本就对立案、赔偿由抵触情绪,往往借用法律"逾期"的规定对立案与赔偿进行规避。而"逾期"的立法本意是赋予赔偿请求人的权利,即对于逾期未作出赔偿决定的给予其可以依法向上一级人民法院赔偿委员会申请赔偿的权利,而司法实践中却成为部分赔偿义务机关规避赔偿的依据。

3. 案件管辖与行政区划不分带来的干扰

由于自赔案件管辖与行政区划不分,赔偿款项和法院办公经费都由当地政府财政支出,作为赔偿义务机关的法院自行理赔面临很大压力,积极主动立案与赔偿,对本院内部以及当地政府都不好交代;而且案件管辖与行政区划不分,也使得案件处理容易受到当地党政机关的影响,不利于人民法院作出公正处理。

4. 机构不独立,人员配备不合理

《国家赔偿法》实施二十年来,我国基层人民法院的国家赔偿小组绝大部分内设在审监庭或行政庭,有名无实,没有独立机构和编制。国家赔偿案件数量偏少,而其他类型案件审判压力大,导致各级法院不可能配备很强的审判队伍来承担这项工作,配备的人员也是兼职从事国家赔偿工作;审判人员缺乏对国家赔偿业务的学习,同时案件少也造成办案经验不足,一旦有国家赔偿案件发生反而不知该如何处理,形成"案件数量少、人员专业素质低、案件质量不高"的恶性循环。

二、自赔案件集中管辖机制的提出

基于以上分析,基层人民法院自赔案件的"立案难"严重影响了赔偿请求人的诉权保障,"赔偿难"严重影响了赔偿请求人实体权利保障,为保障人权,整合司法资源,提高司法公信力,促进国家赔偿工作科学发展,为此,提出建立基层人民法院自赔案件集中管辖机制的思路设想。基层人民法院自赔案件集中管辖机制,就是将基层人民法院作为赔偿义务机关的国家赔偿案件,统一交由上级法院指定的少数几个基层人民法院统一管辖的制度。

(一)可行性分析

1. 符合中央司法改革的要求

党的十八大报告指出,要进一步深化司法体制改革,坚持和完善中国特色的社会主义司法制度,确保审判机关依法独立公正行使审判权、健全司法权力运行机制,优化司法职权配置。《中共中央关于全面深化改革若干重大问题的决定》也明确提出,"确保依法独立公正行使审判权、检察权。改革司法管理体制……探索建立与行政区划适当分离的司法管辖制度,保证国家法律统一正确实施"。习总书记在十八届四中全会所作的《关于〈中共中央关于全面推进依法治国若干重大问题的决定〉的说明》中指出,探索设立跨行政区划的人民法院和人民检察院,推进以审判为中心的诉讼制度改革。江必新副院长在2013年全国法院国家赔偿座谈会上也指出,要坚持司法为民和公正司法的工作主线,不断提升国家赔偿工作的法治含量和公正品质,确实解决立案难、决定难的问题。基层人民法院自赔案件的集中管辖,是借鉴了知识产权案件、海商、海事等案件集中管辖的思路提出的,该制度实现了行政区划与审判权的分离,为破解国家赔偿立案难、决定难的问题提出了解决思路,为国家赔偿案件的公正审理提供了程序保障,推动了我国国家赔偿审判工作的诉讼化进程,符合中央司法改革精神和最高人民法院司法改革的方向。

2. 符合国家赔偿程序的发展方向

从法国、德国、美国等几个主要国家的司法赔偿程序[①]的相关规定可以看出，各国最终解决国家赔偿的方法主要采取两种模式：一种模式是由法院通过诉讼程序最终解决赔偿争议；另一种模式是由专门机构通过非诉讼程序最终解决[②]。我国目前采用的程序，实际上是上述两种模式的综合，是赔偿义务机关先行处理和赔偿委员会"一审终结"的"准司法程序"[③]，其他国家"赔偿义务机关的先行处理"程序是前置的协商程序，协商不成则通过诉讼或专门机构解决。而我国的先行处理则是协商不成赔偿义务机关作出决定的程序。先行处理程序设置目的是给赔偿请求人提供便利、及时的救济，以期化解大部分赔偿争议事项，减少专门机构的工作压力。而我国由赔偿义务机关作出决定的程序设置，打破了赔偿请求人与赔偿义务机关平等的地位关系，在审判实践中并未真正起到其应有的作用，相反却在一定程度上影响了正义与效率的价值目标实现。作为司法程序对于司法正义的要求是，在双方当事人间进行的法律争辩中，双方当事人都应当获得机会陈述己见……一个法律制度必须为保护权利和补偿损失提供公正的法庭，而且任何人都不应当在其自己的案件中充当法官[④]。为此，实行裁判者和被裁者分离，使国家赔偿案件审理程序向诉讼化趋势发展，符合国家赔偿工作发展规律。从我国有关国家赔偿程序司法解释[⑤]的规定来看，自赔案件的办理程序正在处于由准司法程序向诉讼程序转换的过渡阶段。而实行和推动自赔案件的集中管辖，完全符合诉讼化和专业化的趋势。同时，对于国家赔偿案件中出现的混合侵权案件处理难题而言，基层人民法院自赔案件实行集中管辖将自赔案件由办理向审理的方向推进，使得国家赔偿程序可以与其他审

---

① 皮纯协、冯军主编：《国家赔偿法释论》，中国法制出版社 2008 年版，第 186 页。苏联、罗马尼亚等最终由普通法院的民事诉讼程序解决；德国、法国由法院内部设立的专门机构按照特定程序解决，美国和我国的台湾地区由设立在法院系统之外的专门机构解决。

② 皮纯协、冯军主编：《国家赔偿法释论》，中国法制出版社 2008 年版，第 196 页。

③ 皮纯协、冯军主编：《国家赔偿法释论》，中国法制出版社 2008 年版，第 197 页。

④ ［美］E. 博登海默：《法理学：法律哲学与法律方法》，邓正来译，中国政法大学出版社 2004 年版，第 295 页。

⑤ 主要包括《最高人民法院关于人民赔偿委员会审理国家赔偿案件程序的规定》和《最高人民法院关于人民法院办理自赔案件程序的规定》。

判程序的审级完美对接,可谓解决混合侵权案件问题的一剂良方,符合最高人民法院国家赔偿工作的发展方向。①

(二)现实意义

1. 有利于保障人权,公正处理案件

实行集中管辖,将立案权交由与原司法行为无利害关系的第三方,实现行政区划与管辖权法院的分离,减少了来自本辖区政府等部门外部的压力以及来自赔偿义务机关内部的干扰,可以最大限度避免立案难、“逾期”多等问题发生。实行集中管辖,将裁判权交由与原司法行为无利害关系的第三方,为保护权利和补偿损失提供公正的平台,使裁判权远离法外因素的干扰,改善了司法环境,确保人民法院依法独立裁决,公平、公正保护赔偿请求人实体权利。

2. 有利于统一裁判尺度,息诉服判

实行集中管辖,将基层人民法院为赔偿义务机关的案件统一交由高院指定的几个法院管辖,案件集中,办理人员集中,便于一定范围内统一裁判尺度,实现同案同判、公平处理。实行集中管辖,将自赔案件交由第三方法院处理,避免了赔偿义务机关自己充当裁判者带来的不便,有利于案件协商解决,有利于减少赔偿请求人对国家赔偿案件公正性产生的合理怀疑,有利于息诉服判,有利于矛盾纠纷的化解。

3. 有利于整合审判资源,提高队伍专业化水平

最高人民法院近年来多次强调,要继续推动国家赔偿机构队伍调整优化,提高综合全面的司法能力。② 国家赔偿审判队伍,应按照少而精的原则设置。实行集中管辖,将案件集中交由具备审判优势的法院管辖,对大部分法院而言解放了审判力量,克服了人员闲置、机构空转的问题,节约了资源。同时,有管辖权法院的法官办案数量增加,经验得以丰富,审理案件人员也相对集中,队伍相对稳定,便于最高人民法院的审判指导与业务培训,进而有利于打造专业化的国家赔偿审判队伍,符合国家赔偿科学发展的方向。

---

① 最高人民法院副院长江必新在《在新的历史起点上开创国家赔偿工作新局面》的讲话中就如何做好下一步工作时指出,积极探索建立侵权合并审理机制,逐步解决多因一果赔偿案件归责难的问题。

② 最高人民法院赔偿办《2014年人民法院国家赔偿工作要点》。

三、自赔案件集中管辖制度的设计

（一）制度设计遵循的原则

1. 有利于案件办理原则

国家赔偿案件集中管辖工作的推行是一项系统工程，涉及机构设置、人员配备、立案、审理、信访接待、绩效考核等各方面。管辖权法院要负责办理所辖区域内其他各基层人民法院为赔偿义务机关的案件，责任重大。国家赔偿案件因其自身的特殊性，要求从事国家赔偿工作的法官不仅要熟悉国家赔偿方面的法律，还要有丰富的刑事、民事、行政、执行各审判门类的法律知识。由于国家赔偿的法律程序实体合一、法律规范不健全，还要求从事国家赔偿工作的法官有着深厚的理论功底，对国家赔偿的法理设计、追求的价值目标有充分的认识和理解，要有丰富的审判经验，很强的沟通协调能力。因此，在集中管辖的管辖权法院选定、理赔小组人员配备等方面应遵循有利于案件办理的原则。

2. 方便群众诉讼原则

实行集中管辖的最终价值追求是切实保护赔偿请求人的合法权益。公正、效率是司法工作追求的目标，在发挥集中管辖促进司法公正优势的同时，应当充分考虑在机制设置上的效率性与便民性，要充分降低诉讼成本、减少群众的诉讼负担，以方便群众的参与。

3. 公平与效率原则

迟来的公正就是不公正，为此，在集中管辖的制度设计时要充分考虑效率原则，在材料收取，立案受理，审理程序、决定作出、决定执行等一系列的程序设计中，要按照有利于案件的公正处理、确保效率最大化的原则进行设置，从而确保及时受理、审理赔偿请求人的赔偿申请，确保赔偿请求人及时依法获得赔偿。

（二）机构设置

1. 集中管辖法院的选定标准

选择集中管辖法院主要考虑以下几方面因素：一是领导支持和重视。特别是主要领导对国家赔偿工作给予高度重视，配备足够的审判力量，对确保工作顺利开展至关重要。二是工作基础好。被选定作为自赔案件集中管辖的基层人民法院应当有较好的审判基础，法官审判经验丰富是重要基础。

三是地理位置符合便民原则,方便诉讼,减少诉累。四是有共同的上级人民法院管辖。上级人民法院对同属于本辖区的下级人民法院指导和沟通,工作更为便捷、顺畅,也避免因法律程序上交叉到不同的上级人民法院管辖而导致的工作障碍和不统一因素。

2. 国家赔偿专业审判庭的设置方案

在多数基层人民法院的自赔案件集中到少数几个法院后,对于集中管辖法院和被集中法院办理自赔案件的机构必然要进行重新整合。集中管辖法院应当成立独立编制的专业国家赔偿审判庭,由经验丰富的审判人员组成,专职办理国家赔偿案件;对于被集中法院理赔小组的职能在自赔案件转移到集中管辖法院后,其工作职能有所削弱,但因赔偿义务机关还担负着到上级法院赔偿委员会应诉、对生效赔偿决定的执行等职责,故被集中法院国家赔偿小组还应保留,履行相应职责。

(三)程序设置

按照有利案件办理的原则,考虑到程序的顺畅性,在实行自赔案件集中管辖机制时,将自赔案件全案移交集中管辖法院办理,即自立案起至最后做出决定均由集中管辖法院独立完成。

1. 递交申请

赔偿请求人应当直接向集中管辖法院提出赔偿申请并提交申请材料。赔偿请求人向赔偿义务机关提出赔偿申请的,赔偿义务机关应当收取其申请材料并发集中管辖告知书,同时将申请材料于3日内向集中管辖法院移交。鉴于实行集中管辖后管辖法院有所变化,为避免赔偿请求人因管辖权的变化丧失诉权或增加诉累,集中管辖告知书在告知赔偿请求人集中管辖机制的同时,也要出具收到申请材料的书面证明,赔偿义务机关转交申请材料的职能也减轻了赔偿请求人再次向集中管辖法院递交申请的诉累。

2. 立案

集中管辖法院依照集中管辖的区域分工,负责自赔案件的立案审查工作,对符合立案条件的以本院案号立案。为保证自赔案件集中管辖后的程序顺畅,自赔案件自立案起至最后做出决定的全部程序都完全转移到集中管辖法院进行,赔偿义务机关要及时提交相关材料、进行答辩,做好配合工作。

3. 协商

集中管辖法院审理自赔案件，应当先行主持赔偿请求人与赔偿义务机关进行协商。为保持赔偿义务机关相对于集中管辖法院在协商程序上的天然优越性，协商程序将作为自赔案件审理的必经先行程序，在双方能够协商解决的情况下，可以协商方式结案。

4. 办理

集中管辖法院受理案件后，指定国家赔偿专业审判庭中的一名审判员承办，承办案件的审判员应当查清案件事实并提出处理意见。

5. 决定

承办人提出处理意见经合议庭讨论，报请院长决定。重大、疑难案件由院长提交审判委员会讨论决定。案件讨论决定后，由集中管辖法院制作赔偿法律文书，并加盖集中管辖法院院印。

6. 执行

作为赔偿义务机关的基层人民法院收到生效的赔偿决定书后，应当自受理赔偿请求人支付赔偿金申请之日起 7 日内依法交当地财政部门办理支付手续。根据国务院《国家赔偿费用管理条例》的规定，国家赔偿费用由各级人民政府按照财政管理体制分级负担，无须赔偿义务机关先行垫付，作为赔偿义务机关的基层人民法院只需按照生效决定出具相关手续即可。

四、面临的问题与解决思路

自赔案件集中管辖制度作为一项全新的制度，运行中必然会遇到各种问题，下面针对可能发生的问题，提出进一步解决思路。

（一）与现行法律规定不完全一致

赔偿请求人直接向集中管辖法院提出国家赔偿申请，和现行《国家赔偿法》第 22 条“赔偿请求人要求赔偿，应当先向赔偿义务机关提出”的规定不完全一致；与最高人民法院《关于人民法院办理自赔案件程序的规定》的“办理程序”相比，自赔案件集中管辖机制更是向“审理程序”迈出了一大步。我们认为，我国现行法对国家赔偿案件解决程序的规定还有待完善，由赔偿义务机关担任案件的决定者来决定其自身与赔偿请求人的纠纷在法律的公正性上存在硬伤，而在保留赔偿义务机关与赔偿请求人前置协商程序的基础上，将国家赔偿的纠纷解决机制纳入诉讼化轨道，在法理上没有任何障碍，符合国际立法的发展趋势。本文是对基层人民法院自赔案件办理方式的大胆改革与创新,司法实践中自赔案件的分布之所以存在诸多弊端,正是因为现有的程序设置缺陷所致。不破则不立,我们只有通过突破现有制度的桎梏,尝试新的解决途径,用集中管辖后的审理程序代替现有自说自话的理赔程序,才能更好地保护赔偿请求人的权益,推动国家赔偿法律制度的进步。

(二)赔偿请求人不愿接受集中管辖的处置

一般而言,集中管辖机制能够更公正的处理国家赔偿案件,更有利于保护赔偿请求人的权利,赔偿请求人应该更易接受集中管辖模式。虽然我们规定了集中管辖机制,但是因国家赔偿法规定赔偿请求人向赔偿义务机关提出赔偿申请,理论上并不能排除赔偿请求人坚持要求赔偿义务机关办理的情形出现,若赔偿请求人不愿接受集中管辖法院管辖,坚持要求赔偿义务机关进行立案受理,我们认为,赔偿请求人向赔偿义务机关提出赔偿申请的,可以要求赔偿义务机关收取其申请材料并发集中管辖告知书,将材料于3 日内向集中管辖法院移交。赔偿请求人坚持要求赔偿义务机关立案的,赔偿义务机关应积极做好集中管辖的解释工作,同时将情况报告上级法院,由上级法院重新指定赔偿义务机关受理。

(三)关于赔偿义务机关的支持和配合

实施自赔案件集中管辖,削弱了赔偿义务机关自己理赔的权利和由此带来的便利条件,赔偿义务机关完全可能因为自身利益而抵制集中管辖。实施自赔案件集中管辖后,由于集中管辖法院和赔偿义务机关属于同级法院,赔偿义务机关的配合对集中管辖法院办理案件尤其重要。在赔偿义务机关应如何进行配合的问题上,我们认为,应当在以下几方面进行明确规定:(1)在移送原案卷宗方面,赔偿义务机关应当在收到通知后 15 日内将原案全部卷宗移送集中管辖法院;(2)在进行答辩方面,赔偿义务机关应当在规定期间内,就案件事实、证据等向集中管辖法院提出相关答辩意见;(3)在配合执行方面赔偿义务机关在赔偿决定后,收到赔偿请求人支付申请的,应当在7 日内依法交财政部门办理支付手续。赔偿义务机关不积极配合的,应积极运用绩效考核、通报评比等方式督促赔偿义务机关积极配合,同时要加大高院的指导协调力度,对于出现的问题及时加以处理解决。

(四)关于赔偿义务机关的权利救济问题

实施自赔案件集中管辖机制,赔偿请求人认同集中管辖法院作出的决定书,不向上一级人民法院赔偿委员会申请作出赔偿决定的即生效,具有确定的执行力。这种情况下,如何对赔偿义务机关进行权利救济,现行法律没有规定。根据权利"有侵害必救济"的原则,对涉及本院的赔偿决定,赔偿义务机关如果不能提起上诉及复议,则必然要给予赔偿义务机关其他权利救济方式,故在自赔案件集中管辖机制中,我们认为,可以参照现行《国家赔偿法》第30条的规定①,赔偿义务机关对集中管辖法院作出的决定不服的,应当赋予其向上一级人民法院赔偿委员会提出申诉的权利。

① 《国家赔偿法》第30条规定:"赔偿请求人或者赔偿义务机关对赔偿委员会作出的决定,认为确有错误的,可以向上一级人民法院赔偿委员会提出申诉。赔偿委员会作出的赔偿决定生效后,如发现赔偿决定违反本法规定的,经本院院长决定或者上级人民法院指令,赔偿委员会应当在两个月内重新审查并依法作出决定,上一级人民法院赔偿委员会也可以直接审查并作出决定。最高人民检察院对各级人民法院赔偿委员会作出的决定,上级人民检察院对下级人民法院赔偿委员会作出的决定,发现违反本法规定的,应当向同级人民法院赔偿委员会提出意见,同级人民法院赔偿委员会应当在两个月内重新审查并依法作出决定。"

【媒体报道】

最高法发布保护产权和企业家合法权益典型案例

2018年1月30日上午,最高人民法院召开新闻通气会,发布人民法院充分发挥审判职能作用保护产权和企业家合法权益典型案例(第一批,具体案例见文末)。

颜茂昆说,改革开放以来,一大批优秀企业家在市场竞争中迅速成长,为积累社会财富、创造就业岗位、促进经济社会发展、增强综合国力做出了重要贡献。党的十八大以来,以习近平同志为核心的党中央高度重视产权保护和企业家权益保护工作,作出了一系列重大决策部署。人民法院作为审判机关,要充分发挥审判职能作用,切实加强产权司法保护,依法平等保护企业家合法权益,为企业家创新创业营造良好法治环境,这对于增强企业家人身及财产财富安全感,稳定社会预期,使企业家安心经营、放心投资、专心创业,充分发挥企业家在建设现代化经济体系、促进经济持续平稳健康发展中的作用具有重大意义。为此,最高人民法院相继发布了《关于充分发挥审判职能作用切实加强产权司法保护的意见》《关于充分发挥审判职能作用为企业家创新创业营造良好法治环境的通知》,对人民法院依法保护产权、保护企业家合法权益提出了明确的指导意见,受到社会各界的广泛关注和充分肯定。

为充分发挥典型案例的引领示范作用,推动形成保护产权和企业家合法权益的良好法治环境,在当日新闻发布会现场,最高人民法院发布第一批7件人民法院充分发挥审判职能作用保护产权和企业家合法权益典型案例。这7件典型案例包括合同履行、知识产权、行政管理、刑事犯罪、诉讼保全和国家赔偿六种类型，分别体现了加大知识产权的保护力度、督促政府诚信守约、规范行政管理行为、依法慎用保全措施、纠正违法执行行为、加大国家赔偿力度等平等全面保护产权和保障企业家人身权、财产权和经营自主权的要求，展示了人民法院依法加强保护产权和企业家合法权益的广度和力度。

“这些典型案例，既是人民法院保护产权和企业家合法权益的经验总结，更是全国法院保护产权和企业家合法权益工作的指引和参考，对提高依法保护产权和企业家合法权益的司法水平，营造产权保护和企业家合法权益保护的良好法治环境，将发挥明确的示范效应、积极的推动作用。我们相信，通过人民法院审判工作的开展，会不断增强全社会和企业家的人身及财产财富安全感，让企业家能安心经营、放心投资、专心创业，促进我国经济持续平稳健康发展。”颜茂昆说。

典型案例（第一批）目录：

1. 北鹏公司申请刑事违法扣押赔偿案；

2. 许某某诉金华市婺城区人民政府行政强制及行政赔偿案；

3. 重庆某某投资（集团）有限公司与泸州市某某区人民政府等合同纠纷案；

4. 济南某置业有限公司财产保全案；

5. 某某卫厨（中国）股份有限公司诉苏州某某科技发展有限公司、屠某某等侵犯商标权及不正当竞争纠纷案；

6. 彭某侵犯商业秘密罪案；

7. 某集团有限公司与某市国土资源、房屋管理局土地登记纠纷案。

涉产权保护典型案例：北鹏公司申请刑事违法扣押赔偿案

一、基本案情

2008 年，辽宁省公安厅根据举报线索，组成专案组对沈阳市于洪区兰胜台村村干部黄波等人涉黑犯罪立案侦查。侦查期间，除发现黄波等人犯罪行为外，还发现与该村联合进行村屯改造的北鹏房地产开发有限公司（以下简称北鹏公司）涉嫌毁损财务文件、非法占用农用地等犯罪行为，辽宁省公安厅遂扣押、调取了北鹏公司 100 余册财务文件，并扣押其人民币 2000 万元。此案经辽宁省本溪市中级人民法院审理,黄波等人分别被以贪污罪、非法转让土地使用权罪、故意毁坏财物罪定罪处罚,北鹏公司2名财务人员被以隐匿会计凭证罪定罪处罚,北鹏公司及其实际控制人、原法定代表人被以非法占用农用地罪定罪免刑。对前述扣押款物,刑事判决未作出认定和处理。

刑事判决生效后,北鹏公司申请辽宁省公安厅解除扣押、返还财物并赔偿损失。辽宁省公安厅逾期未作出处理决定,北鹏公司向公安部申请复议。公安部复议认为,北鹏公司的请求符合法定赔偿情形,遂责令辽宁省公安厅限期作出赔偿决定。辽宁省公安厅没有履行该决定。北鹏公司遂向我院赔偿委员会提出申请,请求:由辽宁省公安厅解除扣押,返还财务文件和2000万元,赔偿利息损失869万余元。

二、裁判结果

我们认为,本案赔偿请求人沈阳北鹏公司涉案土地属于镉污染地且后期已补办相关手续,本溪市中级人民法院刑事判决认定北鹏公司及其责任人员构成非法占用农用地罪,但免予刑事处罚,此后,辽宁省公安厅继续扣押北鹏公司有关款项及财务账册,就丧失了法律依据。

经合议庭主持调解,赔偿请求人北鹏公司与赔偿义务机关辽宁省公安厅先就返还涉案财务文件达成协议并交接完毕,后又就返还扣押款和利息达成协议。最高人民法院赔偿委员会审查认为,上述协议是当事各方真实意思表示,不违反法律规定,遂依照《最高人民法院关于人民法院赔偿委员会审理国家赔偿案件程序的规定》第11条的规定,决定如下:(1)辽宁省公安厅向沈阳北鹏房地产开发有限公司返还侦查期间扣押、调取的该公司财务文件;(2)辽宁省公安厅于本决定生效后30日内向沈阳北鹏房地产开发有限公司返还侦查期间扣押的2000万元人民币,并支付相应的利息损失83万元。

三、典型意义:平等保护民营企业产权 大法官巡回办案公开质证

毫不动摇鼓励、支持、引导非公有制经济发展,保证各种所有制经济依法同等受到法律保护,支持民营企业发展,激发各类市场主体活力,是党的十八大和十九大报告提出的关于加快完善社会主义市场经济体制的重要内容。依法保护产权,应当历史地、辩证地看待企业特别是民营企业发展中的不规范行为，严格规范涉案财产处置的法律程序，妥善处理历史形成的产权案件。北鹏案的圆满审结，生动展示了人民法院依法保护产权、平等对待各类市场主体的坚定决心和鲜明态度，突出展示了国家赔偿在监督和倒逼司法机关依法行使职权、恢复和提升司法机关公信方面的积极作用。今后，我们将进一步加大国家赔偿审判工作力度，努力让人民群众在每一个国家赔偿案件中感受到公平正义。

另外，本案的程序意义也很突出。本案案情重大复杂，赔偿请求人和赔偿义务机关均在沈阳，主要证据包括财务账册、电脑、U 盘等也在沈阳，为方便当事人，体现司法便民为民，最高人民法院副院长、赔偿委员会主任委员、二级大法官陶凯元决定亲自担任审判长并与合议庭全体成员远赴设在沈阳的最高人民法院第二巡回法庭公开质证、组织协商。公安部对本案高度重视，在刑事赔偿复议阶段即明确认定辽宁省公安厅的刑事扣押行为违法，为最高人民法院后续审理提供了有力支持，充分体现了公安部与最高人民法院在落实产权保护政策上的共识。此外，经合议庭主持调解，当事人当庭达成赔偿协议，最高人民法院赔偿委员会运用远程视频手段组织讨论、作出决定并由合议庭当庭宣布决定，当天送达决定书，保证了上百本账册及 2000 余万元扣押款本息得以及时返还，解决了北鹏公司的燃眉之急，公司经营逐步回到正常轨道，该公司实际控制人情不自禁向陶副院长表示“青天来了”，并赠送了“青天有鉴”等感谢字幅，代理律师亦专门撰文赞扬最高人民法院对本案的公正审理。北鹏案圆满审结，应该说是人民法院、公安机关、赔偿请求人通力合作的结果，突出体现了最高人民法院巡回办案的公正性、高效性和权威性，有助于构建开放、动态、透明、便民的阳光司法机制，增进公众对司法的了解、信赖和监督。

（中国法院网　刘瑞红）

最高法通报北鹏公司申请刑事赔偿案有关情况

在2018年1月30日召开的最高人民法院新闻通气会上,最高人民法院赔偿办副主任祝二军介绍了沈阳北鹏房地产开发有限公司(以下简称北鹏公司)申请辽宁省公安厅刑事违法扣押赔偿一案的有关情况。该案由最高人民法院副院长、赔偿委员会主任委员、二级大法官陶凯元担任审判长,于2015年12月2日在最高人民法院第二巡回法庭当庭审结,系最高人民法院赔偿委员会直接审理并决定赔偿的首例刑事违法扣押赔偿案,也是自1995年国家赔偿法正式实施以来的第一起由大法官担任审判长公开质证及巡回审判的国家赔偿案。

2009年7月8日,辽宁省本溪市人民检察院指控被告人黄波犯贪污罪、非法转让土地使用权罪、故意毁坏财物罪,被告人黄海营犯非法转让土地使用权罪、故意毁坏财物罪,被告人黄卫军犯非法转让土地使用权罪,被告人张春英、杨东犯隐匿会计凭证罪,被告单位北鹏公司,被告人刘华、刘杰犯非法占用农地罪,向本溪市中级人民法院提起公诉。2010年8月27日,本溪中院作出刑事裁定,对北鹏公司、刘华、刘杰所涉刑事案件中止审理。2014年6月18日,本溪市中级人民法院作出刑事判决:北鹏公司、刘华、刘杰犯非法占用农地罪,免予刑事处罚,然而,这份判决却未对辽宁省公安厅及直属辽河公安局在侦查过程中扣押的财务文件和2000万元作出处理。

判决生效后,北鹏公司向辽宁省公安厅提交了《返还扣押财物、文件申请书》,但未获答复和处理。此后,北鹏公司向辽宁省公安厅提交《赔偿申请书》,要求辽宁省公安厅解除对北鹏公司2000万元及财务文件的违法扣押,返还北鹏公司,并赔偿违法扣押期间的利息损失。因辽宁省公安厅逾期未作出赔偿决定,北鹏公司向公安部申请复议。公安部于2015年6月23日作出刑事赔偿复议决定书,认定辽宁省公安厅在刑事判决生效后继续扣押违法，遂责令辽宁省公安厅在收到决定书之日起30日内依法作出国家赔偿决定。该决定同时告知赔偿请求人如不服复议决定，可在30日内向最高人民法院赔偿委员会申请作出赔偿决定。辽宁省公安厅在收到公安部的复议决定后先后两次与北鹏公司负责人就相关赔偿事宜进行沟通和协商，但双方的要求和期待差距太大，北鹏公司于2015年7月6日向最高人民法院赔偿委员会提出国家赔偿申请。

最高人民法院收到北鹏公司申请后，于2015年7月13日依法登记立案受理。鉴于本案索赔数额巨大，事实和法律关系认定复杂，所涉利息赔偿问题在法律上仅有原则性规定，案件如何处理具有法律指导意义，陶凯元决定亲任审判长并组成五人合议庭对该案进行审理。

2015年12月2日，该案在最高人民法院第二巡回法庭进行公开质证。合议庭经质证后认为，生效刑事判决没有认定2000万元扣押款为违法所得并作出处理，辽宁省公安厅继续扣押显然于法无据，应赔偿相应损失。在公开质证之后，合议庭组织当事双方开展了协商工作，最终，在合议庭的主持下，当事双方就扣押2000万元及其损失赔偿问题达成协议，由辽宁省公安厅返还北鹏公司2000万元并支付相应利息损失83万元。最后，陶凯元当庭宣读了最高人民法院赔偿委员会作出的国家赔偿决定。

祝二军表示，毫不动摇鼓励、支持、引导非公有制经济发展，保护各种所有制经济依法受到法律保护，支持民营企业发展，激发各类市场主体活力，是党的十八大和十九大报告中提出的关于加快完善社会主义市场经济体制的重要内容，对于人民法院赔偿工作而言，依法保护产权，就应当历史、辩证地看待企业特别是民营企业发展中的不规范行为，妥善处理历史形成的产权案件，对于造成损失的依法给予足额赔偿救济，倒逼规范涉案财产处置的法律程序。在本案中，尽管赔偿请求人构成了犯罪，被法院定罪免刑，但这并不意味他们就没有了合法权益，仍然应该依法保护他们与犯罪无关的民事权益、财产权。本案通过国家赔偿决定对被定罪免刑者的合法权利进行了维护，从而在客观上实现了对司法机关在执法办案过程中依法行使职权的监督，实现了国家赔偿法救济损害、恢复公正的价值功能，同时也向社会公众传递出人民法院维护司法公正和加强产权保护的决心和态度。

（《人民法院报》2018年1月31日　记者　罗书臻）

【裁判文书选登】

编者按:2018年6月1日,最高人民法院印发了《关于加强和规范裁判文书释法说理的指导意见》(以下简称《意见》)的通知。该《意见》是人民法院贯彻落实党的十九大精神,深化司法体制综合配套改革、加强法律文书释法说理的重要举措。《意见》对裁判文书释法说理要恪守的原则、说理范围、说理类型、规范化体系和评估体系标准等作出了明确规定,是未来一个时期全国法院国家赔偿文书的重要指导。我们选取了最高人民法院赔偿办近期办理的案件中释法说理水平较高的几篇文书,对其中释法说理亮点予以明确,以供读者在未来的国家赔偿文书中参考。

最高人民法院关于加强和规范裁判文书释法说理的指导意见

为进一步加强和规范人民法院裁判文书释法说理工作,提高释法说理水平和裁判文书质量,结合审判工作实际,提出如下指导意见。

一、裁判文书释法说理的目的是通过阐明裁判结论的形成过程和正当性理由,提高裁判的可接受性,实现法律效果和社会效果的有机统一;其主要价值体现在增强裁判行为公正度、透明度,规范审判权行使,提升司法公信力和司法权威,发挥裁判的定分止争和价值引领作用,弘扬社会主义核心价值观,努力让人民群众在每一个司法案件中感受到公平正义,切实维护诉讼当事人合法权益,促进社会和谐稳定。

二、裁判文书释法说理,要阐明事理,说明裁判所认定的案件事实及其根据和理由,展示案件事实认定的客观性、公正性和准确性;要释明法理,说明裁判所依据的法律规范以及适用法律规范的理由;要讲明情理,体现法理情相协调,符合社会主流价值观;要讲究文理,语言规范,表达准确,逻辑清晰,合理运用说理技巧,增强说理效果。

三、裁判文书释法说理,要立场正确、内容合法、程序正当,符合社会主义核心价值观的精神和要求;要围绕证据审查判断、事实认定、法律适用进行说理,反映推理过程,做到层次分明;要针对诉讼主张和诉讼争点、结合庭审情况进行说理,做到有的放矢;要根据案件社会影响、审判程序、诉讼阶段等不同情况进行繁简适度的说理,简案略说,繁案精说,力求恰到好处。

四、裁判文书中对证据的认定,应当结合诉讼各方举证质证以及法庭调查核实证据等情况,根据证据规则,运用逻辑推理和经验法则,必要时使用推定和司法认知等方法,围绕证据的关联性、合法性和真实性进行全面、客观、公正的审查判断,阐明证据采纳和采信的理由。

五、刑事被告人及其辩护人提出排除非法证据申请的,裁判文书应当说明是否对证据收集的合法性进行调查、证据是否排除及其理由。民事、行政案件涉及举证责任分配或者证明标准争议的,裁判文书应当说明理由。

六、裁判文书应当结合庭审举证、质证、法庭辩论以及法庭调查核实证据等情况,重点针对裁判认定的事实或者事实争点进行释法说理。依据间接证据认定事实时,应当围绕间接证据之间是否存在印证关系、是否能够形成完整的证明体系等进行说理。采用推定方法认定事实时,应当说明推定启动的原因、反驳的事实和理由,阐释裁断的形成过程。

七、诉讼各方对案件法律适用无争议且法律含义不需要阐明的,裁判文书应当集中围绕裁判内容和尺度进行释法说理。诉讼各方对案件法律适用存有争议或者法律含义需要阐明的,法官应当逐项回应法律争议焦点并说明理由。法律适用存在法律规范竞合或者冲突的,裁判文书应当说明选择的理由。民事案件没有明确的法律规定作为裁判直接依据的,法官应当首先寻找最相类似的法律规定作出裁判;如果没有最相类似的法律规定,法官可以依据习惯、法律原则、立法目的等作出裁判,并合理运用法律方法对裁判依据进行充分论证和说理。法官行使自由裁量权处理案件时,应当坚持合法、合理、公正和审慎的原则,充分论证运用自由裁量权的依据,并阐明自由裁量所考虑的相关因素。

八、下列案件裁判文书,应当强化释法说理:疑难、复杂案件;诉讼各方争议较大的案件;社会关注度较高、影响较大的案件;宣告无罪、判处法定刑以下刑罚、判处死刑的案件;行政诉讼中对被诉行政行为所依据的规范性文件一并进行审查的案件;判决变更行政行为的案件;新类型或者可能成为指导性案例的案件;抗诉案件;二审改判或者发回重审的案件;重审案件;再审案件;其他需要强化说理的案件。

九、下列案件裁判文书,可以简化释法说理:适用民事简易程序、小额诉讼程序审理的案件;适用民事特别程序、督促程序及公示催告程序审理的案件;适用刑事速裁程序、简易程序审理的案件;当事人达成和解协议的轻微刑事案件;适用行政简易程序审理的案件;适用普通程序审理但是诉讼各方争议不大的案件;其他适宜简化说理的案件。

十、二审或者再审裁判文书应当针对上诉、抗诉、申请再审的主张和理由强化释法说理。二审或者再审裁判文书认定的事实与一审或者原审不同的,或者认为一审、原审认定事实不清、适用法律错误的,应当在查清事实、纠正法律适用错误的基础上进行有针对性的说理;针对一审或者原审已经详尽阐述理由且诉讼各方无争议或者无新证据、新理由的事项,可以简化释法说理。

十一、制作裁判文书应当遵循《人民法院民事裁判文书制作规范》《民事申请再审诉讼文书样式》《涉外商事海事裁判文书写作规范》《人民法院破产程序法律文书样式(试行)》《民事简易程序诉讼文书样式(试行)》《人民法院刑事诉讼文书样式》《行政诉讼文书样式(试行)》《人民法院国家赔偿案件文书样式》等规定的技术规范标准,但是可以根据案件情况合理调整事实认定和说理部分的体例结构。

十二、裁判文书引用规范性法律文件进行释法说理,应当适用《最高人民法院关于裁判文书引用法律、法规等规范性法律文件的规定》等相关规定,准确、完整地写明规范性法律文件的名称、条款项序号;需要加注引号引用条文内容的,应当表述准确和完整。

十三、除依据法律法规、司法解释的规定外,法官可以运用下列论据论证裁判理由,以提高裁判结论的正当性和可接受性:最高人民法院发布的指导性案例;最高人民法院发布的非司法解释类审判业务规范性文件;公理、情理、经验法则、交易惯例、民间规约、职业伦理；立法说明等立法材料；采取历史、体系、比较等法律解释方法时使用的材料；法理及通行学术观点；与法律、司法解释等规范性法律文件不相冲突的其他论据。

十四、为便于释法说理，裁判文书可以选择采用下列适当的表达方式：案情复杂的，采用列明裁判要点的方式；案件事实或数额计算复杂的，采用附表的方式；裁判内容用附图的方式更容易表达清楚的，采用附图的方式；证据过多的，采用附录的方式呈现构成证据链的全案证据或证据目录；采用其他附件方式。

十五、裁判文书行文应当规范、准确、清楚、朴实、庄重、凝练，一般不得使用方言、俚语、土语、生僻词语、古旧词语、外语；特殊情形必须使用的，应当注明实际含义。裁判文书释法说理应当避免使用主观臆断的表达方式、不恰当的修辞方法和学术化的写作风格，不得使用贬损人格尊严、具有强烈感情色彩、明显有违常识常理常情的用语，不能未经分析论证而直接使用“没有事实及法律依据，本院不予支持”之类的表述作为结论性论断。

十六、各级人民法院应当定期收集、整理和汇编辖区内法院具有指导意义的优秀裁判文书，充分发挥典型案例释法说理的引导、规范和教育功能。

十七、人民法院应当将裁判文书的制作和释法说理作为考核法官业务能力和审判质效的必备内容，确立为法官业绩考核的重要指标，纳入法官业绩档案。

十八、最高人民法院建立符合裁判文书释法说理规律的统一裁判文书质量评估体系和评价机制，定期组织裁判文书释法说理评查活动，评选发布全国性的优秀裁判文书，通报批评瑕疵裁判文书，并作为监督指导地方各级人民法院审判工作的重要内容。

十九、地方各级人民法院应当将裁判文书释法说理作为裁判文书质量评查的重要内容，纳入年度常规性工作之中，推动建立第三方开展裁判文书质量评价活动。

二十、各级人民法院可以根据本指导意见，结合实际制定刑事、民事、行政、国家赔偿、执行等裁判文书释法说理的实施细则。

二十一、本指导意见自2018年6月13日起施行。

孔祥林因再审无罪、错判罚金及没收财产申请河北省高级人民法院国家赔偿案

【推荐意见】

本赔偿决定系内容、字数最多的赔偿文书,涉案事实时间久远、证据繁杂,且涉及法律适用问题较多,如刑事赔偿案件数罪中部分罪名不成立、部分罪名成立,赔偿请求人实际服刑时间超过最终生效判决确定的刑期,由此是否产生人身自由赔偿、精神损害赔偿等问题,文书对此进一步明确超过刑期部分应赔偿人身自由赔偿金和相应的精神损害抚慰金;又如,涉及刑事判决中财产刑执行的相关问题,包括财产判项是否执行、赔偿义务机关的确定、赔偿损失范围的确定等,均是实践中常出现而又难以判断的情况。本决定书对涉案的众多事实进行了细致梳理,使案情清晰浮出水面,结合在案证据对以上法律问题准确分析并区分情形进行定论,既解决了事实含糊、责任不清致不能合理确定赔偿义务机关的问题,又将所涉法律充分运用,对赔偿请求人依法赔偿,同时对不属于法院赔偿的部分也给予充分说明,对定分止争起了很好的示范作用,也对此类案件具有很强的指导意义。

中华人民共和国最高人民法院赔偿委员会
国家赔偿决定书

(2014)法委赔字第2号

赔偿请求人:孔祥林,男,汉族,1956年2月13日出生,现住河北省石家庄市。

赔偿义务机关:河北省高级人民法院,住所地河北省石家庄市裕华西路65号。

法定代表人:卫彦明,该院院长。

委托代理人:邢金虎,该院工作人员。

委托代理人:刘晨光,该院工作人员。

孔祥林因再审无罪、错判罚金及没收财产申请河北省高级人民法院(以下简称河北高院)国家赔偿一案,不服该院于2013年11月9日作出的(2013)冀法赔字第1号国家赔偿决定,向本院赔偿委员会申请作出赔偿决定。本院赔偿委员会依法对本案进行了审理,现已审理终结。

赔偿请求人孔祥林向本院赔偿委员会请求:赔偿被监视居住38天的人身自由赔偿金;赔偿精神损害抚慰金60万元;赔偿违法追缴、清算企业财产的经济损失合计人民币118476323.28元,并返还美元1272万或国际结算合同。其主要理由是:(1)1998年12月31日至1999年2月8日,赔偿请求人被关押在军兴宾馆,被监视居住38天,属于变相羁押,应予赔偿人身自由赔偿金。(2)《燕赵都市报》、《河北日报》、河北省电视台等媒体以赔偿请求人犯诈骗罪名义进行宣传报道,给赔偿请求人造成了精神上巨大伤害,应赔偿精神损害抚慰金60万元。(3)石家庄市中级人民法院(以下简称石家庄中院)(1999)石刑初字第116号刑事判决中的罚金、没收财产的判项已经执行,由石家庄中院进行追缴清算,赔偿请求人代表所属企业申请赔偿。河北高院虽未具体执行,但作为行使国家司法权的公、检、法机关,无论公、检、法哪个机关在行使国家刑事司法程序的哪个阶段,只要对公民造成了侵害就应当由国家赔偿法所确定的赔偿义务机关来赔偿。故赔偿请求人要求赔偿违法追缴、清算企业财产的经济损失合计118476323.28元,包括筹备中的河北亨达科技电信股份有限公司资产1502万元;河北亨达无线通讯公司资产3724.14万元;河北亨达无线通讯公司购买的32.6亩土地及所建"亨达通讯工业园"的合法财产10671473.28元;河北亨达无线通讯公司购买的振新工业园3号楼4875平方米恢复原状或赔偿4343.625万元;河北亨达无线通讯公司生产线29万元;办公设备、实验室设备、库存产品740.49万元;库存产品成品112.2万元、半成品186.2万元;河北亨达无线通讯公司汽车7辆,价值82.83万元。(4)返还河北亨达无线通讯公司未结算的国际结算合同损失1272万美元。(5)返还财务保险柜内六个公司的财务账目。(6)返还企业产品、技术项目相关资料。以上赔偿请求人均提供了证据材料,实施查封、扣押、评估、拍卖赔偿请求人财产的公检法机关应该提供相关法律手续,如果提供不了,不足以推翻赔偿请求人提供的证据,应予以赔偿。

赔偿义务机关河北高院向本院赔偿委员会答辩称:(1)关于变相羁押。石家庄中院2011年11月23日作出的(2009)石刑再初字第3号刑事判决生效时,现行刑事诉讼法尚未修订实施,没有对指定居所监视居住期间折抵刑期的相关规定,且相关法律文书均认定1999年2月8日为羁押起始日,孔祥林在刑事诉讼过程中始终未对羁押时间提出异议。另,石家庄市公安局在监视居住决定中未注明监视居住的地点,故孔祥林提出在军兴宾馆被监视居住属于变相羁押缺乏事实与法律依据。(2)关于财产赔偿。石家庄中院对河北省企业经贸公司10亩土地使用权采取保全措施系该院在审理河北省建工集团诉河北省企业经贸公司支付160万元投标保证金的民事纠纷案件中所采取,与孔祥林的刑事案件无关。对其余土地使用权的处分,是孔祥林经营的相关公司因集资、欠款引发社会不安定的集体上访及诉讼问题后,在石家庄市委、市政府主导下,由石家庄高新技术产业开发区管理委员会(以下简称石家庄高新开发区管委会)决定收回,而非法院对原生效刑事判决的执行行为。河北高院及石家庄中院在刑事诉讼过程中未对孔祥林主张的生产线、车辆等财产及银行存款采取执行措施。故孔祥林据此向河北高院申请国家赔偿没有事实根据。房地产等财产权属于相关公司所有,孔祥林不具有提起国家赔偿的主体资格。石家庄市公安局移交石家庄中院的4万元系石家庄市公安局对相关公司的办公用品进行拍卖处分后所得,河北高院并不掌握该部分被处分财产的归属。石家庄市财政局打到石家庄中院账户的280万元是政府收回土地使用权后出资代为偿还孔祥林所欠群众集资款的款项。孔祥林及其妻孔超英的两笔集资款被石家庄中院追缴并上交市级财政,根据国家赔偿费用列入本级财政预算的规定,该追缴款是否适用责任后置原则由河北高院赔偿,请求依法决定。

本院赔偿委员会经审理查明:

1998年12月31日,石家庄市公安局以涉嫌诈骗传唤孔祥林,1999年1月1日,决定对其监视居住。1999年2月8日,石家庄市人民检察院以欺诈发行股票债券罪决定对孔祥林批准逮捕。1999年4月2日,审计小组出具的《关于孔祥林经营亨达无线通讯等公司资产负债情况审计结果》载明,1999年3月24日至3月30日,对孔祥林公司的资金来源及使用情况进行了审计,结果如下:河北亨达无线通讯公司、河北省亨达通信技术有限公司、河北省企业经贸公司及河北亨达通信设备有限公司(均为孔祥林投资的公司)尚结存货币资金3525669.73元,其中300万元作为贷款抵押存入石家庄市建行二办贷款基金户,河北亨达无线通讯公司等现金账面余额为-104906.96元(包括封账后未入账部分单据)。

1999年9月6日,石家庄市人民检察院以孔祥林涉嫌犯集资诈骗罪、诈骗罪、虚报注册资本罪提起公诉。1999年9月24日,石家庄中院作出(1999)石刑初字第116号刑事判决:(1)孔祥林犯诈骗罪,判处无期徒刑,剥夺政治权利终身,并处没收财产;犯集资诈骗罪,判处有期徒刑10年,剥夺政治权利1年,并处罚金40万元;犯虚报注册资本罪,判处有期徒刑3年,并处罚金300万元。决定执行无期徒刑,剥夺政治权利终身,并处罚金340万元,并处没收财产。(2)对查封、扣押的被告人孔祥林的财产,经作价、拍卖后偿还被告人孔祥林合法债务及支付罚金,其余财产予以没收。孔祥林不服,提出上诉。1999年12月9日,河北高院二审作出(1999)冀刑终字第44号刑事裁定,驳回上诉,维持原判。孔祥林被移交石家庄市北郊监狱服刑。

2000年1月27日,石家庄中院在《河北日报》发布公告:"本院以罪犯孔祥林犯诈骗罪、集资诈骗罪、虚报注册资本罪,判处其无期徒刑,剥夺政治权利终身,处罚金340万元,并处没收财产。现判决书已生效。本院对孔独资创办的河北省企业经贸公司、河北亨达无线通讯公司及其经营的河北亨达通信技术有限公司、河北亨达通讯设备有限公司的财产进行追缴,现已组成清算小组,债权人应自公告之日起二个月内向本院刑一庭申报债权,说明债权数额和有无财产担保,并提交有关证明材料,逾期未申报的视为自动放弃债权。"该公告告知孔祥林独资企业的债权人向石家庄中院申报债权。2000年9月26日,五十余名集资群众围堵河北省委大门,要求解决孔祥林非法集资款返还问题。2001年1月12日,石家庄高新开发区根据石家庄市《常委办公会议纪要》决定,转款280万元到石家庄中院账户。该院为175名集资群众办理存折,将款项进行发放,其中对孔祥林的134251.64元、其妻孔超英的20090元集资款予以追缴后上缴财政。

2004年8月6日,孔祥林因病被监外执行。后孔祥林申请再审。2007年9月20日,最高人民法院作出(2000)刑监字第597号再审决定,指令河北高院再审。2008年11月24日,河北高院作出(2008)冀刑再终字第1号刑事裁定,撤销该院(1999)冀刑终字第44号刑事裁定和石家庄中院(1999)石刑初字第116号刑事判决,发回石家庄中院重审。2011年11月23日,石家庄中院作出(2009)石刑再初字第3号刑事判决,认为孔祥林犯集资诈骗罪、诈骗罪证据不足,以犯虚报注册资本罪判处其有期徒刑3年(刑期为1999年2月8日起至2002年2月7日止)。孔祥林仍不服,提出上诉。2012年8月28日,石家庄市北郊监狱对孔祥林重新收监执行。同年9月17日,石家庄中院对孔祥林决定取保候审。同月19日,孔祥林被释放。同月20日,河北高院作出(2012)冀刑再终字第8号刑事裁定,驳回上诉,维持(2009)石刑再初字第3号刑事判决。

另查明:

1. 孔祥林投资的涉案企业有:(1)河北省企业经贸公司,挂靠于河北省企业管理协会,企业资金系孔祥林个人投入,法定代表人孔祥林;(2)河北亨达无线通讯公司,由河北省企业经贸公司投资设立,法定代表人马芬芳(系孔祥林岳母,已故);(3)河北省亨达通信技术有限公司,由河北省企业经贸公司持股52.5%,石家庄通信发展总公司持股23.75%,北京华讯通信计算机技术公司持股23.75%,法定代表人孔祥林;(4)河北亨达无线通讯公司寻呼台,由河北亨达无线通讯公司投资设立,法定代表人潘汉光;(5)河北亨达通信设备有限公司,未登记注册,由河北亨达无线通讯公司持股76%,河北省建设投资公司持股24%,法定代表人孔祥林;(6)河北亨达科技电信股份有限公司,未登记注册,由河北亨达无线通讯公司持股38.32%,河北亨达无线通讯公司工会委员会持股19.87%,河北亨达无线通讯公司寻呼台持股34.95%,河北亨达无线通讯公司寻呼台工会持股5.34%,河北省亨达通信技术有限公司持股1.52%,董事长、总经理孔祥林。上述注册企业均已被吊销营业执照。

2. 2000年10月27日,石家庄市常委办公会议决定:内部职工及部分群众的集资款280万元和河北省建工集团的160万元投标保证金可以考虑偿还或视情返还。但鉴于石家庄市公安局和石家庄中院追缴、拍卖的该公司办公用品等部分财产仅有4万元,无法偿还集资款的实际情况,可考虑处理孔祥林在市开发西区(石家庄高新开发区)占有的土地,偿还集资等款项。采取的步骤,一是由石家庄中院将查封的10亩土地解封;二是由市土地局将土地全部收回并出让。在土地出让金到位后,由石家庄中院负责退还集资款。

3. 1994年5月11日,石家庄高新开发区将23.4亩(毛地32.605亩)国有土地使用权出让给河北省企业经贸公司,双方以建设亨达通讯工业园为项目签订《国有土地使用权出让合同》,出让金为309.7451万元,后陆续取得建设用地许可证、规划许可证、开工许可证,亨达通讯工业园项目开始兴建。至1998年12月31日,该项目共投资约500万元,基本完工。因河北省企业经贸公司欠河北省建工集团160万元投标保证金,河北省建工集团将河北省企业经贸公司起诉到石家庄中院,后在该院主持下,双方达成调解:如河北省企业经贸公司在约定时间不能支付该160万元,河北省企业经贸公司将32.605亩土地中的10亩地划给河北省建工集团。约定到期后,河北省企业经贸公司未能履行调解书,该院即将其中10亩地查封。1999年1月27日,石家庄高新开发区管委会作出石高管〔1999〕2号《关于收回河北省企业经贸公司国有土地使用权的决定》:因河北省企业经贸公司在取得国有土地使用权后未能按国有土地使用权出让合同规定的期限和条件开发、利用土地,故决定将23.4亩国有土地使用权收回,注销国有土地使用证。2000年10月27日,石家庄市常委办公会议决定由石家庄中院将查封的10亩土地解封,并由石家庄市土地局将32.605亩土地全部收回。2000年12月19日,石家庄高新开发区管委会以未完全履行合同为由作出解除与河北省企业经贸公司签订的国有土地使用权出让合同的决定,后对亨达通讯工业园进行拆除。2001年7月9日,石家庄高新开发区管委会将该地卖给石家庄实力克液晶材料有限公司(现更名为石家庄诚志永华显示材料有限公司)。

4. 孔祥林投资企业的其他涉案财产情况

(1)石家庄市公安局对当时河北亨达无线通讯公司办公楼(振新工业园3号楼)的办公房间、车辆、银行账户等进行了查封、冻结:

①河北亨达电讯股份公司60×××89号账户存款87239.29元被石家庄市公安局冻结后随案移送起诉,但没有移送手续。

②1997年6月5日,振新工业园3号楼4875平方米房屋被河北亨达无线通讯公司以900万元从石家庄市振西企业(集团)公司买断,合同约定分三期三年内付清房款,河北亨达无线通讯公司实际付款300万元。1999年1月初,石家庄市振西企业(集团)公司在孔祥林被立案侦查后,以河北亨达无线通讯公司未能全部履行合同,首付300万元后再也没有付款为由收回该楼房。

③石家庄市振西企业(集团)公司收回办公楼后,将查封的河北亨达无线通讯公司的设备、办公用品及生产资料集中存放在石家庄市振西企业(集团)公司仓库内。在设备等搬迁过程中,曾制作了清单,但已找不到。目前,振新工业园仓库内存放着部分未作处理的财产,价值不能确定。

④查封的冀A××××××、冀A××××××、冀A××××××、冀A×××××、冀A××××××、冀A××××××、冀A××××××等7辆汽车的注册、变更、注销情况。冀A××××××本田车在案件侦查期间发还给河北省建设投资公司。2003年12月2日,该公司将该车捐赠给石家庄市维明路小学。2011年6月3日,该小学将该车以1万元价格卖给他人。现该车已被报废。其他6辆车因案发后未按时年检而被公安车管部门注销。

(2)1999年5月31日,河北亨达通信设备有限公司的账号05×××78

通过建设银行向河北省建设投资公司的账号 08×××41 转帐两笔,分别是 741023 元、286862.03 元。

(3)河北亨达通信设备有限公司在石家庄市××账户上的 300 万元(系河北省建设投资公司注资的 500 万元中的 300 万元)银行存款的去向。河北亨达通信设备有限公司委托中国建设银行石家庄分行(由建行二办承办)为河北省亨达通信技术有限公司贷款 260 万元,合同约定贷款期限 6 个月。因河北省亨达通信技术有限公司逾期未还款,建设银行石家庄市新华路西支行于 1999 年 3 月 10 日从河北亨达通信设备有限公司在其开立的委托贷款基金专户收取委托贷款手续费 78000 元、代缴营业税 31824 元、城建税 1392.30 元、教育费附加 994.50 元,共计 112210.80 元;1999 年 3 月 11 日,该行又从该账户转走 260 万元,用于河北亨达通信设备有限公司委托贷款未还平账。

还查明,2000 年 1 月 13 日的《燕赵都市报》在四、五版整版刊发《弥天大骗局——孔祥林巨额诈骗重案始末》的报道。《河北日报》同日在第十版整版刊发《巨骗演绎新版〈皇帝的新衣〉——看孔祥林如何利用高科技一路行骗》的报道。两篇报道均刊发了孔祥林的照片。

上述事实,有石家庄中院(1999)石刑初字第 116 号刑事判决、河北高院(1999)冀刑终字第 44 号刑事裁定、最高人民法院(2000)刑监字第 597 号再审决定、河北高院(2008)冀刑再终字第 1 号刑事裁定、石家庄中院(2009)石刑再初字第 3 号刑事判决、河北高院(2012)冀刑再终字第 8 号刑事裁定、石家庄中院在《河北日报》发布的公告、审计小组出具的《关于孔祥林经营亨达无线通讯等公司资产负债情况审计结果》、石家庄市《常委办公会议纪要》、《国有土地使用权出让合同》、石家庄高新开发区管委会石高管〔1999〕2 号《关于收回河北省企业经贸公司国有土地使用权的决定》、执行款往来通知书、集资款发还登记表、《燕赵都市报》《河北日报》关于孔祥林的报道等材料在案佐证。

2013 年 5 月,孔祥林以再审无罪和错判罚金、没收财产为由向河北高院申请国家赔偿,请求:(1)赔偿因部分罪名改判无罪致其被错误羁押以及公安机关变相人身羁押期间的人身自由赔偿金;(2)请求返还已执行的罚金及利息 494.7 万元;(3)请求返还被错误判决没收的财产 10196.54 万元;(4)赔偿由于错误判决使赔偿请求人正常运行的企业倒闭造成的财产损失和经营损失;(5)赔偿相应的精神损害抚慰金。

河北高院经审理认为,石家庄中院一审以孔祥林犯诈骗罪、集资诈骗罪、虚报注册资本罪数罪并罚,决定执行无期徒刑。孔祥林上诉后,河北高院予以维持。后经最高人民法院指令再审,孔祥林最终被认定犯虚报注册资本罪,判处3年有期徒刑,原判诈骗罪、集资诈骗罪因证据不足未予认定。虽然孔祥林不属于全案被宣告无罪,但由于依据原生效(1999)石刑初字第116号刑事判决对孔祥林羁押的时间已经超过了最终生效的(2009)石刑再初字第3号刑事判决确定的刑期,对于本案孔祥林超过应服刑期被羁押的情形,应认定属无罪被羁押。而且,最终生效刑事判决对于孔祥林诈骗罪和集资诈骗罪未予认定的理由不属于《国家赔偿法》第19条规定的免责情形,因此,根据国家赔偿法第17条第3项关于"依照审判监督程序再审改判无罪,原判刑罚已经执行的,受害人有取得赔偿的权利"的规定,孔祥林申请国家赔偿符合法律规定,应予支持。同时,根据《国家赔偿法》第21条第4款、《最高人民法院关于人民法院执行〈中华人民共和国国家赔偿法〉几个问题的解释》第5条,关于"再审改判无罪的,作出原生效判决的人民法院为赔偿义务机关,原一审人民法院作出判决后,被告人上诉或者人民检察院抗诉,原二审人民法院维持一审判决或对一审人民法院判决予以改判的,原二审人民法院为赔偿义务机关"的规定,因河北高院(1999)冀刑终字第44号刑事裁定维持石家庄中院(1999)石刑初字第116号刑事判决,且该判决中对孔祥林犯诈骗罪和集资诈骗罪的刑罚后被改判无罪,故河北高院应当作为赔偿义务机关履行国家赔偿责任。

关于孔祥林被无罪羁押的时间。因最终生效判决认定孔祥林应服刑期时间为1999年2月8日至2002年2月7日,故对该时间段之外孔祥林被羁押的时间均应认定为无罪被羁押的时间。根据查明的事实,孔祥林自2002年2月8日服刑期满第二天至2004年8月6日被监外执行,以及自2012年8月28日被石家庄监狱重新收监执行到同年9月19日被释放,两段时间共计924天,属于其被无罪羁押时间。河北高院应当根据《国家赔偿法》第33条的规定,并参照2012年度国家职工日平均工资182.35元标准赔偿其人身自由赔偿金。同时,根据孔祥林被无罪羁押的时间,以及有关媒体曾对其以诈骗犯名义进行宣传的事实,应当认定河北高院错误裁判确给孔祥林的名誉和精神造成了损害，且后果较为严重，河北高院应向孔祥林赔礼道歉，为其消除影响，恢复名誉，并支付其4万元精神损害抚慰金。

关于孔祥林提出的自1998年12月31日即被石家庄市公安局以监视居住为名变相羁押于军兴宾馆等地的主张，因现有证据无法查实石家庄市公安局确实有以监视居住为名将其变相羁押于宾馆的事实，同时考虑到孔祥林在刑事诉讼过程中始终未对羁押起始时间提出过异议，故对其要求河北高院赔偿公安机关变相羁押期间人身自由赔偿金的主张不予支持。

关于孔祥林要求财产损失赔偿的主张，因石家庄中院（1999）石刑初字第116号刑事判决确定的罚金和没收财产等内容并未实际执行，河北高院并未实施过对其财产权进行侵犯，造成其财产损失的行为，故对其该项请求应不予支持。

河北高院根据《国家赔偿法》第17条第3项、第21条第4款、第33条、第35条，《最高人民法院关于人民法院执行〈中华人民共和国国家赔偿法〉几个问题的解释》第5条之规定，于2013年11月9日作出（2013）冀法赔字第1号国家赔偿决定：（1）河北高院赔偿孔祥林被无罪羁押的人身自由赔偿金168491.4元；（2）由河北高院向孔祥林赔礼道歉，并为其消除影响、恢复名誉；（3）河北高院支付孔祥林精神损害抚慰金4万元；（4）驳回孔祥林的其他国家赔偿请求。

本院赔偿委员会认为，孔祥林被错判虽发生在2010年12月1日之前，但被无罪羁押时间持续至2010年12月1日之后。根据《最高人民法院关于适用〈中华人民共和国国家赔偿法〉若干问题的解释（一）》第1条的规定，本案应适用修正的国家赔偿法。孔祥林被原生效判决以诈骗罪、集资诈骗罪、虚报注册资本罪数罪并罚决定执行无期徒刑，并处罚金及没收财产，而再审改判其诈骗罪、集资诈骗罪不成立，仅对虚报注册资本罪定罪处刑，原判罚金及没收财产刑均撤销，因此，其实际服刑时间超过再审判决确定的刑期，本案存在人身自由赔偿和财产损害赔偿。

第一，人身自由赔偿。

石家庄中院一审判决孔祥林犯诈骗罪、集资诈骗罪、虚报注册资本罪，数罪并罚决定执行无期徒刑，河北高院二审予以维持。后孔祥林申诉，最高人民法院决定指令河北高院进行再审。河北高院裁定撤销原判，发回重审。

石家庄中院再审认为,孔祥林犯集资诈骗罪、诈骗罪证据不足,仅构成虚报注册资本罪,判处其有期徒刑3年。河北高院裁定驳回上诉,维持该判决。本案最终生效刑事判决认定孔祥林的刑期为有期徒刑3年,自1999年2月8日至2002年2月7日。而孔祥林自2002年2月8日至2004年8月6日被监外执行前,以及自2012年8月28日被重新收监执行至2012年9月19日被释放,以上两段时间共被羁押924天。《国家赔偿法》第17条第3项规定,依照审判监督程序再审改判无罪,原判刑罚已经执行的,受害人有取得赔偿的权利。《最高人民法院、最高人民检察院关于办理刑事赔偿案件适用法律若干问题的解释》第6条规定,数罪并罚的案件经再审改判部分罪名不成立,监禁期限超出再审判决确定的刑期,公民对超期监禁申请国家赔偿的,应当决定予以赔偿。据此,孔祥林被羁押时间已经超过了(2009)石刑再初字第3号刑事判决确定的3年刑期,对此超期监禁的924天应予赔偿。

根据《国家赔偿法》第21条第4款的规定,再审改判无罪的,作出原生效判决的人民法院为赔偿义务机关。河北高院(1999)冀刑终字第44号刑事裁定维持了石家庄中院(1999)石刑初字第116号对孔祥林的有罪刑事判决,后再审将孔祥林三罪中的两罪改判无罪,且原判刑罚已经执行,故河北高院是本案人身自由赔偿的赔偿义务机关。

关于孔祥林主张变相羁押能否成立的问题。经查,孔祥林虽于1998年12月31日至1999年2月8日被指定在军兴宾馆监视居住,但与在指定的看守所羁押不同,目前证据不能证明孔祥林被完全限制人身自由,再审生效刑事判决对此亦没有折抵刑期,孔祥林要求对其被监视居住予以赔偿,不符合国家赔偿法规定的赔偿范围。

以上,河北高院依照其作出生效决定的上一年度即2012年度国家职工日平均工资182.35元的标准,决定赔偿孔祥林被无罪羁押924天的人身自由赔偿金168491.4元正确。

根据《国家赔偿法》第35条之规定,有该法第17条规定情形之一,致人精神损害的,应当在侵权行为影响的范围内,为受害人消除影响,恢复名誉,赔礼道歉;造成严重后果的,应当支付相应的精神损害抚慰金。因河北省《燕赵都市报》《河北日报》等报刊媒体均大幅刊发孔祥林利用高科技行骗的报道,并刊发了孔祥林的照片,确实对孔祥林名誉和精神造成了损害,且后果较为严重。河北高院作出赔偿决定是在2013年,其按照当时河北省内的赔偿标准,综合受害人的人身自由损害程度、河北省的经济发展水平等因素决定赔偿4万元,符合法律规定,也是适当的。孔祥林要求河北高院赔偿精神损害抚慰金60万元缺乏依据,不予支持。

第二,财产损害赔偿。

根据《国家赔偿法》第18条第2项的规定,依照审判监督程序再审改判无罪,原判罚金、没收财产已经执行的,受害人有权要求国家赔偿。本案争议在于:(1)河北高院原生效刑事裁定确定的罚金及财产判项是否执行。(2)如已执行,赔偿损失范围如何确定。

1.关于河北高院原生效刑事裁定确定的罚金及财产判项是否执行的问题。1999年12月9日,河北高院作出(1999)冀刑终字第44号刑事裁定,驳回上诉,维持原判,即石家庄中院(1999)石刑初字第116号刑事判决。该判决自河北高院二审刑事裁定作出之日生效,其判项主文第2项为:"对查封、扣押的被告人孔祥林的财产,经作价、拍卖后偿还被告人孔祥林合法债务及支付罚金,其余财产予以没收。"2000年1月27日,石家庄中院在报纸上发布公告,明确对孔祥林独资创办的河北省企业经贸公司、河北亨达无线通讯公司及其经营的河北省亨达通信技术有限公司、河北亨达通讯设备有限公司的财产进行追缴。之后,该院将石家庄高新开发区转来的280万元发放给175名集资群众,将孔祥林的134251.64元、其妻孔超英的20090元集资款追缴后上缴财政。同时,该院将公安机关移交的孔祥林相关公司办公用品等变卖款4万元予以上缴。孔祥林提出原生效刑事判决涉财产刑的判项已经部分执行具有事实依据。石家庄中院根据生效刑事判决实际执行追缴孔祥林财产的金额为194341.64元。另,该案罚金未执行。因河北高院原生效刑事裁定最终维持了石家庄中院一审有罪刑事判决,包括罚金刑和财产刑,即石家庄中院对孔祥林罚金刑和财产刑的处罚是经过河北高院裁定维持的,否则不能生效,更不能执行。故河北高院是作出原生效判决的法院,应当作为赔偿义务机关,对其因刑事错判行为导致孔祥林部分财产被执行的后果承担责任。

关于为175名集资群众发放的款项是否来源于孔祥林财产的问题。280万元集资款是孔祥林所属公司内部职工和部分群众之前的出资,而非孔祥林自身资金,石家庄中院予以返还不能说是孔祥林的损失。该280万元是石家庄高新开发区先行垫款的,实质来源于被收回后又出让的原属于河北省企业经贸公司的土地的出让金。因石家庄高新开发区管委会在孔祥林被立案侦查后已收回土地使用权并注销国有土地使用证,且在原刑事判决生效后决定解除与河北省企业经贸公司签订的国有土地使用权出让合同,之后又将土地出让给其他公司,故处理该土地相关事项的是石家庄高新开发区管委会,石家庄中院只是将款发放群众,并未对土地采取执行措施。因此,孔祥林针对土地的相关申请,只能与石家庄高新开发区管委会通过其他途径解决,而非本赔偿案件解决的范畴。

2. 赔偿损失的范围。由于原生效刑事判决的罚金刑并未执行,不存在错判罚金引发的财产损失,所以河北高院错判行为导致的直接后果就是原判决财产刑有部分被执行,再审后执行依据被撤销,这部分被执行财产即为孔祥林的损失。根据《国家赔偿法》第36条第1项、第5项、第7项的规定,对孔祥林财产损害的救济方式应当是返还财产,即返还追缴或者没收的金钱,并支付银行同期存款利息,财产已经变卖的,给付变卖所得的价款。又根据《最高人民法院、最高人民检察院关于办理刑事赔偿案件适用法律若干问题的解释》第20条规定,人民法院赔偿委员会改变原赔偿决定,利率参照新作出决定时中国人民银行公布的人民币整存整取定期存款一年期基准利率确定。计息期间自侵权行为发生时起算,至作出生效赔偿决定时止。因此,河北高院因错判造成的损失应为石家庄中院实际执行追缴后上缴财政的154341.64元(包括石家庄中院发放集资款时追缴孔祥林的134251.64元和其妻孔超英的20090元)及利息,以及上缴财政的石家庄市公安局移送的孔祥林相关公司办公用品等变卖款4万元。孔祥林提出的这部分赔偿请求,符合《国家赔偿法》第18条第2项的规定,应予支持。

国家赔偿法的基本原则是谁侵权谁赔偿。对于孔祥林主张的企业资金、房屋、汽车、生产设备和库存产品、办公用品、财务资料等损失,由于公安、检察机关并未向石家庄中院移送上述财产,上述财产也并非因石家庄中院执行原生效刑事判决而发生损失,与河北高院的错判行为无关。因此,孔祥林要求河北高院赔偿以上财产损失,缺乏法律依据,不予支持。

综上,河北高院(2013)冀法赔字第1号国家赔偿决定认定孔祥林人身自由赔偿和精神损害赔偿部分的事实清楚，适用法律正确，应予维持。对财产损害赔偿部分的事实认定和法律适用有误，应予纠正。根据《国家赔偿法》第17条第3项，第18条第2项，第21条第4款，第33条，第35条，第36条第1项、第5项、第7项和《最高人民法院、最高人民检察院关于办理刑事赔偿案件适用法律若干问题的解释》第6条，第20条；《最高人民法院关于适用〈中华人民共和国国家赔偿法〉若干问题的解释（一）》第1条；《最高人民法院关于人民法院赔偿委员会审理国家赔偿案件程序的规定》第19条，第20条之规定，本院赔偿委员会决定如下：

1. 维持河北高院（2013）冀法赔字第1号国家赔偿决定第1项、第2项、第3项，即河北高院赔偿孔祥林被无罪羁押的人身自由赔偿金168491.4元；向孔祥林赔礼道歉，并为其消除影响、恢复名誉；支付孔祥林精神损害抚慰金4万元。

2. 变更河北高院（2013）冀法赔字第1号国家赔偿决定第4项为：由河北高院赔偿孔祥林154341.64元及利息，按本决定作出时中国人民银行公布的人民币整存整取定期存款一年期基准利率计算，并从追缴之日起至作出生效赔偿决定时止；赔偿孔祥林财物变卖款4万元。

本决定为发生法律效力的决定。

二〇一七年十二月二十一日

陈祖元申请湖北省江汉监狱放纵他人殴打致伤赔偿案

【推荐意见】

针对看守所、监狱内出现的犯罪嫌疑人、服刑人员之间因殴斗产生伤亡的情况,如何厘清看守所、监狱的职责义务,确定责任归属,是类似案件的难点所在,且在处理过程中往往涉及依法保障受害人合法权益,与依法保护、促进国家机关依法行使职权之间的平衡。本案文书通过对一起具体案件的处理,明确了看守所、监狱在类似案件中的职责义务界限,对于类案的处理,以及回应相关争议观点,具有一定的规则指引作用。同时,该决定书格式规范、层次分明、逻辑严谨、行文流畅。

中华人民共和国最高人民法院赔偿委员会
决 定 书

(2018)最高法委赔监43号

申诉人(赔偿请求人):陈祖元,男,汉族,1957年4月22日生,身份证号420102195704223157,现于湖北省江汉监狱服刑。

委托代理人:耿志宏,北京盈科(武汉)律师事务所律师。

被申诉人(赔偿义务机关):湖北省江汉监狱。

赔偿申诉人陈祖元因申请湖北省江汉监狱(以下简称江汉监狱)放纵他人殴打致伤赔偿一案,不服湖北省高级人民法院(以下简称湖北高院)(2014)鄂高法委赔字第00004号国家赔偿决定,向本院赔偿委员会申诉。本院赔偿委员会依法对本案进行了审查,现已审查终结。

2013年9月30日,陈祖元以江汉监狱管理不善,放纵服刑人员刘念对其殴打并造成其身体伤害为由,向江汉监狱申请国家赔偿。2013年12月27日,陈祖元以江汉监狱在法定期限内未作出赔偿决定为由,向湖北省监狱管理局申请刑事赔偿复议。2014年1月15日,湖北省监狱管理局作出鄂监复决字(2014)第1号刑事赔偿复议决定,认为江汉监狱依法对陈祖元实施监管改造,多次安排为其治疗右侧眼部伤情,符合《监狱法》《刑事诉讼法》相关规定,没有侵犯陈祖元的合法权利。陈祖元因与同监服刑人员刘念打架造成右侧眼部受伤后致盲,系陈祖元、刘念违反监规纪律打架所致,与江汉监狱监管行为没有因果关系,遂决定对陈祖元提出的赔偿请求不予赔偿。陈祖元不服该复议决定,向湖北高院赔偿委员会申请作出赔偿决定。

湖北高院赔偿委员会经审理,于2014年5月21日作出(2014)鄂高法委赔字第00004号国家赔偿决定。该决定认定事实如下:陈祖元于2012年5月14日因犯强奸罪经武汉市江岸区人民法院判处有期徒刑九年。该判决生效后,陈祖元于2012年6月13日被送江汉监狱服刑改造。2013年6月22日上午7点30分许,陈祖元与同监服刑人员刘念在江汉监狱车间崇学楼一楼卫生间解手时,因开玩笑引发争执。刘念先动手推打陈祖元头部,陈祖元起身拿起卫生间的木质拖把还击时,被刘念抓住拖把并用拖把拍打陈祖元头部两下。旁边的服刑人员赵亚雄、田挺夺下拖把后,陈祖元又拿起卫生间的不锈钢拖把柄捅了刘念腹部一下,刘念抓住拖把后用拳头猛击陈祖元面部一拳、头部两拳,致陈祖元右眼、鼻子流血。两人被赵亚雄、田挺劝开后,陈祖元捂眼朝卫生间门外走,遇到闻讯赶来的车间值班警员吴绍辉,吴绍辉简单了解情况后,即报告该监区管教副监区长蔡学明,蔡学明即安排警员送陈祖元到监狱医院检查治疗。之后,陈祖元先后被送往江汉监狱医院、仙桃市第一人民医院、沙洋监狱管理局总医院,武汉大学中南医院检查治疗,医院先后诊断为:右眼软组织损伤、右眼球挫伤、右眼晶体全脱位、右眼外伤性青光眼、右眼视网膜震荡等。2013年7月3日,陈祖元在武汉大学中南医院接受右眼晶体摘除+玻璃体切割术。2013年7月26日,陈祖元再次到武汉大学中南医院住院治疗,医院诊断为:右眼眼外伤、右眼晶状体缺如、右眼全视网膜伴脉络膜脱离。2013年10月21日,经法医鉴定,结论为:被鉴定人陈祖元右侧眼部损伤致盲,属重伤。后经湖北中真司法鉴定中心法医司法鉴定,意见为:被鉴定人陈祖元伤残程度为八级。江汉监狱为治疗陈祖元眼伤,共支出医疗费用25982.90元。

2014年3月15日,湖北省沙洋县人民法院针对刘念殴打陈祖元致伤一案,作出(2013)鄂沙洋刑初字第00018号刑事附带民事判决:刘念犯故意伤害罪,判处有期徒刑3年2个月;刘念赔偿陈祖元各项经济损失8000元。宣判后,陈祖元提出上诉。2014年5月4日,湖北省荆门市中级人民法院作出(2014)鄂荆门刑终字第00043号刑事附带民事裁定书,裁定驳回上诉,维持原判。

湖北高院赔偿委员会(2014)鄂高法委赔字第00004号国家赔偿决定认为,本案争议焦点在于,陈祖元在服刑期间右眼被服刑人员刘念殴打致残,是不是江汉监狱放纵刘念殴打所致,江汉监狱是否存在怠于履行法定职责、疏于管理情形。

关于江汉监狱是否存在放纵服刑人员刘念殴打陈祖元的问题。上述查明事实表明,陈祖元被服刑人员刘念打伤致残系自己违反监规,与刘念在厕所开玩笑引发争执而被刘念殴打所致。此节有沙洋县人民法院(2013)鄂沙洋刑初字第00018号刑事附带民事判决书、被告人刘念的供述、现场证人赵亚雄、田挺的证言、陈祖元的陈述及法医鉴定意见书等证据为证,上述事实表明江汉监狱不存在放纵服刑人员刘念殴打陈祖元的问题。

关于江汉监狱是否存在怠于履行法定职责、疏于管理的情形,上述查明的事实表明,陈祖元与刘念两人在厕所从争执到打架,前后历时仅3分多钟,双方动手的时间只有1分10秒钟。值班警员吴绍辉赶至现场时正值服刑人员赵亚雄、田挺将陈祖元、刘念两人劝开,陈祖元正捂着眼睛朝卫生间门外走,吴绍辉在了解情况后,及时将情况报告给该监区管教副监区长蔡学明,蔡学明当即派员将陈祖元送往医院检查治疗。同时,监狱方面及时对该事件进行了侦查处理。此节有江汉监狱作出的起诉意见书、证人赵亚雄、田挺、陈虎及警员吴绍辉、蔡学明的证言和现场监控录像等证据证实。此节事实亦表明江汉监狱在陈祖元被刘念殴打致残的事件上,不存在怠于履行法定职责、疏于管理的情形。

综上,江汉监狱依照法律规定,严格履行监管服刑罪犯的职责,在陈祖元被服刑人员刘念殴打致伤后,积极对其进行了治疗、救助。陈祖元在狱中受伤致残与江汉监狱的监管行为没有直接的因果关系。陈祖元申请所称其在狱内被服刑人员刘念殴打致残系江汉监狱怠于履行法定职责、疏于管理并放纵刘念对其殴打所致的理由缺乏事实依据,不予支持,湖北省监狱管理局复议决定事实清楚,程序合法,适用法律正确。据此,决定维持湖北省监狱管理局刑事赔偿复议决定。

陈祖元对湖北高院赔偿委员会(2014)鄂高法委赔字第00004号国家赔偿决定仍不服,向本院赔偿委员会提出申诉。其主要申诉事项为:(1)撤销湖北高院(2014)鄂高法委赔字第00004号国家赔偿决定,以及湖北省监狱管理局鄂监复决字(2014)第1号刑事赔偿复议决定;(2)决定由江汉监狱赔偿因疏于管理,放纵服刑人员刘念故意伤害申诉人造成的人身损害赔偿金人民币40万元。

其主要理由为:依据相关法律规定,监狱应当保证服刑人员的人身安全,保障其相关合法权益,监狱及其干警应负有相应的法定义务。江汉监狱未尽到严密警戒和看管、防止服刑人员行凶的职责,在有视频监控状态下,疏于管理,在服刑人员刘念殴打申诉人时不及时制止,使事态扩大,放纵刘念直接故意伤害申诉人致重伤残疾,符合《国家赔偿法》第17条第4项"放纵他人以殴打、虐待等行为造成公民身体伤害"的情形,应承担违法不作为的赔偿责任,应依照《国家赔偿法》第34条、第35条的规定,向申诉人赔偿侵犯生命健康权赔偿金及精神损害抚慰金。

本院赔偿委员会认为,本案的争议焦点在于,江汉监狱是否存在放纵刘念殴打陈祖元致残的行为,以及是否存在怠于履行职责、疏于监管情形。对此,分析评价如下:

《国家赔偿法》第17条第4项规定,行使侦查、检察、审判职权的机关,以及看守所、监狱管理机关及其工作人员在行使职权时,有刑讯逼供或者以殴打、虐待等行为或者唆使、放纵他人以殴打、虐待等行为,造成公民身体伤害或者死亡情形的,受害人有取得赔偿的权利。本条规定的"唆使、放纵他人实施暴力行为”,主要是指刑事司法机关工作人员在行使职权时,虽未亲自实施暴力行为,但其以授意、怂恿、引诱等方法,唆使或者放纵他人对犯罪嫌疑人、被告人以及服刑人员或者其他公民实施殴打、虐待等暴力行为;此外,刑事司法机关工作人员在具有制止殴打、虐待的法定义务及客观条件的情况下,且明知殴打、虐待情形已发生时,不予理睬、听之任之,严重不负责任,放任甚至追求损害后果发生或者加重的,亦应理解为属于放纵情形。

本案中,根据原生效赔偿决定,以及人民法院针对刘念故意伤害一案作出的生效刑事裁判文书的认定,陈祖元被刘念殴打致残,起因系陈祖元与刘念在监狱卫生间内发生争执进而产生厮打,其中并不存在江汉监狱工作人员故意授意、怂恿、引诱刘念殴打陈祖元的情形;同时,因二人发生争执、厮打事发突然,前后历时仅3分多钟,该监狱警员赶至现场时,二人厮打已被劝开,陈祖元正朝卫生间门外走,此节亦说明监狱工作人员到场及时,据此,本案亦不存在监狱工作人员在明知殴打、虐待情形已发生时,不予理睬、听之任之,严重不负责任,放任甚至追求损害后果的发生或者加重的情形。

陈祖元申诉所称“监狱应当保证服刑人员的人身安全,保障其相关合法权益,监狱及其干警应负有相应的法定义务”,此表述虽然正确,但对此不应片面理解为只要监管场所内出现人身伤亡事件,即必然认定监管机关未尽到监管职责,而应当将监管机关是否尽到了法定的、合理的以及属于正常认知范围内的注意义务,作为判断其是否尽善履职的标准,对于某些意外事件或者突发情形,则显然不能严苛要求监管机关一律加以避免,或者严苛要求其在已尽善履职的情况下,仍需承担相应的违法赔偿责任。本案中,根据前述认定事实,陈祖元与同监服刑人员违反监规,发生争执、厮打且事发突然,江汉监狱工作人员及时赶至现场,在了解事态后及时上报情况,并将陈祖元送医诊治,嗣后亦多次送陈祖元出监就诊,并支付相关就医费用。以上情形亦能够说明江汉监狱已经履行了其作为监管机关应尽的职责。陈祖元申诉所称江汉监狱存在怠于履行职权、疏于监管情形,缺乏事实依据。

综上所述,湖北高院赔偿委员会(2014)鄂高法委赔字第00004号国家赔偿决定,认定事实清楚,适用法律正确。陈祖元所称江汉监狱放纵服刑人员刘念殴打其致残,以及存在怠于履行职责、疏于监管情形等各项申诉事由,均缺乏事实及法律依据,不能成立。依照《国家赔偿法》第30条、《最高人民法院关于国家赔偿监督程序若干问题的规定》第13条第2项之规定，决定如下：

驳回陈祖元的申诉。

二〇一八年三月二十六日

杨莉申请北京市公安局强制治疗精神病造成身体和精神损害国家赔偿案

【推荐意见】

人的基本权利受法律最高程度的保护;即便是犯罪嫌疑人、被告人甚至服刑犯,其基本人权仍受法律保护。此前,“被精神病”(非自愿住院治疗)现象曾引起社会各界广泛关注,并促成了《精神卫生法》的出台和民事诉讼实践的发展。但就源自看守所、监狱等特殊场所的特殊非自愿住院治疗行为而言,如何审查判断行为性质和违法性,属于刑事赔偿实践中的疑难问题。本案处理为此提供了裁判规则,具有重要指导意义。

中华人民共和国最高人民法院赔偿委员会 国家赔偿决定书

(2016)最高法委赔 8 号

赔偿请求人:杨莉,女,1976 年 10 月 9 日出生,汉族,无业,住黑龙江省齐齐哈尔市铁锋区站前街道红星路南虹小区 14 号楼 4 单元 303 室。

赔偿义务机关:北京市公安局。住所地:北京市东城区前门东大街 9 号。

法定代表人:王小洪,该局局长。

委托代理人:王文佳,该局干警。

复议机关:中华人民共和国公安部。住所地:北京市东长安街 14 号。

法定代表人:郭声琨,该部部长。

杨莉因申请北京市公安局强制治疗精神病造成身体和精神损害国家赔偿一案,不服中华人民共和国公安部(以下简称公安部)公赔复字(2016)6号刑事赔偿复议决定,向本院赔偿委员会申请作出赔偿决定。本院赔偿委员会依法对本案进行了审理。本案现已审理终结。

杨莉向北京市公安局提出赔偿申请称:北京市海淀区看守所(以下简称海淀区看守所)在杨莉在该所服刑期间,先后四次将其强制送往北京市公安局强制治疗管理处下属的北京市第六看守所即监护医疗所,也就是北京市安康医院分院内,强制住院治疗精神病 346 天;但该四次住院都没有出具杨莉具体诊断结果,没有确诊杨莉患有精神疾病。即使能确诊杨莉患有精神疾病,北京市公安局强制治疗管理处也违反了《精神卫生法》第 30 条规定的自愿住院原则。住院期间,杨莉多次被捆绑、约束、拉尿在床上,多次被实施电击,身体、精神受到巨大打击。现在杨莉一直精神恍惚,记忆力减退,由于长期大剂量打针、服药,伴有高血压、心脏病,根本无法正常工作生活,需要漫长而艰难的治疗。故请求北京市公安局赔偿杨莉精神抚慰金 50 万元以及身体损害治疗费 10 万元。

2016 年 2 月 15 日,北京市公安局作出京公赔决字(2015)11 号国家赔偿决定。该局查明:2014 年 3 月 19 日,杨莉因寻衅滋事罪被北京市海淀区人民法院(以下简称海淀区法院)判处有期徒刑一年二个月,刑期自 2013 年 2 月 19 日起至 2014 年 4 月 15 日止。2015 年 4 月 29 日,杨莉因妨害公务罪被海淀区法院判处有期徒刑一年,刑期自 2014 年 10 月 24 日起至 2015 年 10 月 23 日止。在海淀区看守所羁押、服刑期间,杨莉因疑似精神异常先后四次被送入北京市公安局强制治疗管理处监护医疗所进行集中监管治疗。该局认为:北京市公安局强制治疗管理处监护医疗所对杨莉进行的治疗符合《精神卫生法》第 52 条、《看守所条例》第 26 条之规定。杨莉认为该行为侵犯其人身权并造成损害进而提出的国家赔偿请求,不属于《国家赔偿法》第 17 条规定的赔偿情形,不予支持。根据《国家赔偿法》第 23 条之规定,该局决定:不予赔偿。

杨莉不服北京市公安局京公赔决字(2015)11 号国家赔偿决定,向公安部提出复议申请,请求撤销上述决定,依法决定由北京市公安局赔偿杨莉因对其强制治疗精神病造成的各项损失共计80万元。主要事实和理由有:(1)《精神卫生法》第52条规定,监狱、强制隔离戒毒所等场所应当采取措施,保证患有精神障碍的服刑人员、强制隔离戒毒人员等获得治疗。本案杨莉四次都是从海淀区看守所强行送医的,并非从监狱、强制隔离戒毒所送去的,所以本案不适用该第52条。而且,北京市公安局没有提供能够证明杨莉确有精神障碍的司法鉴定意见,杨莉系"被精神病"。(2)《看守所条例》第26条规定,看守所应当配备必要的医疗器械和常用药品,人犯患病,应当给予及时治疗,需要到医院治疗的,当地医院应当负责治疗,病情严重的可以依法取保候审。该规定仅适用于躯体病,而非精神病。而且,根据《看守所条例》第10条规定,看守所不能收押患有精神病的人犯,就更谈不上后续治疗。本案实际上是海淀区看守所利用精神病强制住院治疗,迫害、惩处给他们制造麻烦的人,四次346天之久的违法强制治疗精神病,给杨莉身体、精神带来了无法弥补的巨大伤害,该违法行为属于《国家赔偿法》第17条第4项规定的赔偿范围。

2016年4月22日,公安部作出公赔复字(2016)6号刑事赔偿复议决定。公安部查明:2014年3月19日,杨莉因寻衅滋事罪被海淀区人民法院判处有期徒刑1年2个月,刑期自2013年2月19日起至2014年4月15日止。因羁押期限折抵刑期后剩余刑期不足1年,杨莉继续在海淀区看守所服刑。服刑期间,杨莉多次无故辱骂同监室人员、管教人员,不服从管理,情绪暴躁。杨莉因疑似精神异常分别于2013年5月15日至7月22日、2013年9月26日至12月25日被送入北京市公安局强制治疗管理处监护医疗所进行治疗。2015年4月29日,杨莉因妨害公务罪被海淀区人民法院判处有期徒刑1年,刑期自2014年10月24日起至2015年10月23日止。因羁押期限折抵刑期后剩余刑期不足1年,杨莉继续在海淀区看守所服刑。服刑期间,杨莉多次无故辱骂同监室人员、管教人员,不服从管理,情绪暴躁。杨莉因疑似精神异常分别于2014年11月3日至2015年2月11日、2015年5月11日至2015年8月3日被送入北京市公安局强制治疗管理处监护医疗所进行治疗。公安部认为:北京市公安局对杨莉进行收押监管,符合《看守所条例》第2条、第10条之规定。北京市公安局因杨莉服刑期间有疑似精神病症状将其送医治疗，符合《看守所条例》第 26 条、《精神卫生法》第 52 条及《北京市公安局关于对精神异常被监管人员进行集中监管治疗的规定（试行）》有关规定。杨莉称北京市公安局在对其治疗期间造成其人身伤害，但未提供相关证据予以证明，不予认可。北京市公安局作出的京公赔决字（2015）11 号国家赔偿决定符合《国家赔偿法》第 17 条、第 23 条第 1 款和第 3 款的规定。根据《国家赔偿法》第 25 条第 1 款的规定，公安部决定：维持赔偿义务机关作出的《北京市公安局国家赔偿决定书》[京公赔决字（2015）11 号]。

杨莉不服公安部公赔复字（2016）6 号刑事赔偿复议决定，申请本院赔偿委员会作出赔偿决定，请求依法决定由北京市公安局赔偿杨莉精神损害抚慰金 50 万元、后续治疗费 20 万元、生活费 10 万元，共计 80 万元。主要事实和理由有：（1）杨莉是“被精神病”的。根据《看守所条例》第 10 条的规定，既然海淀区看守所收押了杨莉，就说明杨莉没有精神病；根据《看守所条例》第 26 条规定，只有先证明杨莉确实有病，有病的基础上才能治疗。但是，北京市公安局至今未能出具杨莉有精神病的诊断证明、司法鉴定意见等证据，北京市公安局和公安部的赔偿决定中也未提及。“疑似精神异常”属于不确定结论，不能作为将杨莉强制送往北京市第六看守所进行诊断治疗的依据。此外，北京市强制治疗管理处的有关负责人和审理杨莉妨害公务刑事案件的北京市第二中级人民法院法官均不认可杨莉有精神病。（2）退一步讲，即使北京市公安局能够证明杨莉确有精神病，其四次采取强制手段将杨莉送入北京市第六看守所住院治疗，也严重违背《精神卫生法》第 30 条关于精神障碍的住院治疗实行自愿原则的规定。（3）北京市第六看守所根本不是治病的地方，而是虐待、惩罚人犯的地方。该所日夜开灯，夜里睡不好觉；吃的极差，还必须蹲在地上吃；放风次数又少又短；也没有驻所检察室，杨莉几次要求找驻检都没见过人影。在这样恶劣的环境里，身体极易生病。杨莉由于白天被大剂量注射服用治疗精神病的药物，副作用极大，现在每天至多睡 2 个小时，有很多病。同时，因为随时会被捆绑，遭电击，所以还要承担巨大的心理压力，生活在巨大的恐慌中，曾几次自杀，精神受到巨大打击。目前，杨莉患有心脏病、高血压、失眠、记忆力减退，出狱后其曾到北京安定医院就诊，诊断为戒断反应，开了药物但疗效不明显。杨莉曾数次向北京市公安局索要病例和治疗记录都遭拒绝,为此杨莉已向法院起诉(该案已因杨莉未到庭而裁定按撤诉处理;且在本院赔偿委员会审理期间,北京市公安局已向杨莉提供病历,杨莉已经作为证据提交)。调取病例后,可以通过司法鉴定确定杨莉遭受伤害的程度。总之,北京市公安局在没有合法手续的情况下将杨莉强制医疗了,应赔偿因此给杨莉造成的损失。

杨莉为证明其申请,向本院赔偿委员会提供如下证据:(1)关于其精神、身体和伤情的个人书面陈述材料1份。(2)与999事件相关的证据,包括:2012年12月24日北京市公安局朝阳分局奥运村派出所要求999医院为杨莉出具伤情诊断证明的《伤情诊断证明信》1份;同日北京市红十字会急诊抢救中心为杨莉出具的《诊断证明书》1份,初步诊断结论:颈部、左踝部软组织损伤;北京市红十字会急诊抢救中心2013年2月21日、5月9日的《住院病案首页》各1份。(3)北京市安康医院2013年9月27日审批对杨莉采取约束措施的《监护医疗所保护性约束审批表》1份。(4)北京市安康医院分院对杨莉进行治疗的相关证据,包括:2013年5月15日《医疗病历》1份,2013年9月26日、2014年11月3日、2015年5月11日《医疗观察记录》3份(印象诊断或初步诊断为缄默状态、兴奋状态、偏执状态等)、《医嘱单》10份(含长期、临时医嘱)。

赔偿义务机关北京市公安局答辩称:北京市公安局对杨莉进行的治疗符合《精神卫生法》第52条、《看守所条例》第26条的规定。北京市公安局作出的不予赔偿决定,认定事实清楚,证据充分,程序合法,请求依法予以维持。此后,北京市公安局补充说明称:第一,海淀区看守所将杨莉送诊,有相应的事实(杨莉在海淀区看守所羁押、服刑期间先后四次出现疑似精神病症状)和法律依据(《看守所条例》第26条、《精神卫生法》第52条)。而且,对患有精神疾病的在押人员的治疗具有强制性,属于执行刑罚的一部分,不适用《精神卫生法》第30、31、32条的规定。第二,北京市公安局监管总队监护医疗所在对杨莉进行集中监管治疗期间,在监管工作方面,没有出现《国家赔偿法》第17条规定的情形,杨莉的国家赔偿申请亦未举证证明北京市公安局对其集中监管治疗期间的监管工作存在问题。第三,北京市安康医院及其监护医疗所医务室是经过卫生行政管理部门核准登记的非盈利性(政府办)医疗机构,且在规定的执业范围内开展医疗工作,其对杨莉的诊疗属于医疗机构的医疗行为范畴,不属于看守所监管工作,不适用《国家赔偿法》的相关规定。对于医疗纠纷行为,当事人应当通过民事诉讼寻求救济。

北京市公安局为证明其答辩和补充说明意见,向本院赔偿委员会提供如下证据:第一组,关于杨莉申请北京市公安局理赔一案的国家赔偿申请、受理、决定的证据。第二组,关于北京市安康医院、分院和医生医疗资质的证据。第三组,关于四次集中监管治疗情况的主要证据,包括:海淀区看守所提请、北京市第六看守所(监护医疗所)审批的《呈请集中监管治疗审批表》4 份;北京市第六看守所(监护医疗所)出具的《北京市第六看守所就医告知书》2 份、《北京市公安局集中监管治疗就医告知书》2 份、《医嘱单》8 份(其中临时医嘱和长期医嘱各 4 份)、《出所登记表》4 份;海淀区看守所讯问杨莉同监室人员的《讯问笔录》10 份(2013 年 5 月 14 日讯问 1109 监室齐巍、金鑫、舒萍,2014 年 10 月 26 日、27 日、2015 年 4 月 1 日、5 月 6 日讯问 1202 监室鲁薇、孙丽、王冬梅、彭建芳、张杰、布海丽且姆·伊斯拉木、李怡),对杨莉的《谈话笔录》4 份、《讯问笔录》2 份。第四组,关于四次集中监管治疗情况的其他证据,包括:《入所健康检查表》及《入所谈话笔录》《在押人员重大安全风险评估审批表》《一级在押人员重大安全风险日常管控评估表》《北京市第六看守所会诊申请单》《被监管人员出所就医审批表》,2014 年 3 月 4 日讯问同监室(1107 监室)满立焕、孙丽的《询问笔录》,海淀区法院(2014)海刑初字第 462 号刑事判决书、(2015)海刑初字第 762 号刑事判决书以及两案刑事诉讼期间的其他法律文书、精神病司法鉴定材料等。第五组,其他证据,包括杨莉 2016 年被朝阳区人民法院以妨碍公务罪判处拘役六个月的刑事判决书、精神病司法鉴定材料,杨莉诉北京市公安局强制治疗管理处不履行给付医疗病历法定职责一案的行政裁定书,2017 年杨莉涉嫌寻衅滋事罪被刑事拘留、逮捕的法律文书等。2017 年 6 月 21 日,北京市公安局还根据本院赔偿委员会的要求,提交了北京市房山区人民检察院(以下简称房山区检察院)6 月 8 日出具的情况说明。

复议机关公安部提供书面说明称:公安部作出的刑事赔偿复议决定,符合法定程序,认定事实清楚,证据确实充分,适用依据正确,请求依法予以维持。

本院赔偿委员会在审理本案期间,指派审判人员分别听取了赔偿请求人杨莉和赔偿义务机关北京市公安局的意见,向赔偿义务机关调取了相关证据,并咨询了北京大学第六附属医院精神医学专家的意见。综合本案的证据,经审理查明以下事实:

北京市安康医院系经北京市卫生和计划生育委员会许可登记的三级合格精神病专科医院,由北京市公安局负责管理,业务涵盖强制戒毒、精神疾病的诊断和康复以及精神医学司法鉴定等。北京市公安局强制治疗管理处(现已并入监所管理总队)监护医疗所系由北京市公安局原燕山分局看守所(拘留所,加挂房山区第二看守所牌子)改建而来,保留房山区第二看守所牌子,并加挂北京市安康医院分院牌子,其医疗机构执业许可证上登记的医疗机构名称为北京市安康医院监护医疗所医务室(以下为行文方便,如非特别指称,均以北京市安康医院分院作为其双重身份、多种称谓的统一称谓)。因在北京市公安系统内部建设规划中原燕山分局看守所排序第六,故内部称为"北京市第六看守所",北京市安康医院分院亦以该名义开展工作。2012年12月18日,北京市公安局内部下发《关于对精神异常被监管人员进行集中监管治疗的规定(试行)》(京公法字〔2012〕1637号)。该内部文件第2条规定,精神异常的被监管人员由北京市第六看守所负责实施集中监管治疗;第六看守所加挂"北京市安康医院分院"牌子。市局强制治疗管理处是全局对精神异常被监管人员进行集中监管治疗工作的业务主管部门,负责对全局精神异常被监管人员进行集中监管治疗工作的审批、监督和指导;负责管理第六看守所。市局监所管理总队负责对第六看守所的监管业务工作进行指导。各看守所应当定期摸排本场所内精神异常的被监管人员,并按要求向第六看守所上报情况;按照市局强制治疗管理处医师的要求和指导,对本场所内精神异常被监管人员采取必要的治疗措施。第3条规定,具有下列精神异常情形之一的被监管人员,应当予以集中监管治疗:(1)显著自责,情绪亢奋,言语不止,行为动作增多,暴躁、易怒,具有明显暴力倾向,严重扰乱监管秩序的;(2)幻听、幻视等幻觉,或者怀疑自身被威胁、被迫害、被控制等妄想,不能按监管规定支配自己行为的;(3)缄默不语、拒绝饮食,或者保持一个固定姿态僵住不动、任人摆布,不能按监管规定支配自己行为的;(4)其他精神异常情形的。

2013年1月15日,杨莉因涉嫌妨害公务罪被羁押,同月16日被取保候审;同年2月19日,杨莉因涉嫌妨害公务罪、寻衅滋事罪被羁押,同月22日被北京市公安局海淀分局刑事拘留并送海淀区看守所羁押,同年3月26日被逮捕并继续羁押于海淀区看守所。2014年1月30日,北京市海淀区人民检察院(以下简称海淀区检察院)以京海检刑诉(2014)181号起诉书指控杨莉犯寻衅滋事罪,向海淀区法院提起公诉。同年3月19日,海淀区法院作出(2014)海刑初字第462号刑事判决。海淀区法院查明,杨莉于2013年1月15日因在中关村国投大厦春国电讯手机体验中心购买手机时殴打他人,被公安机关传唤至中关村大街派出所。在派出所内,杨莉为发泄不满情形,无故将候问室监控探头及玻璃毁坏。经鉴定,毁坏物品的修复价值为人民币1449.65元。杨莉于2013年2月7日到北京市公安局海淀分局反映其在999急救中心与海淀分局民警发生纠纷的情况,为发泄不满情绪,无故将海淀分局内的安吉尔牌饮水机等物品损坏。经鉴定,被毁坏的饮水机修复价值为人民币80元。杨莉于2013年2月19日到北京市公安局海淀分局反映相同情况,为发泄不满情形,无故将海淀分局内的捷达牌文件柜、灭火器等物品毁坏。经鉴定,被毁坏的文件柜修复价值为人民币130元。案件审理期间,杨莉亲属代其向海淀区法院上交赔偿款人民币1659.65元。海淀区法院认为,杨莉为发泄情绪无故滋事,多次任意损毁公私财物,情节严重,其行为已构成寻衅滋事罪,应予惩处。鉴于被害单位的经济损失已经得到了赔偿,对杨莉酌予从轻处罚。遂判决:(1)杨莉犯寻衅滋事罪,判处有期徒刑1年2个月。刑期自2013年2月19日起至2014年4月15日止。(2)在案扣押的人民币1659.65元发还被害单位北京市公安局海淀分局。因羁押期限折抵刑期后剩余刑期不足1年,杨莉继续在海淀区看守所服刑。在海淀区看守所羁押、服刑期间,杨莉情绪暴躁,多语易怒,不服从管理,多次无故辱骂管理人员和同监室人员,破坏监室设施并造成同监室人员受伤,严重影响监室秩序,被列为一级重大安全风险管理对象。2013年5月14日,海淀区看守所呈请对杨莉进行集中监管治疗,《呈请集中监管治疗审批表》记载:"简要病情:该人入所后有多语,易激惹,辱骂他人,躁动,失眠等症状。自诉曾于回龙观医院住院治疗,诊断:精神分裂症。2013年4月7日六看会诊,印象:幻觉妄想状态,并给予:氯硝西泮 2mg/晚　利培酮片 1mg 2/日　盐酸苯海索 2mg 3/日。"同月15日,北京市安康医院分院医师经远程视频会诊和现场诊断后提出评估意见,认为杨莉“存在疑似精神异常,同意集中监管治疗”。同日,杨莉被送入北京市安康医院分院进行集中监管治疗,至同年7月22日返回海淀区看守所。同年9月22日,海淀区看守所呈请对杨莉进行集中监管治疗,《呈请集中监管治疗审批表》记载:“简要病情:患者近日出现情绪不稳,辱骂他人,目前服药:舒必利0.13次/日,氯硝西泮4mg 1次/晚口服,鉴于患者目前病情,申请住院。”同月25日,北京市安康医院分院医师经远程视频会诊和现场诊断后提出评估意见,认为杨莉“存在疑似精神异常,符合集中收治条件”。次日,杨莉被送入北京市安康医院分院进行集中监管治疗,至同年12月25日返回海淀区看守所。

2014年10月25日,杨莉因涉嫌妨害公务罪被羁押,同月25日被刑事拘留并送海淀区看守所羁押;同年11月27日,杨莉被逮捕并继续羁押于海淀区看守所。2015年3月11日,海淀区检察院以京海检公诉刑诉(2015)453号起诉书指控杨莉犯妨碍公务罪,向海淀区法院提起公诉。同年4月29日,海淀区法院作出(2015)海刑初字第762号刑事判决。海淀区法院查明,杨莉于2014年10月24日15时,在北京市公安局海淀分局信访办公室信访时,抓挠、踢踹该分局民警李静,致李静手部、腿部受伤。同日19时,杨莉被带至北京市公安局海淀分局海淀派出所后,在海淀派出所2号候问室踢踹候问室玻璃门,并将民警王波手臂抓伤。经鉴定,王波身体所受损伤为轻微伤。同月25日,杨莉被带至海淀区看守所后,在监室内用装满水的矿泉水瓶子砸向提讯其的民警王凝,致王凝胸部受伤。海淀区法院认为,杨莉使用暴力方法阻碍国家机关工作人员依法执行公务,且致人受伤,其行为已构成妨害公务罪,应予惩处。杨莉曾因故意犯罪被判处有期徒刑,在刑罚执行完毕后五年内再犯应当判处有期徒刑以上刑罚之罪,系累犯,应当从重处罚。遂判决:杨莉犯妨害公务罪,判处有期徒刑1年。刑期自2014年10月24日起至2015年10月23日止。因羁押折抵刑期后剩余刑期不足1年,杨莉继续在海淀区看守所服刑。在海淀区看守所羁押、服刑期间,杨莉情绪不稳,不服从管理,有吵闹、绝食、辱骂同监室人员、打骂管理人员和预审人员等闹监行为,严重影响监室秩序,被列为一级重大安全风险管理对象。2014年11月3日,海淀区看守所呈请对杨莉进行集中监管治疗,《呈请集中监管治疗审批表》记载:“简要病情:患者于2014年10月25日入所,入所后患者情绪不稳，在监室内大喊大叫，辱骂并咬伤他人，多人不能将其制服。2014 年 10 月 27 日请六看刘主任会诊，诊断：兴奋状态，给予专科药物治疗。现患者情绪仍不稳。”同日，北京市安康医院分院医师经远程视频会诊和现场诊断后提出评估意见，认为杨莉“存在疑似精神异常，符合集中收治条件”。同日，杨莉被送入北京市安康医院分院进行集中监管治疗，至 2015 年 2 月 11 日返回海淀区看守所。2015 年 5 月 11 日，海淀区看守所呈请对杨莉进行集中监管治疗，《呈请集中监管治疗审批表》记载：“简要病情：患者 2014 年 10 月 25 日入所，入所后于 2014 年 11 月 3 日至 2015 年 2 月 11 日在六看住院治疗，回所后遵六看医嘱服药。近日患者再次出现情绪不稳，在监室内吵闹，辱骂管教等。”同日，北京市安康医院分院医师经远程视频会诊和现场诊断后提出评估意见，认为杨莉“符合集中收治条件，请上级领导批示”。同日，杨莉被送入北京市安康医院分院进行集中监管治疗，至 2015 年 8 月 3 日返回海淀区看守所。

根据房山区检察院出具的说明，在杨莉在北京市安康医院分院四次集中监管治疗期间，该院驻所检察室没有收到在押人员杨莉反映其被虐待或其他控告。

另查明，杨莉曾因扰乱单位办公秩序，于 2011 年 9 月 23 日被行政拘留 5 天；曾因扰乱单位秩序，于 2012 年 1 月 14 日被行政拘留 7 天；曾因扰乱派出所办公秩序，于 2012 年 3 月 21 日被行政拘留 10 天；曾因殴打派出所保安，于 2012 年 4 月 10 日被劳动教养 1 年，后因患有兴奋状态被其家属领回所外就医；曾因辱骂殴打审判人员被司法拘留 15 日，后因承认并改正错误，于 2012 年 12 月 3 日被解除拘留。在本院赔偿委员会审理本案期间，北京市朝阳区人民法院（下称朝阳区法院）于 2016 年 10 月 14 日作出（2016）京 0105 刑初 1308 号刑事判决。朝阳区法院查明，2016 年 5 月 12 日 10 时许，被告人杨莉在北京市朝阳区拂林路甲 9 号朝阳公安分局奥运村派出所治安接待大厅内，因是否立案问题与派出所发生矛盾。后杨莉摔甩治安接待大厅内的电话，并站到治安接待大厅“接待台”上走动。在民警制止其过程中，杨莉拒不配合并暴力阻碍民警执法，致民警李野“右前臂皮肤挫伤、右前臂抓伤”，经鉴定系轻微伤。后杨莉被当场抓获归案。朝阳区法院认为，被告人杨莉遇事不能正确处理，以暴力方法妨碍国家机关工作人员依法执行职务，其行为妨害了社会管理秩序,触犯了刑法,已构成妨害公务罪,依法应予处罚。鉴于杨莉归案后,对于基本犯罪事实予以认可,故对其酌予从轻处罚。遂判决:被告人杨莉犯妨害公务罪,判处拘役6个月(刑期从判决执行之日起计算。判决执行以前先行羁押的,羁押1日折抵刑期1日。即自2016年5月12日起至2016年11月11日止)。2017年2月15日,杨莉又因涉嫌寻衅滋事罪被北京市公安局海淀分局刑事拘留,3月24日被海淀区检察院批准逮捕,同日被北京市公安局海淀分局以"严重疾病、生活不能自理,采取取保候审不致发生社会危险性"为由取保候审。

再查明,在(2014)海刑初字第462号案的刑事侦查期间,关于杨莉的精神病司法鉴定意见为:杨莉无精神病症状,为完全刑事责任能力,具备受审能力。在(2016)京0105刑初1308号案的刑事案件侦查期间,北京市公安局于2016年5月26日委托北京市公安局强制治疗管理处司法鉴定中心对杨莉进行刑事责任能力鉴定。同年6月21日,该中心作出京公强治司鉴(2016)精鉴字第137号精神病司法鉴定意见书。该意见书"五、分析说明"部分记载:"根据现有调查材料结合精神检查所见说明:被鉴定人杨莉无精神病家族史,自幼生长发育无异常。适龄上学,顺利完成职高学业,之后应聘首都旅行社从事导游工作,工作能力较强,社会适应尚可。性格外向,脾气急躁,固执冲动,做事不计后果,在工作中常为琐事与游客发生争执,遭到投诉后情绪不稳,言行过激,显人格有一定缺陷,但遇事尚讲道理,仅在遭遇不公对待时显现情绪不稳、易激惹、行为冲动,尚能维系较为融洽的夫妻、人际关系,也未形成普遍格格不入的行为模式,未达到人格障碍的程度。曾因感情问题一度出现精神异常,情绪低落,易激惹,骂人吵架,行为兴奋,伴有睡眠障碍,偶尔出现片段的周围有人的感知异常,曾到精神病院就诊取药,经治疗症状改善,感情稳定后病情很快缓解,未再复发,症状表现系在人格基础上,遇不良刺激后的应激反应,经治疗后痊愈。精神检查时未见幻觉妄想等精神病性症状,情绪容易波动,知情意活动协调,自知力完整。""被鉴定人杨莉因在被民警执法过程遭遇不顺事件,反复多次到公安机关滋事扰序而受到行政处罚,却不思悔改,一意孤行,我行我素,做事不计后果,与其不健全人格有关。2016年5月12日刑满释放后不久,又到派出所找所领导解决问题,等待期间急不可耐,吵骂毁物,在民警执行公务被制止时将民警抓伤。行为前受到激惹,所实施行为动机现实、目的明确,对行为的性质和后果认识清楚。审理及羁押时不合作,违背意愿则吵闹毁物,供述做有利于自我辩解,强词夺理,避重就轻,系其一贯行为模式的体现,无精神病性症状导致的辨识与控制能力障碍。”最终鉴定意见为:“被鉴定人杨莉实施违法行为时无精神病性症状导致的辨认和控制能力障碍,评定为完全刑事责任能力。”

本院赔偿委员会认为,根据杨莉的赔偿申请和北京市公安局的答辩及补充说明意见,结合《精神卫生法》关于非自愿治疗主要环节的规定和《国家赔偿法》关于刑事赔偿的有关规定,本案争议焦点为:第一,海淀区看守所将杨莉作为疑似精神障碍患者送至北京市安康医院分院,以便进行集中监管和精神障碍诊断,该行为是否属于刑事赔偿受案范围,是否违法。第二,北京市安康医院分院对杨莉作出精神障碍诊断并据此对其实施住院治疗,该行为是否属于刑事赔偿受案范围,是否违法。第三,北京市安康医院分院对杨莉进行的集中监管行为是否属于刑事赔偿受案范围,是否违法。

关于第一个焦点问题。对此,杨莉向本院赔偿委员会提出刑事赔偿申请的行为已表明其认为应属刑事赔偿受案范围;至于违法性,杨莉认为海淀区看守所在没有取得杨莉系精神障碍患者确凿证据的情况下强行将其送至北京市安康医院分院违法,即便其确系精神障碍患者,上述强制行为也违反了《精神卫生法》第30条规定的自愿原则。北京市公安局最初答辩认为本案行为整体不属于刑事赔偿受案范围且不违法,后补充说明认为本节争议的强制行为属于刑事赔偿受案范围,但因符合相关法律规定而不具有违法性。本院赔偿委员会认为,根据《国家赔偿法》第17条以及《最高人民法院、最高人民检察院关于办理刑事赔偿案件适用法律若干问题的解释》第10条的规定,看守所及其工作人员在行使职权时侵犯公民合法权益造成损害的,看守所的主管机关为赔偿义务机关,适用刑事赔偿程序。根据《精神卫生法》第27条、第28条第2款、第52条以及《看守所条例》第3条、第26条的规定,保障监区安全秩序与保障病犯就医权利,均是看守所依法应当履行的职责;非因法定事由,不得违背在押人员本人意志进行确定其是否患有精神障碍的医学检查;对于实施伤害自身、危害他人安全行为的或者有伤害自身、危害他人安全危险的在押疑似精神障碍患者,看守所应当立即采取措施予以制止,并将其送往医疗机构进行精神障碍诊断。本案中,杨莉在海淀区看守所羁押、服刑期间,情绪暴躁不稳,多语易怒,不服从管理,时有吵闹、绝食、辱骂同监室人员、打骂管教和预审人员、破坏监室设施并造成同监室人员受伤等闹监行为。在此情况下,海淀区看守所为保障监区安全秩序和杨莉的就医权利,先后四次依照公安机关内部流程经报审后将杨莉作为疑似精神障碍患者送至北京市安康医院分院进行集中监管和精神障碍诊断,该行为属于《国家赔偿法》第17条规定的刑事赔偿受案范围,杨莉有权以海淀区看守所的主管机关为赔偿义务机关向人民法院赔偿委员会提出赔偿申请。但海淀区看守所的该强制行为符合精神卫生法和看守所条例的前述规定,故对杨莉提出的北京市公安局将其违法强制送医的主张,本院赔偿委员会不予支持。

关于第二个焦点问题。对此,杨莉认为只有先证明其确有精神障碍才能进行后续治疗,但至今北京市公安局拿不出确切证据,而且具体治疗过程中存在不当用药、过量用药、违法电击等违法行为。北京市公安局认为北京市安康医院分院及其医生是在规定的执业范围内开展医疗工作,该分院及其医生对杨莉进行的诊断和治疗行为属于医疗行为范畴,不属于看守所监管工作,不适用《国家赔偿法》的相关规定,也不存在违法之处。相应的医疗纠纷,当事人应当通过民事诉讼寻求救济。本院赔偿委员会认为,根据《精神卫生法》第三章和第七章的规定,精神障碍的诊断、治疗活动属于医疗活动,由有相应资质的医疗机构和执业医师作出诊断、进行治疗。精神障碍患者或其监护人、近亲属认为医疗机构违反该法规定侵犯患者合法权益的,可以依法提起诉讼。司法实践中,人民法院按照民事诉讼程序处理此类纠纷。本案所涉北京市安康医院分院,性质上系特设的医疗机构兼看守所,同时履行对精神异常人员的诊断治疗和集中关押职责,该分院及其指派对杨莉进行精神障碍诊断和治疗的医师均具有合法医疗资质,虽然其个别管理行为难以彻底区分为医疗行为或司法行为,但具体的诊断、治疗行为显属医疗行为。故其相应的诊断、治疗行为是否侵权,应属民事诉讼受案范围,而非人民法院赔偿委员会刑事赔偿案件的受案范围。赔偿义务机关的本节答辩意见成立,本院赔偿委员会予以采信。

关于第三个焦点问题。对此,杨莉认为北京市安康医院分院在履行集中监管职责过程中有虐待行为，且缺乏检察监督。北京市公安局认为北京市安康医院分院的集中监管行为并未出现《国家赔偿法》第17条规定的情形，杨莉亦未对此提出异议。经查，杨莉在看守所对其所作谈话笔录中称，治疗期间身体还行，没有牢头狱霸现象，吃饭睡觉挺好，没有其他问题需要反映和帮助解决，该陈述与其申请所称存在矛盾；杨莉所称的被违法电击，实为正常的电针治疗；房山区检察院驻所检察室亦出具说明，证明没有收到杨莉关于被虐待的情况反映；此外，每期集中监管治疗结束后，北京市安康医院分院均已及时安排杨莉出所。据此，对杨莉本节主张，本院赔偿委员会不予支持。

至于杨莉向本院赔偿委员会申请作出赔偿决定时提及的2012年年底被派出所民警打伤，之后要求处理该纠纷时又受伤且被收走报警证明原件不予归还，这些诉求一直未得到公正处理的问题，因杨莉相关行为已被刑事判决认定构成寻衅滋事罪、妨害公务罪，故在刑事判决依然有效的情况下，杨莉应通过其他合法途径寻求关于该问题的救济。

综上，赔偿请求人杨莉向本院赔偿委员会提出的赔偿申请，理据不足，不能成立；赔偿义务机关、复议机关认定事实清楚，处理结果并无不当，应予维持。依照《国家赔偿法》第17条和《最高人民法院关于人民法院赔偿委员会审理国家赔偿案件程序的规定》第3条、第19条第（1）项的规定，本院赔偿委员会决定如下：

维持中华人民共和国公安部公赔复字（2016）6号刑事赔偿复议决定。

本决定为发生法律效力的决定。

二〇一七年八月十四日

图书在版编目(CIP)数据

国家赔偿办案指南. 2017年. 第2辑 : 总第20辑 / 陶凯元, 柯汉民主编. -- 北京 : 法律出版社, 2017
ISBN 978-7-5197-0935-8

Ⅰ. ①国… Ⅱ. ①陶… ②柯… Ⅲ. ①国家赔偿法-中国-指南 Ⅳ. ①D921.65-62

中国版本图书馆CIP数据核字(2017)第127419号

国家赔偿办案指南
2017年第2辑(总第20辑)
GUOJIA PEICHANG BAN'AN ZHINAN
2017 NIAN DI-2 JI(ZONG DI-20 JI)

陶凯元　柯汉民 主编

责任编辑 慕雪丹
装帧设计 李　瞻

出版 法律出版社
总发行 中国法律图书有限公司
经销 新华书店
印刷 天津嘉恒印务有限公司
责任印制 胡晓雅

编辑统筹 法商出版分社
开本 720毫米×960毫米　1/16
印张 14
字数 209千
版本 2018年6月第1版
印次 2018年6月第1次印刷

法律出版社/北京市丰台区莲花池西里7号(100073)
网址/www. lawpress. com. cn
投稿邮箱/info@ lawpress. com. cn
举报维权邮箱/jbwq@ lawpress. com. cn
销售热线/010-83938336

中国法律图书有限公司/北京市丰台区莲花池西里7号(100073)
全国各地中法图分、子公司销售电话:
统一销售客服/400-660-6393
第一法律书店/010-83938334/8335　西安分公司/029-85330678　重庆分公司/023-67453036
上海分公司/021-62071010/1636　深圳分公司/0755-83072995

书号:ISBN 978-7-5197-0935-8　**定价**:68.00元
(如有缺页或倒装,中国法律图书有限公司负责退换)